JN096714

認知症が拓くコミュニティ

当事者運動と
住民活動の
視点から

手島 洋
Teshima Hiroshi

著

クリエイツかもがわ
CREATES KAMOGAWA

まえがき

　日本は、高齢化率が30％に迫る高齢社会となった。高齢者数が増加し、日常的に介護を必要とする人が増えている。認知症の人も640万人以上いると推計され、今後も増加すると考えられている。

　日本で最初に認知症のことが広く注目されるきっかけになったのは、1972年に有吉佐和子が発表した小説『恍惚の人』だった。その後50年が経過したが、その間に認知症の人と家族の暮らしの実態を粘り強く世に訴えてきたのは、「認知症の人と家族の会」だった。「認知症の人と家族の会」は、1980年の発足以来、認知症の人の家族という同じ立場の人が交流し気持ちを分かち合い、認知症の理解を図る啓発に努め、認知症に関する施策を求める運動を担ってきた。近年は、認知症に関する様々な当事者組織が存在しているが、「認知症の人と家族の会」が40年以上にわたり地道に続けてきた運動が蓄積した実績は、日本の認知症の理解や施策形成に大きな影響を与えてきたといえるだろう。

　一方、人びとの認知症の理解はどう進展してきたのだろうか。日本で認知症の人が増加するに従い、人びとの認知症に対する関心は高くなってきている。新聞やテレビなどのメディアでは、認知症のことを取り上げられることが年々多くなってきている。また、認知症についての施策は、2012年に発表された「認知症施策推進5か年計画（オレンジプラン）」や2019年に公表された「認知症施策推進大綱」によって、認知症の治療・予防、介護サービスの充実や人びとの認知症の理解の促進などの指針が示されている。認知症のことが話題にあがり、人びとのなかで認知症の理解のすそ野が広がることに並行して、住民活動において認知症の人や家族とともに新たな試みを始める実践も生まれている。本書で紹介している釧路地区、大牟田市、町田市などのように全国各地で、認知症の人や家族が直面した生活課題を起点にたくさんの住民活動が行われるようになってきた。

　認知症の人や家族と同じコミュニティで暮らす住民が、認知症をどう理解し、認知症の人や家族にどう関わるのかは、認知症の人や家族の暮らしに大きな影響を与えるものである。私たちの周りで認知症の人が増加し、認知症のこ

とが次第に住民のなかで理解されていくことで、認知症とともに生きる人や家族の生活課題を知る機会が出てくる。この時住民は、詳らかになった認知症の人や家族の生活課題に対し、自発的な支援を熱心に行う活動が生まれ、新たな価値をふまえたコミュニティを拓くことがある。こうした住民活動は、まだ広く全国で展開されているわけではないが、今後、認知症の人や家族が自分らしい暮らしを実現できるまちづくりにおいて、重要なヒントをわれわれに与えてくれる。

　認知症の人と家族が地域のなかで住民とともに生きていくまちとは、どんな構成要素が備わっているまちなのだろうか。そして、そのまちをつくる構成要素は、いったいどんな力によりまちづくりを進めることができるのだろうか。

　本書では、認知症の人と家族が自分らしく暮らすことができるまちの姿とそのまちをつくるために必要な要素について、様々な先駆的な実践から考えてみた。認知症とともに生きるまちに必要な要素を生み出すうえでどんな力が必要なのかについて、認知症の人と家族による当事者運動の実践が果たせる役割、そして認知症の人や家族と協働することで組織化されてきた住民活動の実践が果たせる役割の2つの視点から検討している。認知症の人が増加し、人びとの認知症への関心が高まる日本において、認知症の当事者運動と住民活動を起点にして、認知症の人や家族が生き生きと暮らせるコミュニティを拓くことを展望してみたいと思う。

CONTENTS

第3章　先駆的な地域のまちづくりの実践　107

序　章
本書の目的と構成

本書の目的

第1項　本書の目的

　本書の主題は、認知症とともに生きるまちづくりとその推進力の調査研究である。まず、認知症とともに生きるまちの実体を構成する諸要素を析出し、まちづくりの活動が目指す方向性を明らかにしている。そして、認知症の当事者組織と認知症に関わる住民の組織活動に着目し、具体的な事例分析に取り組んでいる。この2つの活動主体が発揮する諸機能が、認知症とともに生きるまちづくりの推進力として位置づくということをひとまずの仮説として設定し、検証課題としている。

　わが国の認知症の人は640万人に達していると見られ、私たちの最も深刻な疾病のひとつに数えられている（内閣府，2017）。世界保健機構（WHO）によると世界に認知症の人は現在5,000万人おり、毎年1,000万人近くが新たに発症していると考えられている。認知症はいまや世界的な課題である（World Health Organization, 2021）。

　認知症の人が増加するなかで、認知症の症状を抱えながら生きる本人と家族が抱える様々な生活課題を顕在化するために、「公益社団法人認知症の人と家族の会」（以下、「家族の会」）をはじめとした認知症に関わる当事者組織の運動が大きな役割を果たしてきた。1980年に設立された「家族の会」は、設立当初から認知症の人と家族がおかれている生活環境や生活課題を電話相談や調査等で明らかにし、そこで明らかになった課題に基づいて国に対し要望書を出す運動を継続して行ってきた。この要望は、当初はなかなか実現することもなかったが、認知症の人と家族がおかれている実態の調査を粘り強く行い、そこから明らかになった内容をもとに要望をし続け、高齢者福祉事業の実践の発展とも相まって認知症の政策の開拓を図ってきた。また、2004年に初めて日本（京都）で行われた国際アルツハイマー病協会による国際会議以降、日本でも認知症の本人の考えや希望を聞こうとする動向が生まれている。この国際会議では、

講演会、シンポジウムや会議の場に認知症の本人が参加して、その後自分たち の生活環境の現状や要望などの意見を言う機会を設ける先駆的な実践が行われ るようになってきた。こうして、認知症の本人と家族の生活実態が社会のなか で知られるようになってきている。このような認知症の人や家族の当事者運動 の結果、認知症に関する施策は医療・介護などの多様なサービスがつくられ、 認知症施策の計画化が進められ、認知症施策推進大綱にまで到達している。

　また、認知症の人が地域で安心して暮らすためのまちづくりは、医療・介護 サービスの施策化に並行して徐々に進展してきている。「家族の会」が要望の なかで社会の人びとに認知症に対する理解を求める内容を含めてきたが、認知 症に対する理解を進める認知症サポーター養成講座や認知症カフェなどのプロ グラムが展開されてきたのは、「認知症施策推進5か年計画（オレンジプラン）」 以降であった。これらのプログラムは、まだ10年余りの実践に過ぎないが、 プログラム実施は全国的に飛躍的に拡大している。このプログラムを活用した 認知症の人とともに生きるまちづくりが進展する効果的な展開は、国民に広く 認知症の理解を進めるうえで重要である。さらに、これらのプログラムの展開 とは別に認知症とともに生きるまちづくりを目的にした自治体や住民による先 駆的な地域福祉活動の実践が多様に行われており、このような実践が全国で広 く展開されることが望まれている。

　本書は、認知症の人が増え続けるなかで、認知症とともに生きるまちとはど のようなまちであるのかを明らかにして、そのようなまちづくりを推進してい くために必要な力について、認知症の当事者組織の運動と住民活動を組織化し 認知症の当事者との協働により生み出される力から見出そうとしている。認知 症ケアの施策は体系化が進み、地域包括ケアの推進により地域の様々な社会資 源が総合的に提供されるシステムが構築されつつある。本書は、これまで医療、 看護、介護の観点から考えられてきた認知症ケアを推進するまちづくりを地域 福祉の観点から考える研究であり、当事者組織化と住民組織化という地域福祉 の実践を認知症とともに生きるまちづくりに援用するものである。

　そのために、まず認知症の人と家族の暮らしの実態をもとにして、住民活動 が当事者と協働して認知症とともに生きるまちづくりの先駆的な実践を行って いる地域の活動と全国で取り組まれ始めたプログラムの到達点や特徴を整理す

る。そのうえで、認知症とともに生きるまちづくりを推進するために認知症の当事者運動が発揮する力と住民活動が当事者運動と協働して組織化されることで発揮する力について明らかにしようとするものである。

第2項　本書のテーマ設定理由

いまや認知症の課題は広く国民に関わる課題であり、認知症の人と家族が偏見や差別を受けないことはもちろん、地域のなかで生活課題対策の支援を受けつつ、様々な人と関わり自分らしい生活を送る生活環境を整備することは重要なテーマである。

■ まちづくりに着目する理由

本書で認知症とともに生きるまちを考えるために「まちづくり」を取り上げるのは、以下の理由による。

認知症の症状には、中核症状と周辺症状があり、これらは成り立ちが異なるため治療やケアで異なる対応が求められる（小澤，2005）。中核症状は、記憶障害、見当識障害、思考障害などがあり、脳の障害から直接的に生み出されるため医学的な対応が必要になる症状である。一方、周辺症状は、もの盗られ妄想、幻覚妄想状態、不眠、抑うつなどの精神症状から、徘徊、攻撃性などの行動症状まで様々な症状があり、人によって現れ方がまったく異なる症状である（小澤，2005）。そのため、小澤は「周辺症状の成り立ちを解明するには、医学的な説明によってではなく、認知症という病を生きる一人ひとりの生き方や生活史、あるいは現在の暮らしぶりが透けて見えるような見方が必要になる」(小澤，2005：24）と周辺症状に対する生活環境の与える影響について述べている。

認知症の中核症状とは異なる周辺症状の対応は、障害のとらえ方の医学モデルに対する社会モデルのとらえ方を援用して考えることができる。医学モデルによる障害のとらえ方は、障害を本人に付随する特質ととらえ、障害者本人が治療やリハビリテーションによって障害を乗り越えるための努力が必要とされる。

これに対して社会モデルによる障害のとらえ方は、障害は人と社会との相互作用によって生み出されるものととらえ、社会の側が障害者にハンディキャッ

プをもたらす要素を徹底して取り除くべきだという考えである（渡辺，2018：140）。障害の社会モデルのとらえ方は、2006年の国際連合総会で採択された「障害者権利条約」[1]に込められた障害者を排除しないインクルーシブな社会の構築のための重要な視点として影響を与えたものである。日本で2013年に成立した「障害を理由とする差別の解消の推進に関する法律」[2]でも、障害者が生活するうえで障壁となる社会的障壁を取り除く合理的配慮をしないことが差別であるという規定を設けた。このように障害者分野では、法律において社会モデルによる障害者への関わりが規定され、障害者の生活に制限や障壁を生む環境を解消することが社会の責任であることが示されている（DPI日本会議，2016）。

　認知症の周辺症状の現れ方が本人の生活環境によって左右されることから考えると、障害者の社会モデルと同様に、認知症の人の周辺症状は本人に起因する医学的な要素よりも本人の生活を取り巻く環境に留意することが重要であることがわかる。

　認知症の中核症状は医学的理由に起因するので、認知症の原因の解明が進みその原因に対する治療薬や治療方法が進展することが、中核症状の緩和や改善につながる。一方、周辺症状は、認知症の人の環境を周辺症状が進まないように工夫することによって症状の緩和を図ることができるので、施設や病院に入所・入院している認知症の人には職員が、地域で暮らす人には家族や地域の住民が周辺症状の進まない対応を行うことが大切になる。石倉康次は、認知症の周辺症状が「適切な環境や対応によって本人の生活が安定すれば薄れる症状」（石倉，2021：139）として、家族をはじめ認知症の本人を取り巻く人びとの関わり方が重要であると述べている。

　また、認知症の人を取り巻く人びとの対応だけでなく、建物、交通機関や社会サービスなどの生活に関わる社会資源についても、必要な配慮や対応の仕方の工夫が求められるといえるだろう。こうした社会に変えていく活動として、まちづくりに着目をした。

　本書は、社会モデルに基づいて認知症の人が暮らしやすくなる環境をつくっていく活動としてまちづくりの運動に着目した。当事者の暮らしやすい環境整備のための福祉のまちづくりは、障害者運動が先行的に進められており、この知見を援用し認知症とともに生きるまちづくりについて検討している。

■ 当事者運動と住民組織化の力に着目する理由

　本書では、認知症とともに生きるまちづくりについて検討するうえで、当事者運動の力と住民活動の組織化の力に着目して地域福祉の視点から分析している。ここでは、地域福祉を住民運動との関わりから見る真田是の概念をもとに検討する。

　真田は「広い意味の地域福祉は、3本の柱から成っているとみることができる。第一は、産業政策をとおして地域の経済的基盤を強め、住民の生活の基礎を発展させる柱である。第二は、過密・過疎問題にみられるような生活の社会的・共同的な再生産の部分のおくれやゆがみを正す柱である。第三は、これらの措置を住民の自主的な参加＝運動の支えによって行っていく柱である」（真田，1973：36-37）と定義している。また、「狭い意味の地域福祉、つまり社会福祉の一領域としての地域福祉は、第一の柱を前提にしながらも、第二、第三の柱から成り立っているとされてきたようである」（真田，1973：36-37）として、広義と狭義の地域福祉による3つの柱の異なる定義を見ながら、経済的基盤の強化を基礎に据えつつ生活の社会的・共同的な再生産の充実と住民主体を実現するための運動を行うことが地域福祉であるとしていた。

　また真田は、地域福祉の対象と住民運動について次のように述べている。社会福祉の対象は、社会にある貧困問題から政策的に制限を加えて切り取った政策主体による対象と、資本主義社会が生み出す社会問題としての貧困問題全体である本源的な対象とによる二重構造がある。国民の運動・要求や福祉活動は、この二重構造において政策体系として福祉行政が限定する政策対象を本源的な対象に接近させようとする働きを発揮している。このような対抗とダイナミズムは、老人福祉や児童福祉のような領域での現れ方においては、福祉行政の行う法制度により実行される政策対象が圧倒的な重みをもたざるをえない（真田，1992）。

　これに対して地域福祉は、同じ二重構造がありながらも、地域において老人福祉や児童福祉などの様々な領域の社会福祉の総体の縮図として現れている特徴と、政策対象として現れることと同等の重みをもって現代の貧困やその他の社会問題が地域で具体的に現れているという特徴がある。さらに、旧共同体の

後退と解体に伴って住民の生活様式が変化し、貧困層にとどまらず圧倒的多数の住民が新たな生活の弱さをもつようになる生活の社会化が進んだ。このため、働く国民全体の共通事項として個別の生活だけでは支えられないことに対する社会的な支えが求められ、様々な社会保障制度が整備されるなど生活の社会的な保障が必要となってきた。

このように現代の貧困やその他の社会問題と、生活の社会化が進んだことによって生まれる社会問題が地域で具体的に現れている特徴によって、地域福祉では政策対象を超えた社会問題の全体が可視的となる。そのため、政策対象を本源的対象に接近させて、領域においては政策対象がもっていた重みに対抗して、政策対象が優勢である現実を是正するダイナミズムを発揮することが地域福祉の重要な中身となる。

このダイナミズムの具体的な現れとして、これまで住民運動が地域福祉の前進に貢献してきた。地域福祉にとっては、地域福祉とその構想が住民本位のものであるかどうかを分かつ試金石としての住民運動の位置づけが重要となる。住民運動によって住民の直面する福祉要求を明確にし、その要求を解決していき、地域から暮らしと健康の障害になるものをとり除く運動を地域福祉の内容に取り入れることで、行政を含めて地域の福祉システムをつくっていくひとつのモメントになり、先に示した対象の二重構造を是正する役割と位置が地域福祉にはある。

真田は、以上のように地域福祉と住民運動について述べていた（真田, 1992）。

本書では、認知症の当事者として本人や家族が直接体現している生活課題を顕在化して本源的対象を明らかにし、その実態をもとに現在の政策対象の改善を要求し運動する当事者運動が、まちづくりの力として重要な働きをすると考えている。また、このような当事者運動と協働することで組織化を図る住民主体による住民活動がまちづくりを進めるうえで重要であるとも考えている。これらの地域福祉の力が認知症とともに生きるまちづくりを推進する力として発揮されるという着目点に新規性があり、本書はそのことを検証するものである。

2000年以降の認知症に関する国の施策は、認知症の人や家族が暮らしやすいまちづくりを目指したものが見られるようになり、政策主体も一定のまちづくりの課題意識はあると考えられる。それでもなお、まだ認知症の人や家族が

様々な課題に直面して暮らしていることがあり、その改善のために認知症の課題に直面する本人や家族の運動とこれに協働する住民活動を再評価することにより、新たな展望が見出せると考えられる。

　地域福祉実践において展開される住民主体による住民活動は、認知症の当事者運動と協働することで当事者の暮らす環境を改善するまちづくりの推進力となると考えられるため、仮説としてこの力がまちづくりを推進する役割を発揮するとしてそれを検証しようとしている。住民が当事者に学びながら当事者とともに実践する地域福祉活動のもつ力が、まちづくりを促進することを明らかにしたい。

■ 本書で取り上げた先駆的事例とプログラム

　本書で当事者運動と住民活動の先駆的事例として取り上げたのは、北海道釧路地区、福岡県大牟田市、東京都町田市の3つの地域である。

　当事者運動を中心にまちづくりを進めていた釧路地区は、介護保険制度が施行される以前から「徘徊老人SOSネットワーク」の構築に向けて取り組み、専門職や行政機関だけでなく市民や商店を巻き込んだ幅広いネットワークを当事者組織が中心に形成した実践であり、当事者運動が発揮する力の研究対象として取り上げた。大牟田市は、行政の認知症ケアの事業による基盤整備のもとで介護保険事業を運営する民間の福祉事業者が住民活動と協働して認知症の本人の希望に沿いながら進めている実践であり、住民組織と当事者が福祉事業者と協働する力の研究対象として取り上げた。町田市は、認知症にやさしいまちづくりを推進する目的をもった市民活動団体が、行政と協働し認知症施策の推進に協力しつつ、認知症の本人と密接な連携のもとで様々な新しい事業を開発してきた実践であり、市民活動が当事者と協働する力の研究対象として取り上げた。

　これらの3つの事例は、まちづくりを推進する主たる主体が異なり、いずれも認知症とともに生きるまちづくりを推進する力を当事者運動や住民活動が発揮した先駆的事例として検討している。

　また、認知症とともに生きるまちづくりを目的とした全国で実施されているプログラムは、認知症サポーター養成講座、認知症カフェ、市民後見人養成を

取り上げている。これらの事業は、いずれも認知症対策大綱のなかで位置づけられており、介護保険制度の任意事業として市町村の選択事業などにより全国の市町村で地域包括支援センターなどの専門機関が主体となり、広く取り組まれているものである。

認知症サポーター養成講座は、認知症に関する症状や対応の基本的な知識を得る講座として住民組織、学校、商店や金融機関まで幅広く受講されているプログラムで、認知症の基本的な理解のすそ野を国民に広げる事業としてイギリスからも注目されているものである。認知症カフェは、地域の身近な場所で認知症の本人と家族が住民や関係者と交流し孤立を予防する事業として、現在は地域包括支援センターが実施することが多いプログラムである。市民後見人養成は、成年後見制度の後見人を担える市民を養成するもので、市民が後見人を担うことで住み慣れた地域で認知症の人の権利擁護を図る体制づくりに寄与することを目指したプログラムである。

住民が認知症を理解し、認知症の人との関わりや支援の活動を促進することを目的としたこれらのプログラムは、現在は行政や専門機関がプログラムを実施する主体であることが多く、住民は事業の参加対象であることが多い。これらは、それぞれ認知症の学びや認知症の人との関わりを積み重ねることで、認知症の人とともに住民活動を行う基盤づくりに寄与できるプログラムとして検討している。

このように、認知症の人と家族が自分らしく暮らせるまちづくりの地域福祉実践を推進するために、先駆的な地域の実践と全国で展開されているプログラムについて検討し、まちづくりを推進する要素を明らかにして、まちづくりの活動が広く展開されるための要素について考える。

第3項　本書の背景

■ 認知症の概念

認知症は、「正常に達した知的機能が後天的な器質性障害によって持続的に低下し、日常生活や社会生活に支障をきたすようになった状態で、それが意識

障害のない時にみられる」（日本認知症学会，2008：8）ものである。具体的には、

①認知症の中核は記憶障害をはじめとした知的機能の障害であり、さらに失語、失行、失認および実行機能障害などの複数の知的機能の障害がみられる。

②これらの知的障害は、後天的な障害のため、いったん発達した知能が低下した状態がみられる。

③脳の器質性変化があり、脳の物質的な異常を基盤とした状態である。

④障害がある期間持続していることが必要で、ICD-10では「少なくとも6か月以上」持続するとしている。

⑤知的障害の結果、社会生活や日常生活活動に支障をきたした状態である。

⑥急性・一時的なものではなく、意識障害がないときにも、上記の状態がみられる。

　以上の条件を満たす状態をもって認知症と診断することができる（日本認知症学会，2008：8）。

　認知症の患者は、見当識、知識、行為、認知、言語、感情、人格などの種々の高次脳機能が複数障害されることにより、自分のおかれた状況に対しての判断や行動が障害された状態となり、その病態や症状は極めて多彩であるとされている。

　一般に認知症患者の症状は、中核症状と周辺症状がある。中核症状としては、記憶障害、実行機能障害、失行、失語、失認がある。周辺症状は、身体状態や環境によって影響され二次的に出現する様々な精神症状や行動障害をいい、妄想、幻覚、不安・焦燥、抑うつ、徘徊、攻撃的言動、睡眠障害、食行動異常（過食・異食）、介護への抵抗などがある。周辺症状は、認知症の行動・心理症状（BPSD）にほぼ相当する。このBPSDの症状が現れることで、患者や家族、医療・介護・福祉の専門職に大きな負担をもたらすこととなる。そのため、医療面においてBPSDの的確な診断がなされることが認知症への対応においては大切になる（日本認知症学会，2008：9-11）。

■ 認知症の当事者としての本人と家族

　本書においては、認知症の本人とともにその家族も認知症の当事者と位置づけている。認知症の本人は、認知症の症状や社会からの排除や共感などを直接

受ける立場として、様々な苦しみ、不安を感じ、葛藤し悩む当事者として、認知症とともに生きるまちづくりを考えるうえで不可欠な存在である。

　認知症の人の家族は、これまでの日本の認知症に関する施策形成や啓発において、認知症の本人の発信が顕著になる2000年代までは本人の代弁者としての役割を果たしてきた。これに加えて、認知症の人の家族も固有の立場で様々な課題に直面しながら認知症の本人と家族の両方の立場を併せて当事者の立場として運動を展開してきており、認知症の当事者運動を考えるうえで認知症の人の家族ももう一人の当事者として重要な役割を果たしてきている。

　認知症の本人を主体とした当事者活動とその研究が進展するなかで、あらためて本人と家族の関係性をふまえた支援を検討しようとする動向もある。認知症介護研究・研修仙台センターが2019年度に行った「認知症の当事者と家族を一体的に支援する支援プログラムのあり方に関する調査研究」は、認知症の人の最も身近にいる家族に対する支援と本人支援を両立する総合的な支援方策を考えることで、最も長い時間を過ごす家庭生活を支え、家族関係を含めた個別ニーズに対応できる方策を研究するものである（認知症介護研究・研修仙台センター，2020）。このように、認知症の当事者支援において、本人支援と家族支援の固有性をふまえつつ、両者を両立する総合的な支援について研究が始められている。

　認知症の人の家族と同様に福祉課題を抱えた当事者の家族である障害児の母親について藤原里佐は、障害児の母親がその役割を果たすほど子どもとの心理的・物理的距離が縮まり、子どもの全面的援助者・代弁者としての母親の役割を強化せざるを得ない立場であるとして、障害児の本人と異なる「もう一人の当事者」として母親を位置づけている。

　障害の特性に応じたケアをしようとすればするほど、ケアの内容や方法が極めて個別的になり、複雑であるのが在宅生活の困難性である。それゆえに、このような個別的で複合的な支援には社会的サポートの手が十分に届かないという矛盾を母親が自ら対処していると藤原は述べている。障害のある人のなかでも特に障害児の場合は、専門職等の様々な人が支援を行うために、当事者の本人が子どもであるがゆえに必要なことがある。それは、本人の日常の様子について母親を通じて把握すること、それに専門的な援助を子どもに具体的に届け

るためにコンディションを見て適切なコミュニケーション方法を通じて本人に働きかけることである。その際に、母親の「手」を借りる必要があり、この点で母親の役割は他に代えがたい固有性をもつとともに母親の役割が固定化していることを藤原は指摘していた（藤原，2006）。

このような障害児と母親の関係は、子どもとその代弁者であり親権者であり、認知症の人の家族とまったく同一に考えるわけにはいかない。しかし、家族は本人とともに暮らし、日常的に支え、最も身近な立場にいる重要な支援者であるとともに、同時に家族として親密な関係性をもつ存在である。認知症の本人に関わる専門職が、家族に対して日常の本人の様子を把握することや、本人の個別的な特性をよく理解した支援者の一員として役割を求めている点も障害児の母親と同様である。

家族は、介護を通して認知症の本人とともに様々な社会の軋轢、矛盾、共感などをともに受けながら日常的な支援を行うもう一人の当事者として、社会的な支援の必要がある存在である。家族に対する社会的な支援が充実することで、家族から本人への親密な関わりを維持し継続することができて、認知症の本人の地域での暮らしが豊かなものとなると考えられる。

以上の理由から、本書では認知症の当事者として、本人とともに暮らす家族についてももう一人の当事者として対象とする。

■ 私たちの認知症に対する意識の現状

認知症や認知症の人に対する私たちの意識の現状は、2015年に内閣府が行った「認知症に関する世論調査」と2019年に「家族の会」が行った「認知症に関する一般市民の認識調査」から見ることができる。

内閣府の「認知症に関する世論調査」は、認知症に関する国民の意識を把握し、今後の施策の参考とするために全国の20歳以上の国民3,000人を対象に行われ、1,682人の有効回答を得たものである[3]。この調査の結果から、以下のような私たちの認知症に対する意識がわかった（内閣府，2015）。

認知症に対してもつイメージは、図1-1のとおり「認知症になると、身の回りのことができなくなり、介護施設に入ってサポートを利用することが必要になる」と回答した人が35.9%で最も多く、他の「認知症になると、暴言、暴力

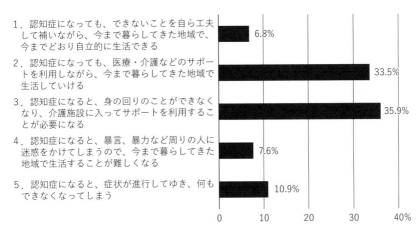

1. 認知症になっても、できないことを自ら工夫して補いながら、今まで暮らしてきた地域で、今までどおり自立的に生活できる　6.8%

2. 認知症になっても、医療・介護などのサポートを利用しながら、今まで暮らしてきた地域で生活していける　33.5%

3. 認知症になると、身の回りのことができなくなり、介護施設に入ってサポートを利用することが必要になる　35.9%

4. 認知症になると、暴言、暴力など周りの人に迷惑をかけてしまうので、今まで暮らしてきた地域で生活することが難しくなる　7.6%

5. 認知症になると、症状が進行してゆき、何もできなくなってしまう　10.9%

図1-1　認知症に対してどのようなイメージを持っているか

（出典：内閣府「認知症に関する世論調査」2015）

など周りの人に迷惑をかけてしまうので、今まで暮らしてきた地域で生活することが難しくなる」（7.6%が回答）や「認知症になると、症状が進行してゆき、何もできなくなってしまう」（10.9%が回答）のように認知症に対して排他的な考えよりも入所施設での社会的な支援を受けた生活が適切と考えている傾向がうかがえる。一方、「認知症になっても、医療・介護などのサポートを利用しながら、今まで暮らしてきた地域で生活していける」と回答した人も33.5%おり、入所施設で暮らすことが適切との回答に迫る割合となっていることから、認知症の人が住み慣れた地域で暮らすイメージも大きいことがうかがえる。

　一方、自分が認知症になった時にはどのように暮らしたいのか、前述の認知症のイメージと同じ選択肢での回答では、「認知症になっても、医療・介護などのサポートを利用しながら、今まで暮らしてきた地域で生活していきたい」が30.3%で最も多かったが、これに次いで多かったのが「認知症になると、周りの人に迷惑をかけてしまうので、介護施設で必要なサポートを利用しながら暮らしたい」（27.5%が回答）だった。

　これに続いて、「認知症になると、身の回りのことができなくなってしまうので、介護施設に入ってサポートを利用しながら暮らしたい」も20.2%が回答しており、これらを合わせると入所施設で暮らしたいとの考えは合計47.7%と

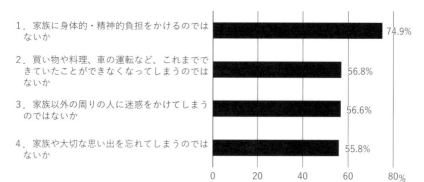

図1-2 自分が認知症になった時に不安に感じること

（出典：内閣府「認知症に関する世論調査」2015）

半数近くが入所施設で暮らしたいと考えているのである。認知症に対してもつイメージの回答と比較すると、自分が認知症になった時は「周りの人に迷惑をかけてしまう」ことがより重視されていることがわかる。

　さらに、認知症に対する不安については、図1-2のとおり自分が認知症になった時の不安は、「家族に身体的・精神的負担をかけるのではないか」が74.9％で最も多く、次いで「買い物や料理、車の運転など、これまでできていたことができなくなってしまうのではないか」が56.8％、「家族以外の周りの人に迷惑をかけてしまうのではないか」が56.6％と続いていた。

　また、家族が認知症になった時の不安は、「ストレスや精神的負担が大きいのではないか」が62.5％で最も多く、次いで「家族以外の周りの人に迷惑をかけてしまうのではないか」が51.4％、「経済的負担が大きいのではないか」が49.9％と続いていた。認知症に対する不安は、自分においても家族の場合も認知症の症状や医療や介護サービスに対する不安よりも精神的負担に対する内容が大きいことがわかる。

　このように、内閣府の調査では、認知症の人に対して住み慣れた地域で暮らすことの支持が多く、入所施設などの社会的なサポートを得て暮らすことを広く理解していると考えられる。しかし、自分自身が認知症になった時のことになると、自分自身も社会的なサポートを受けて暮らす考えが最も多いものの、これに併せて家族など周りの人に身体的や精神的な負担をかけることや自分では何もできなくなるとの考えをもつ人が多くなり、住み慣れた地域で暮らすこ

とが難しい不安材料が多く見られ、認知症の人に対する考えは自分自身が認知症になった時には異なる内容となる傾向が見られる。

　また、「家族の会」が行った「認知症の人と家族の思いと介護状況および市民の認知症に関する意識の実態調査」は、「家族の会」が約10年ごとに行ってきた認知症の介護状況に関する実態調査を拡大して行われた調査である。この調査は、認知症の人の家族以外の本人、認知症の人と家族を支援する市民の視点からも社会の認知症ケアにかかる状況を概観する目的で行われたものである。このうち市民に対する調査は、全国各地で認知症に関する講演会などのイベントに参加した人を対象に12,000人以上から回答を得ていた（認知症の人と家族の会，2020）[4]。

　その調査の結果を見ると、認知症のイメージについては回答の選択肢のうち「思う」と「どちらかといえばそう思う」を合わせた割合が99.2％で最も多かったのが「周囲の理解がとても大切」で、次いで「認知症の人には心のゆとりをもって話を聞くことが大切」が98.7％、「認知症の人は戸惑いや不安な心境にあると思う」が95.6％、「気分の良いときは普通に過ごせる」が94.6％、「地域活動に参加したほうが良い」が94.1％選択されていた。

　これに対して、「思う」と「どちらかといえばそう思う」を合わせた割合が低かったものを見ると、「楽観的で困りごとは少ないだろう」が13.8％で最も少なく、次いで「どのような病気かわからない」が31.0％、「予防できない病気」が46.2％と続いていた。

　全体としては、「思う」と「どちらかといえばそう思う」との回答が9割以上の多くを占めた項目は、回答者に認知症の人の立場に立った視点をもとうとする意識があり、社会のつながりをもっと推進していく必要性を示唆した回答となっていた。また、本調査の分析では、認知症のイメージの潜在的な要因として「認知症の人の立場に立った視点」「行動心理症状を持つ」「記憶障害としての病気」「認知症に対する漠然とした不安感」「認知症に対する現実的な視点（自分の身に置き換えた視点）」の5つがあり、これらが個人のおかれた状況や経験に影響されながら認知症のイメージがつくられていることが推察されるとしていた。

　一方、介護を行う家族のイメージについては、認知症のイメージと同様に回

答の選択肢のうち「思う」と「どちらかといえばそう思う」を合わせた割合が95.2％で最も多かったのが「精神的負担が大きいと思う」で、次いで「介護者への手助けが必要である」が94.9％、「身体的負担が大きい」が92.0％、「経済的負担が大きい」が87.8％であった。回答者は、介護する家族に対し身体的・精神的・経済的な負担が大きく、介護者への手助けが必要と考えていることがわかった。

この調査のまとめでは、市民の認知症の人の立場に立った視点が認知症の施策が進展するにつれて少しずつ浸透してきている印象があるとしていた。

これらの内閣府と「家族の会」の調査からわかるように、認知症の人の存在を認識されるようになった50年前に比べると、認知症の知識や認知症の人の人権を尊重する考えが広がっていることがうかがえる。さらに、自分自身や家族が認知症になった場合の身体的・精神的負担への不安が大きいことから、認知症に対する社会的な施策の充実や認知症とともに生きるための社会の支えが求められていることがわかる。

■ 鉄道事故裁判から見る認知症の理解

さらに、認知症の人の家族が社会のなかでどのようにとらえられているのかが明らかになったのが、2007年に起こった認知症の人が鉄道の線路内に立ち入ったことで発生した事故に関する裁判であった。2007年12月に東海道本線の共和駅構内で愛知県大府市に夫婦で暮らしていた認知症の男性がはねられ死亡した事故の際の損害賠償として、720万円の請求が半年後の2008年5月に遺族のもとに送られてきた。遺族は損害賠償についての協議を考えていたのだが、鉄道会社はいわば機械的に訴訟の段階に踏み込んだ。その結果、名古屋地方裁判所は遺族である配偶者と遠方に住む息子に対し、認知症の人の家族が不意の外出をしないための措置を怠ったとして損害賠償責任があると認めたのだった。

この結果を受けて遺族は控訴し、名古屋高等裁判所は配偶者に対し賠償請求額の半分の360万円を支払うことを求める判決を出した。この判決を不服として、鉄道会社が上告し、最高裁判所で審理された結果、遺族には損害賠償責任はないとの判決が出された。最高裁判決が出されたのは2016年3月であり、第1審の判決が出された2013年8月から2年半余りで大きく判決内容が変わった

のだった。

この裁判は、認知症の人が社会で生活するうえで求められている制約ある生活環境や、その環境づくりを求められている家族の見方が顕在化した事例であった。最高裁判決は、遺族の損害賠償責任はないとの結論を出したが、それはこの事例についての判断であり、判決文からは一般的な家族の責任を免除した考え方は見られなかった。遺族の賠償責任はなくとも、実際に認知症の人が関わることで他者への損害が生じた際の保証制度が未確立であることも問題点として残されていることが明らかになった（高井, 2018：246）。

この裁判の後、いくつかの自治体では認知症に関わる保険制度を条例で制定するところが出てきた。例えば、神戸市では2018年に「神戸市認知症にやさしいまちづくり条例」を制定している。神戸市は、2016年に神戸市で開催されたG7保健大臣会合で採択された神戸宣言をふまえて、社会全体で認知症の人を支える取り組みを進める趣旨でこの条例を制定した。この条例により、認知症の早期診断を推進する診断助成制度と認知症の人が外出時などで事故にあった場合に救済する事故救済制度を創設した。この制度の財源は、個人市民税均等割りに年間400円を上積みすることで賄われている。自治体の開発的な取り組みとして注目されているこの条例は、全国の多くの自治体でも取り組まれ、全国的な制度になることで財源のコストも低減化されることが期待されている（中原, 2020）。

この裁判から、認知症の人の安全と安心を確保するための責務が全面的に家族に課せられるとの考えが支配的であることが明らかになった。この裁判を受けたいくつかの自治体の条例づくりは、認知症の人が関わった事故などによる損害補償制度の先鞭として先駆的なものといえる。これと並行して認知症の人の支えを家族だけに任せるのではなく、社会の多くの人びとが認知症の人に関わり、ともに安心して暮らせるまちづくりを進めていくことが重要と考えられる。

第4項　本書の問題意識

本書では、認知症の人とともに生きるまちづくりを推進するために明らかにすべきこととして、認知症の当事者組織の運動がまちづくりの目指す方向を示

していることと、住民活動によるまちづくりの展開の際に求められる要素に焦点を当てている。

　認知症の当事者組織の運動に焦点を当てるのは、社会生活を送るなかで認知症による生きづらさを実際に体現している本人と家族だからこそ、当事者としてまちづくりに求める要素の発信ができる点に着目するからである。その当事者発の声を受け止めて社会に伝えるためには、認知症の当事者組織による運動が必要となる。当事者組織の運動により示されたまちづくりの目指す方向を明らかにすることで、認知症の当事者が望むまちづくりの要素が反映することになると考えられる。認知症の当事者組織による運動がこれまでまちづくりに果たしてきた役割を評価し、また今後果たすべき役割を明らかにすることが必要である。

　また、運動で示された認知症の当事者の望むまちづくりを実践するためには、まちに暮らしている住民が当事者とともに多様な活動の主体となって運動を展開することが必要となる。当事者と協働した住民活動によるまちづくりに必要な推進力を明らかにすることで、様々な地域で取り組まれるまちづくりに広く応用できると考えられる。

　本書では、認知症の人とともに生きるまちづくりを目的として先駆的に取り組まれている実践や全国で展開されているプログラムを分析している。このプログラムの対象・実施体制・プログラム内容、プログラム実施に際して活用する社会資源、当事者・住民の参加と変容について分析し、重要な推進力の要素を抽出することで、先駆的な実践が全国に広げられると考える。

第2節 | 本書の分析視座と独自性

　本書は、認知症とともに生きるまちづくりの推進力について、認知症の当事者運動とまちづくりのプログラムや先駆的な実践の事例研究を通じて把握し分

析しようとするものである。本書の学術的独自性は、以下の2点にまとめられる。

　まず、認知症の当事者である本人と家族が暮らしやすいまちづくりについて、当事者組織の運動が与えた影響をもとにその役割を分析する点に独自性がある。認知症の当事者による社会的な運動が、法制度をはじめとした社会資源やまちづくりに与えた影響を分析する研究は、認知症の当事者運動のもつ役割を総合的にとらえるうえで重要な研究であるといえる。

　また、認知症の人とともに生きるまちづくりの推進力を地域福祉の観点から当事者運動と住民活動が協働することのもつ力に着目して分析する点にも独自性がある。地域の当事者組織化や地域組織化を進めてきた地域福祉のもつ機能を主眼に置き、地域の主体的な力を指標化した地域の福祉力の先行研究を援用して、住民活動が当事者運動と協働する実践から認知症とともに生きるまちづくりを推進する力を見出すことができると考えている。

第3節　本書の調査・研究方法

　本書では、認知症の本人及び家族の当事者組織と福祉のまちづくりについての文献研究、先駆的な地域の実践と認知症の理解や支援を目的とした実践プログラムについての調査研究を行った。

　認知症の人の家族に関する文献研究は、主に「家族の会」が行った調査や要望・提言の内容と認知症に関する法制度の歴史的な展開を比較検討する文献研究を行った。次に認知症の当事者の望むまちの内容について、認知症の本人と家族による社会に対する要望や希望についての文献や調査報告をもとに分析した。さらに、地域の福祉力に関する先行研究や調査報告による文献研究を行った。また、認知症とともに生きるまちづくりの先駆的実践を行う地域については、文献研究やインタビュー調査により分析を行った。住民による認知症の理

解と住民活動を推進するプログラムは、先駆的な実践地域のアンケート調査や先行研究の文献や調査報告により分析した。

　最後にまちづくりに求められる要素を分析する際には、地域の福祉力の評価指標から得た内容をもとに分析を行った。

第4節　本書の構成
Prologue
Section 4

　本書は、序章・終章及び5つの章で構成されている。

　序章は、本書の目的、背景及び問題意識を述べ、その研究視座と独自性及び調査・研究方法を述べてきた。認知症の人が増加するなかで求められるまちづくりについて、当事者運動と住民活動の組織化に着目する地域福祉推進の視点から見た研究の問題意識と独自性を述べてきた。

　第1章では、当事者運動と住民活動に関連する先行研究について整理している。認知症の当事者としての本人と家族の固有の特徴を整理した後、当事者運動の特徴と本人の活動の萌芽と展開についてまとめ、認知症に関する住民活動としての福祉のまちづくり、福祉コミュニティ、地域の福祉力、認知症フレンドリー社会の特徴と本人と家族が望む認知症とともに生きるまちの姿に関する既存調査研究についてまとめた。障害者運動として発展してきた福祉のまちづくり運動の研究成果や地域福祉研究での地域の福祉力の指標が、認知症の人が暮らしやすいまちづくりにどのように応用できるのか検討している。また、認知症施策推進5か年計画（オレンジプラン）以降に住民が認知症のことを理解し地域のなかで支援する活動を活性化することを目的としたプログラムとして、全国的に広く取り組まれるようになった認知症サポーター養成講座、認知症カフェ、市民後見人養成について、その特徴や効果についての先行研究を整理している。

　第2章では、日本の認知症への対応の歴史的経緯について整理している。日

本で認知症について社会のなかで知られるようになった1970年代から、認知症の当事者組織の運動と法制度の形成の経緯を追っている。1980年代から活動していたのは「家族の会」であり、「家族の会」による要望や社会へのメッセージが運動を牽引していたのが、2000年代に入り本人の会が発足することで本人と家族による当事者運動がそれぞれの立場で運動を展開するようになった。これらの当事者組織による要望や社会的アピールの発信が法制度づくりに与えた影響から、「家族の会」及び本人の活動と認知症の施策の展開を対比してとらえ、これらの関係性を見ている。これにより、これまでの認知症の法制度の発展に当事者組織の運動が果たした役割について検討している。

　第3章では、まちづくりを先駆的に実践している地域の事例研究によりまちづくりに必要な要素の抽出を行っている。先駆的な実践として、当事者組織の運動から関係する行政機関と住民による活動まで巻き込みながら認知症の「徘徊老人SOSネットワーク」を構築してきた北海道釧路地区の「たんぽぽの会」の事例、行政がリーダーシップをとり認知症ケアコミュニティ推進事業を構築し「ほっとあんしんネットワーク模擬訓練」を民間事業者と協働して推進してきた福岡県大牟田市の事例、認知症フレンドシップクラブの支部である特定非営利活動法人と行政が協働して認知症の本人と家族が安心して自分らしく暮らせる認知症にやさしいまちづくりを進めてきた東京都町田市の事例について取り上げた。これらの事例は、その地域性や運動を推進する主体は異なるが、いずれも当事者と家族、住民が活動の推進に大きな役割を果たしている実践であり、その活動の特徴からまちづくりに必要な要素を抽出する分析を行っている。

　第4章では、認知症とともに生きるまちづくりを目的に全国で実施されているプログラムの現状について検討している。住民が認知症を理解し、認知症の人との関わりや支援の活動を促進することを目的としたプログラムは、2000年代以降に急速に全国に広がった。これらのプログラムは、市町村行政や地域包括支援センターが積極的に取り組むことで住民活動として広がっており、その成果や到達点を検討している。具体的に検討するプログラムは、最も全国的に広がっているものとして、認知症に関する症状や対応の基本的な知識を得る講座として住民組織、学校、商店や金融機関まで幅広く受講されている認知症

サポーター養成講座、認知症の本人と家族が住民や関係者と交流し孤立を予防する役割を果たしている認知症カフェ、成年後見制度の後見人を市民が担うことで認知症の人を地域で権利擁護を図る実践者である市民後見人の養成について検討している。

　第5章では、ここまで検討してきた先行研究や先駆的な実践をもとにして、認知症とともに生きるまちの構成要素を析出し、それを推進する力を認知症の当事者運動と住民活動の組織化による力により推進することを検証しまとめている。

　終章では、本書が明らかにしたことと残された課題について述べている。

第1章

認知症の当事者運動と
まちづくりの研究動向

本章では、認知症の人とともに生きるまちづくりを検討するうえで、認知症の当事者運動と当事者が望むまちの姿と認知症の本人の政策形成への参加状況に関する先行研究について概観する。また、このようなまちづくりを推進するための福祉のまちづくり、福祉コミュニティ、地域の福祉力、認知症フレンドリーコミュニティなどの研究動向の要点を見たあと、住民を対象とした認知症の全国的なプログラムに関わる研究動向の要点を整理する。

第1節 ┃ 認知症の当事者運動
Chapter 1
Section 1

第1項　本人と家族による当事者運動

■「家族の会」による当事者運動

　日本で認知症に関する当事者組織として最初に誕生したのは、「家族の会」だった。1980年に京都で設立された「家族の会」は、設立にあたり堀川病院の医師だった三宅貴夫や早川一光らが病院で相談スタッフを担当していた「高齢者なんでも相談事業」が大きく関わっている。「高齢者なんでも相談事業」は、1978年から京都新聞社が行っていた高齢者の相談事業で、このなかの相談メニューのひとつとして「老人ぼけ相談」があり早川が担当していた。

　1970年代後半はまだ認知症の課題は世間に知られ始めたばかりで、福祉サービスも十分ではないなか、在宅で介護する家族は介護生活に孤軍奮闘していた。その介護する家族の奮闘を支えていたのは医療関係者であり、「高齢者なんでも相談事業」は数少ない家族の相談先であり、相談に対応していたスタッフは在宅介護の厳しい現状をつぶさに把握していた。

　三宅は、その当時の「老人ぼけ相談」では、「医療面でも社会制度面でもほとんど支援のないなかで相談を通しての介護家族への支援は、共感と助言で終

えるしかなかった」（三宅，2015：206）と回想している。また三宅は、退職して何年にもなる夫が会社に行くと言って困っているということを笑顔を交えて話す「老人ぼけ相談」での妻の姿が、決して楽ではない介護をなかば楽しむかのような介護家族の様子を同じ介護家族が聞ける機会として、家族のつどいを始めたいと思うきっかけになった、と述べている（三宅，2015）。

　このように認知症の人を介護する家族同士が苦労話を分かち合い、介護に必要な様々な情報交換を行う場として「呆け老人をかかえる家族のつどい」の開催を三宅や早川が介護者家族に呼びかけたのだった。そのつどいを当事者組織として組織化して1980年に立ち上げられたのが、「呆け老人をかかえる家族の会」（現在の「家族の会」）であった。

　「家族の会」の設立当初から代表を担っていた髙見国生は、認知症を抱える家族が集まり情報交換を行うだけでなく、認知症の人にかかる課題を家族の問題にとどまらせないために社会に訴えていくことを重視しており、会の設立から2年後の1982年には早くも最初の厚生大臣（当時）にあてた要望書を提出している（髙見，1994）。

　「家族の会」の立ち上げに尽力したひとりである早川は、専門家の医師でもどうにも治療ができない認知症について自分たちの限界を感じ、日々対応に苦慮している家族が話し合い支え合うことの必要性を早くから感じていた。しかし、そのことはまだ認知症への関心が乏しかった社会のなかでは、ほとんど知られることはなかった。介護を続けるうちに自分が癌になったのでやむなく義理の父を特別養護老人ホームに預けると親戚から総批判を受け何度も死のうとした嫁、義理の母を献身的に介護し徘徊はあるものの元気に暮らせているのに呆けているのなら寝たきりにしてしまったほうが介護が楽だと義理の妹に言われた嫁など、「家族の会」が行っていた電話相談で実際にあった相談内容から、髙見は認知症に対する介護に携わっていない家族の無理解の実情を訴えている（髙見，1994）。

　この頃から、介護者の家族も含めて社会にはまだ知られていない認知症の人と家族の暮らしの実情をもっと知られることがなければ、世間の人からは誤解を受け続けるだろうし、社会的な支援策もなかなか得られないだろうという考えから、「家族の会」の活動として社会に認知症のことを訴える意識は芽生え

ていた。認知症の理解を進めることは、自分たちが安心して生きるための環境づくりとして、地域で暮らす認知症の人と家族にとっては施策の充実と同様に重要なことだった。

この後、「家族の会」は、毎年のように厚生労働大臣に対し要望を提出しており、2007年には「要望」とは別に介護保険の改善を内容とする「提言」も提案するようになる。こうした、要望や提言は介護保険制度に関することにとどまらず、認知症に関する社会のなかでの出来事に関する内容も含まれるようになった。具体的には、2011年には東日本大震災の避難所や仮設住宅での認知症の人への配慮を求める緊急要望、2013年には愛知県で起こった認知症の人の列車事故に関する損害賠償請求事件に関する見解の発表、2019年には認知症の人の自動車運転に関する社会的支援を求める要望などがある。「家族の会」は、認知症の人や家族が社会生活を行ううえで様々な影響があることについて、その時々に必要な社会的なアピールを行ってきたのだった。

このような「家族の会」による要望や提言は、政府や省庁に対するものだけではなく「国民に向けた」要望や提言もこれまで数多く手がけられてきた。表2-1の2009年に発表された「提言・私たちが期待する介護保険　2009年版」では、提言の6つの基本的な考え方のなかで「3　認知症があっても"笑顔"で生きられる支援体制を整備すること」において「認知症の人や家族が地域・社会に受け入れられ、笑顔で暮らせるよう、仕事の継続や社会参加を支援する施

表2-1

「提言・私たちが期待する介護保険　2009年版」 〈基本的な考え方〉　項目一覧
1．認知症があっても一人暮らしでも希望する自宅で、また施設でも安心して暮らせる制度へ 2．早期から終末期まで、切れ目ない支援体制を整備すること 3．認知症があっても"笑顔"で生きられる支援体制を整備すること 4．介護に従事する人材の育成と確保のために待遇改善を継続的に図ること 5．暮らしを支え、生活を保障する社会保障制度へ 6．高福祉を応分の負担で

（出典：認知症の人と家族の会「提言・私たちが期待する介護保険　2009年版」2009）

策、市町村の実情にあった施策、地域の資源づくりなどを積極的にすすめること」を提言している（認知症の人と家族の会，2009）。

　また、2011年に発表された厚生労働大臣あての「認知症の人も家族も安心して暮らせるための要望書」では、「Ⅴ　まちづくり・環境整備について」の項目で「2　認知症の人や介護家族が安心して立ち寄れ、くつろげる場所を小学校区単位に1箇所以上整備すること」をあげ、認知症の人や家族が地域の人と新たな「地縁」を構築する場所づくりを要望している。さらに、2019年に発表された内閣官房長官をはじめ9人の大臣等にあてた「認知症の人も家族も安心して暮らせるための要望書（2019年版）」では、成年後見制度などに関わる司法関係者への認知症の理解を求めることや災害時の避難所において認知症の特性への配慮を求めるなど、これまでの要望にはなかったより幅広い場面での認知症の理解を求める内容が含まれている。

　このように、「家族の会」の要望や提言は、社会のなかで認知症の人や家族がおかれている立場から見た課題点をていねいに汲み取り、政府に対応を求め、国民に提案してきた。認知症に関わる当事者組織として、介護保険制度などの制度の改善を求めるとともに、国民の認知症に対する向き合い方の熟慮を求めてきたのだった。

■ テーマ別の当事者組織の発足

　近年では、「家族の会」以外に同じ認知症でもテーマごとに異なる全国規模の組織が活動を行うようになった。

　レビー小体型認知症サポートネットワークは、レビー小体型認知症の本人や家族、医療関係者の交流や情報交換を目的にした組織として2008年に発足している。男性介護者と支援者の全国ネットワークは、介護する側もされる側も誰もが安心して暮らせる社会を目指して男性介護者の会や活動の交流及び情報交換を促進することを目的に2009年に発足した。このネットワークの事務局長である津止正敏は、男性介護者が家族介護者の3分の1を占めるようになった現在、これまで専業主婦による介護者モデルが支配的だったなかで想定外の存在であった男性介護者の実態を明らかにし、同時に全国に存在している男性介護者コミュニティのネットワーク形成が必要であるとしている（男性介護者

と支援者の全国ネットワーク，2010）。全国若年認知症家族会・支援者連絡協議会は、若年性認知症に関わる専門職、自治体、特定非営利活動法人などのネットワーク組織である特定非営利活動法人若年性認知症サポートセンターが開催した全国のつどいをきっかけに2010年に発足した団体で、若年性認知症に関する情報交換や社会的なアピールを行うことを目的としている。

　これらの認知症に関係する全国規模の当事者組織は、2017年に京都で開催された「国際アルツハイマー病協会国際会議」において共同でプログラムを実施することを機に、その後も連携を継続し、認知症関係当事者・支援者連絡会議として表2-2のように2019年5月に共同声明「『認知症』―ともに生きるやさしい社会を実現するための希望のメッセージ」を出した。

　このメッセージは、日本国民向けの内容と日本政府向けの内容とが別建てと

表2-2

『認知症』―ともに生きるやさしい社会を実現するための希望のメッセージ
2019年5月16日
認知症関係当事者・支援者連絡会議
全国若年認知症家族会・支援者連絡協議会
男性介護者と支援者の全国ネットワーク
認知症の人と家族の会
レビー小体型認知症サポートネットワーク
〈項目〉
1．認知症のことを正しく知り、認知症の人と家族を理解してください
2．認知症の人の支援とその家族支援は車の両輪であることを踏まえ、それぞれの悩みを知ってください
3．認知症と診断される前から最期のときまで、個人の尊厳が守られ、切れ目ない幅広い支援をお願いします
4．認知症のことを気軽に相談できる場所をもっと増やして、認知症のことを誰もが気軽に話せる気風をつくりましょう
5．皆さんの身近なところから認知症にかかわる様々な支援の輪をひろげ、一緒に認知症にやさしい社会をつくっていきましょう
6．認知症の診断や治療、認知機能が低下しても暮らしやすい生活環境の整備など、今後の技術革新に関心を持ち注目していきましょう

（出典：認知症関係当事者・支援者連絡会議「『認知症』―ともに生きるやさしい社会を実現するための希望のメッセージ」2019）

なっている。日本国民向けのメッセージの最初の項目が「1　認知症のことを正しく知り、認知症の人と家族を理解してください」であり、認知症を知らないことから生じる誤解と偏見による認知症の人と家族の苦しみから解放されることの願いを訴えている。さらに、「5　皆さんの身近なところから認知症にかかわる様々な支援の輪をひろげ、一緒に認知症にやさしい社会をつくっていきましょう」の項目では、若い世代から官公庁や企業などで認知症にかかる講座を実施して認知症の理解の輪を広げ、企業や町内の人が認知症の人とともにできることを考えることを提案している。

　以上のように、認知症に対する国家戦略の推進が図られる一方で、社会全体で認知症の人と家族が支えられる考え方の浸透と具体的な支援方法をどのように進めるのかが問われている。

■ 本人による当事者運動の萌芽

　認知症の人の「家族」の当事者組織と併せて、認知症の「本人」の当事者組織についても、近年、大きな展開を見せている。

　自分の認知症について発信する認知症の本人が世界的に取り上げられたのは、オーストラリアのクリスティーン・ブライデンが最初であった。オーストラリア政府の首相内閣省第一次官補だったクリスティーンは、46歳の時にアルツハイマー病の診断を受け、翌年に仕事を辞めた。しかし、2001年にニュージーランドで行われた国際アルツハイマー病協会の世界会議で講演したことをきっかけに、認知症の本人が自分のことや認知症のことを語ることの重要性を考えるようになり、2003年には認知症になっていく本人の気持ちと希望について書いた『私は誰になっていくの？』を出版した。翌年の2004年に京都で行われた同協会の世界会議でクリスティーンは再び講演した。この講演で、クリスティーンは「私たち抜きで私たちのことを決めないで」という国際連合の障害者権利条約のなかで使われたスローガンを引用して、認知症の本人の意見を聞き、そのことを中心とした認知症の施策や対応策の検討の必要性を訴えた。

　このような動向のなかで次第に、認知症の本人同士が交流する動きが出てくる。2006年には、「家族の会」が中心となって「本人会議」が京都市で開催された[5]。会議に参加した認知症の本人たちは、会議で話し合った内容を「本人会

議アピール」にまとめて発表している。このアピールでは、本人同士が話し合う場がほしいこと、社会の人に認知症の人のことをもっと知ってもらい理解を求めること、自分たちの意見を施策に反映すること、など認知症の本人の思いを伝えたいという思いで発信されたのだった。「家族の会」の2007年と2008年の全国研究集会でそれぞれ本人が思いを語る機会が設けられ、2007年のアルツハイマーデー記念講演では認知症の男性による鼎談が行われるなど、認知症の本人による声の発信が徐々に進み、これと同時に認知症の本人が集まり話す場づくりの先駆的実践が生まれるようになってきた（認知症の人と家族の会, 2010）。

■ 本人によるワーキンググループの設立

これらの認知症の本人が話す場から、スコットランドにある認知症の本人が主体となって活動するワーキンググループをモデルに、日本でも同様の組織を設立する検討がされ、2014年に認知症の本人による組織である日本認知症ワーキンググループが結成された。その設立趣意書では、グループの目的として「認知症になってから希望と尊厳をもって暮らし続けることができ、よりよく生きていける社会を創りだしていくこと。（認知症の本人の声を集め、話しあい、目的の実現に向けた活動を展開します）」（日本認知症ワーキンググループ, 2014）として、認知症の本人が希望をもち暮らしていける社会づくりを目的にしていることが示されていた。ワーキンググループ代表理事の藤田和子は、ワーキンググループの役割について、「認知症への偏見をなくしたい」「社会を変えたい」という意思のある本人たちが集まることと、本人視点により認知症の本人だからこそできることを社会の人びとに知ってもらうことであるとしている（藤田, 2017）。

その後、2017年には「一般社団法人日本認知症本人ワーキンググループ」（以下、「ワーキンググループ」）として法人化された。

「ワーキンググループ」は、全国の認知症の本人がそれぞれ希望をもって暮らすことができるよう、本人の発信を促進する活動を進めている。さらに、「ワーキンググループ」は、認知症への人びとの偏見が根強くあることや認知症の本人の活動の地域差があることから、認知症の本人の体験や思いを集めて

「認知症とともに生きる希望宣言」を2018年に表明した。この宣言で示された5つの項目のうち、第4では「自分の思いや希望を伝えながら、味方になってくれる人たちを、身近なまちで見つけ、一緒に歩んでいきます」とし、第5には「認知症とともに生きている体験や工夫を活かし、暮らしやすいわがまちを一緒につくっていきます」と示されている（日本認知症本人ワーキンググループ，2018）。

藤田とともに「ワーキンググループ」の立ち上げに関わった認知症の本人の佐藤雅彦は、認知症の人を自分たちと違う人間だと考えるのではなく、ともに歩む仲間だととらえてほしいと考えている（佐藤，2014）。また同じ認知症の本人の丹野智文は、スコットランドのリンクワーカー制度を参照し、認知症の人の意思を尊重し自立生活を支える支援者の必要性を述べている（丹野，2017）。認知症の本人が望むことは、社会の人びとから支援対象としてだけ見られる存在ではなく、社会の人びととともに生き、ともに認知症の人が住みやすい社会づくりを行う人としての存在である。

また、「ワーキンググループ」は、2019年6月に政府が示した認知症施策推進大綱の推進により、自分たちがどのような地域社会を期待しているのかをまとめた「認知症施策推進大綱の今後の展開への期待と展望」を発表した。この文書では、認知症とともに生きる自分たちの考える認知症施策推進大綱の4つの焦点として、①「希望をもって日々を暮らせる社会」づくりの総合的推進、②認知症を「共生」を主軸に認知症を国民が我が事としてとらえること、③本人が発信する機会をつくること、④自治体が本人とともに認知症施策を進めること、をあげている（日本認知症本人ワーキンググループ，2019）。

これらの「認知症とともに生きる希望宣言」や「認知症施策推進大綱の今後の展開への期待と展望」が求めているのは、認知症の人が尊厳をもって自分の人生を歩むことが保障されることである。「ワーキンググループ」は、認知症のことを我が事として国民が考える共生社会づくりの重要性や認知症の人が社会のなかで自己実現を図ることができる歩みに寄り添ってくれる人の重要性を私たちに訴えている。さらに、「ワーキンググループ」は、2020年の「認知症基本法案の意見」でも、国が目指す地域共生社会を認知症があっても希望をもって暮らしていける社会の創造であるとして、そのための認知症基本法には

認知症の人がもつ人権が尊重されることの明記と、そのことの実現を目指した認知症施策推進の計画策定の義務化を求めている（日本認知症本人ワーキンググループ，2020）。

以上のとおり、「家族の会」は、発足以来、要望や提言をはじめとした社会的な発信により介護保険などの制度の創設と改善を求めてきた。その後、2000年代から認知症の本人の会の組織化により本人のもつ思いや希望が表明されるようになり、また家族の全国組織もテーマ別の団体が発足し、これらが連携することで当事者運動が多様な内容により大きな運動の力をもつようになった。

当事者の生活実態から課題を理解し、当事者の人としての尊厳を尊重した考えの重視は、近年は障害者に関する施策の意思決定支援においても重視されている。認知症の当事者運動でも、認知症施策対策大綱や認知症基本法の検討に際し、当事者の生活実態を鑑みた制度づくりにおいて、この考えは重要な存在になってきた。そのうえで、当事者の求める地域で自分らしく暮らせるまちを実現するために、地域の人との関わりや暮らしやすい環境をつくる社会資源の整備などのまちづくりが求められているのである。

本書では、法制度の形成に力を発揮してきた当事者運動が、まちづくりにおいてどのような力を果たすことができるのか検討していく。

第2項　本人と家族が望むまちとは

■ 本人が望むまちの姿

社会のなかで認知症についての認識が広がり始めた当初は、認知症の人の生活課題や地域づくりについて当事者の立場で発信してきたのは認知症の人の家族であった。1980年に発足した「家族の会」は、認知症の人とともに生活する立場から認知症の本人の代弁者及び家族としてニーズを明らかにし、社会への発信を続けてきた。

一方、認知症の本人については、2004年に初めて日本で行われた国際アルツハイマー病協会の国際会議において、認知症の本人であるオーストラリアのクリスティーン・ブライデンにより認知症本人の体験や自分の思いが語られた

ことで、認知症の本人が周りの人びととの関わりをどのように感じどんな暮らしを希望しているのかがわかったのだった。

クリスティーンは、認知症の症状が与える影響を著書において次のように具体的に説明している（クリスティーン，2012）。

(1) 何をするにも膨大な努力により疲れる

　　まるで白鳥のように、表面上は生活上のあらゆることをこなしているように見えても、そのことを維持するために懸命に努力している。今日は何曜日か、今日は何をすることになっているのかを覚えておくこと、など膨大な努力が必要である。ただ、家でのんびり暮らすだけでも疲れ切ってしまう。

(2) 忘れることが不安感を生む

　　人に「覚えてますか？」と問われるのは、パニックを呼ぶ。この病気の根底には不安感があり、何かしなければならないことがあるのに思い出せないことで、パニックが自分を襲い、ストレスに圧倒されてしまう。どこに置いたかを忘れても、「どこに置いたの？」と聞くのではなく、何かヒントを与えてほしい。そうすれば、思い出すかもしれない。

(3) 話すことが苦闘であり、人が離れていき孤立を深める

　　話をしようとしても言葉が途切れて、出てくる言葉がこんがらがり、間違った言葉が出てしまう。話すことは常に苦闘であり、ますますゆっくり話すようになってしまう。私たちを訪ね合う友達も少なくなり、みな認知症の自分にどう接していいかわからずに、以前とは違う扱い方をするようになり、孤立を深めていく。

(4) 感情はわかるが話の筋道はわからない

　　自分たちは感情はわかるが、話の筋道はわからない。私たちには言葉よりも、周りの人がそばにいてくれること、私たちと思いをわかちあってくれることが必要である。

さらに、クリスティーンは認知症に対する環境の影響の重要性を訴えている（クリスティーン，2012）。

（1）スティグマによる苦難を避ける

　　認知症にはひどいスティグマがあり、そのせいで本人が認知症に診断された
　ことを認めたがらない。私たちの世界は、認知症という病気につけら
　れたスティグマによって厳しく囲い込まれる。認知症という苦難に向き合
　うよりは、正常なふりをしていた方がましだ。

（2）認知症のニーズへの取組みから除外される

　　私たちを地域の組織、特に認知症に取り組んでいる組織の活動に参加さ
　せてほしい。他の病気と違い、自分たちは初めから自分自身のニーズに取
　り組む活動に積極的にかかわることから除外されているように思える。

（3）認知症の人の暮らしの環境が重要である

　　周りの人が自分にどう接してくれるのかが、病気の進行に大きな影響を
　与える。人々の接し方により、自分たちが人間らしさを取り戻し、自分た
　ちがまだ必要とされている、価値のある存在なのだと感じることができ
　る。環境は自分たちの病気にとって非常に重要な要因だ。私たちを取り囲
　む世界がおかしくなり、能力が混乱してくる時、私たちに必要なのは、愛、
　慰め、人びととの強いきずな、地域や活動への参加、アイデンティティ、
　そして仕事だ。

（4）ケアパートナーが重要な役割を担う

　　認知症のある私たちにとって、私たちが解放され、内なる自由を得て、
　人間として尊厳を維持できるような選択ができるようになるためには、ケ
　アパートナーが重要な役割を担うということである。

　日本の佐藤雅彦は、著書のなかでクリスティーン・ブライデンと同様に認知
症の特徴と環境の重要性を次のように述べている（佐藤，2014）。

（1）人として尊厳を持ち社会に役立ちたい

　　私たちは、いきいきと豊かに暮らしたいんです。私たちは、地域でサポー
　トしてくれる人がいたら、たいへん助かります。人のお世話になる一方は、
　とてもつらいものです。人間が生きていくうえでのよろこびのひとつは、
　人のために何かをすることだと思います。認知症になっても、今の私にで

きることを通して、世の中の役に立つことができれば、孤立することもないし、自分に自信も出て、生きがいをかんじられます。

(2) 認知症の人を仲間ととらえてほしい

認知症の人を、自分たちと違う人間だと考えるのではなく、ともに歩む仲間だと考えてください。そして、効率優先の社会ではなく、高齢者や障害者、弱い人に優しい社会であってほしい。そして一人ひとりに、少しだけサポートしてほしい。

この佐藤の著書に解説を寄せている永田久美子は、著書からわかる認知症の人の環境づくりに必要なことを次のように述べている（佐藤，2014）。

(1) 自分になれる時間を持つことが大切

地域、そして地域の人たちとつながりながら、自分が心から楽しんで自分になれる時間を持ち続けたことが、佐藤さんがこれまで自分らしく元気に過ごせてきた大事な背景のように思います。

(2) 認知症の人の体験世界を知ることが大切

近年「認知症を理解しよう」とさかんに啓発されていますが、本人が求めているのは、外見的な「症状」の理解に止まらず、症状の奥で本人がどんな体験をし、どう暮らそうとしているのか、本人の体験世界を知ることが大切であり、その理解のためには、「本人に聴くこと」が一番の近道であることを、佐藤さんが身をもって示してくれていると思います。

(3) 認知症の人の中に宿る認知症への偏見

佐藤さんは、もうひとつとても重要なことを指摘しています。認知症になった自分自身のなかにも認知症についての偏見がある、という点です。自分も「認知症だからもうだめなのではないか」「認知症だから無理」という偏見にとらわれ、自分で自分を縛ってしまう。この偏見からどうやって解放されるかが、大きなテーマだと佐藤さんは語っています。

丹野智文は、若年性認知症の当事者として著書のなかで、認知症の人に対して社会の人びとに求める関わり方について概ね次のように述べている（丹野，2017）。

（1）認知症に対する偏見をなくしてほしい

　私たちが認知症について人に話す時に感じる抵抗感は、認知症に対する偏見が原因と考えられる。私が「私は若年性アルツハイマー本人です」と書かれたカードを作った時は、最初はそれを見せることに抵抗があった。それは、私のなかに認知症への偏見があったからである。

（2）認知症の人が社会の人びととともに生きる環境づくりが大切

　認知症だからといって特別扱いされたくなく、普通に接してほしい。本当に自分が困った時だけ助けてほしい。認知症になっていない人にお願いしたいのは、認知症のことを自分のこととしてとらえてほしい。そして、当事者と一緒に考え、楽しみ、ともに生きてほしいと思う。認知症になっても周りの環境さえ良ければ、認知症の本人は笑顔で楽しく過ごすことができる。それは、認知症と診断されて薬を服用することよりも重要だと思う。環境が良いとは、人と人とがつながる環境が良いことであると思う。

（3）認知症の人の意思を尊重し自立生活を支える支援者が必要

　認知症カフェのなかで当事者をお客様扱いするところが少なくないが、それは当事者にとって居心地がよくなく、自分にできることまで手を貸さないでほしいと思う。私には、現在、家庭や仕事以外の日常的な活動に同行して支えてくれているパートナーがいる。この人は、一方的に私を支えるサポーターとも違い、いつもは支えてくれるが時に自分が支えることがある存在であり、お互いに助け合いながら楽しんで活動しているのである。スコットランドの認知症ワーキンググループに訪問した時に気づいたこととして、スコットランドと日本の当事者を支える考え方の違いについて、日本では認知症当事者を守ることや代弁することを支援者がしがちで当事者もそれに依存する傾向があるのに対して、スコットランドでは自分のことは自分でやりたいという自立の意識が強いことをあげている。この自立を支える制度としてリンクワーカー制度の存在をあげている。リンクワーカーとは、認知症の当事者を支援する職員で、認知症と診断された人に1年間配置されるサポーターの制度で、当事者組織の運動により実現したものである。リンクワーカーは、認知症と診断された人と一緒にこれからの生き方について考え、計画を立てて、その実現に向けて本人と一緒に行動する職員である。

これらの認知症の本人による考えからわかることは、認知症の本人が自分の認知症の症状についてとても不安に感じており、その不安が高まるような環境をつくることが本人の混乱を招きがちになるということである。つまり、このような認知症の人が暮らす環境のあり様が、認知症の人が安心して暮らせるのか不安や偏見にさらされて生きるのかを大きく左右することを指摘しているのである。

　このような認知症の本人の体験や思いを集めてつくられたのが、「ワーキンググループ」により2018年に発表された「認知症とともに生きる希望宣言」である。この宣言では、表2-3の5つの項目を示している。

　これらの5つの項目のうち、1つ目と2つ目は認知症の本人に向けられた自分らしく生きる希望をもとうというエールのメッセージであり、3つ目は認知症の本人たちが相互につながり支え合う活動を推奨する内容である。これに続く4つ目は、認知症の人を支援する人との協働をすすめる内容であり、社会の側ではこれに応える支援者を輩出することが求められている。また、5つ目の内容は認知症である自分たちだからこそ知っていることを活用して、認知症にやさしいまちづくりに向けた工夫や改善内容を実現できる環境づくりを求めたものである。下記の4つ目と5つ目の内容に示された認知症を理解し支援する人材を豊かにしていくことと認知症の本人が参加した認知症にやさしいまちづくりの推進が、認知症の人から私たちに向けられたメッセージである。

表2-3　認知症とともに生きる希望宣言

　1．自分自身がとらわれている常識の殻を破り、前を向いて生きていきます。

　2．自分の力を活かして、大切にしたい暮らしを続け、社会の一員として、楽しみながらチャレンジしていきます。

　3．私たち本人同士が、出会い、つながり、生きる力をわき立たせ、元気に暮らしていきます。

　4．自分の思いや希望を伝えながら、味方になってくれる人たちを、身近なまちで見つけ、一緒に歩んでいきます。

　5．認知症とともに生きている体験や工夫を活かし、暮らしやすいわがまちを一緒につくっていきます。

（出典：日本認知症本人ワーキンググループ、2018）

また、「ワーキンググループ」は、2019年6月に政府が示した認知症施策推進大綱の推進により自分たちがどのような地域社会を期待しているのかをまとめた「認知症施策推進大綱の今後の展開への期待と展望」を発表した（日本認知症本人ワーキンググループ，2019）。この文書では、認知症とともに生きる自分たちの考える認知症施策推進大綱の4つの焦点として、①「希望をもって日々を暮らせる社会」づくりの総合的推進、②「共生」を主軸に認知症を国民が我が事としてとらえること、③本人が発信する機会をつくること、④自治体が本人とともに認知症施策を進めること、をあげている。

　最初の①については、今後、認知症の人が増加する社会のなかで、認知症の人が自分の将来に希望がもてるような取り組みを自治体が進めることは多くの住民に共通してくることであり、認知症の人の不安を軽減し希望を実現できる社会づくりを今後の自治体の施策がつくる社会の重要な方向性として指示している。また、②においては、認知症施策推進大綱の基本的考えのなかに「共生」と「予防」を車の両輪として施策を推進すると位置づけて、「『共生』とは、認知症の人が、尊厳と希望をもって認知症とともに生きる、また、認知症があってもなくても同じ社会でともに生きる、という意味である」と説明された点を重視し、認知症の人が尊厳をもって現在を生き、希望をもって未来を展望し、住み慣れた地域社会のなかで、多様な人間関係のなかで生きることを望んでいることが明らかにされた。

　このように認知症の本人や「ワーキンググループ」による様々な指摘をふまえ、認知症の人が求めているまちに必要な要素として、次の点があると筆者は考えている。

（1）認知症の人の参加の機会の保障

　認知症の人が社会のあらゆる参加の機会から排除されず、また認知症の人に関することを決める機会に認知症の人が参加する機会を得られるようにすることである。認知症の人が、労働する機会や学びや娯楽を楽しむ機会など住民が日常生活で普通に参加することができる機会に参加できる環境をつくることを求めている。また、これに併せて認知症の人に対する制度や方策を決める委員会をはじめとした様々な機会に認知症の人が参加できる機会をつくることを求

めている。

(2) 認知症の人ができることは自分自身で行う考えの普及

　認知症の人ができることは自分自身で行い、できないことを支える支援の考えを普及することである。私たちが認知症の人の周辺症状について強調して理解することにより、認知症の人が自分でできないことを過大に理解し、周りの人が本人に代わって行いがちになる傾向について、認知症の人は自分でできることは自分でやりたいと考えている。これは、成年後見制度の理念のひとつである残存能力の活用と同様のことであり、自分でできることを自分で行うことにより、自己の人間としての尊厳の保持や自分自身の社会に対する有用感を感じることにつながるといえる。

(3) 認知症の人の伴走者が支援のキーパーソン

　認知症の人の最も身近な伴走者が支援のキーパーソンになってほしいということである。丹野が社会活動を行う際に寄り添って活動するパートナーは、制度的に裏づけられているものではないが、自分の家族でもなく専門職でもない「家族の会」のスタッフである若生氏が常に丹野に同行し、丹野ができないことを手伝い、またパートナーができないことは丹野が助けるような相補的な関係性の支援者である。丹野が述べるパートナーは、これまでの人生や私的生活をともにしてきた「家族」とも、医療・介護や生活支援を専門的に支える「専門職」とも異なる、いわば第三の立場としてより本人との対等性を保てる存在であり、前にあげた自分自身の尊厳や有用感を感じられる存在として重要なものといえる。このような家族とも専門職とも違う人の関わりは、知的障害者の分野ではスウェーデンのコンタクトパーソン[6]やそれにならって千葉県で実践されているコミュニティフレンドで行われている知的障害者の人の余暇活動に同行するボランティア活動とも共通点が見られる。

(4) 認知症への偏見をなくす

　社会の人びとに認知症と認知症の人に対する偏見をなくすための知識や体験を広く得てほしいということである。詳細は後述するが、認知症は原因もわか

らず記憶障害やせん妄などの周辺症状から私たちが忌避する疾患としてとらえられてきたものが、徐々に疾病が解明され始めて薬剤も開発が進み、症状への対応方法も工夫がされてきた。一方で、「家族の会」による子細な実態調査とその調査結果に基づく要望活動によって認知症対策が徐々に展開されるようになり、認知症施策の体系化が進められつつある。しかし、これに比べて私たち自身が認知症に対する知識や対応方法を広く理解しているとはいえない実態がある。丹野は、自分が認知症とわかった時にすぐに家族や友人に打ち明けられなかった理由は、自分のなかに認知症に対する偏見があり、その偏見の対象に自分がなろうとしていることへの戸惑いがあったことを述べている（丹野, 2017）。

■ 認知症の施策形成への本人参加の現状

前述の認知症の本人が求めているまちの要素について、認知症の施策形成において本人が直接関わり参加することにより反映されていくと考えられるが、実際に施策のなかにどのように反映される実践が進んでいるのかについて、次に見てみる。

2000年代に入り日本の認知症に関する施策は急速に形成されてきたが、そのなかに認知症の直接的な当事者である本人の参加や意見反映がされているのかは、先の「ワーキンググループ」による「認知症施策推進大綱の今後の展開への期待と展望」においても本人の参加の保証が求められていたように重要な点と考えられている。このことについて、「ワーキンググループ」は、2018年度と2019年度に行った調査研究で自治体が認知症施策を策定する過程で認知症の本人の参加がどのように図られているかの現状を明らかにしている。

2018年度に行った調査の「認知症の人の意見に基づく認知症施策の改善に向けた方法論等に関する調査研究事業」では、全国の都道府県と市町村を対象に認知症施策の検討の際の認知症の本人の参画状況について調査をしている。この調査の結果によると、認知症の本人が委員会等に参加する場合及び委員ではなくても委員会で話をしてもらう場合を合わせると、都道府県では19.2%と約2割が行っているのに対し、市町村では1.8%とほとんど行われていないことがわかった。

また、調査を行った当該年度（2018年度）以降に認知症の本人の意見を聞く計画について、具体的な計画がある及び実施を検討したいの回答を合わせると、都道府県では36.1％と3分の1以上が具体的に考えようとしているのに対し、市町村では7.9％と具体的な考えは乏しい状況である。さらに、認知症施策をよりよいものにしていくために計画等に本人の参加を進めるうえでの要望内容については、「他地域の取り組み事例を知りたい」が都道府県で100.0％・市町村で92.8％、「他地域の計画・企画について具体的に知りたい」が都道府県で93.6％・市町村で87.7％など、認知症施策の検討においての認知症の本人の参加に向けて必要なことが何なのかについては、参考となる事例を求めていることがわかった（日本認知症本人ワーキンググループ，2019）。

　このような調査結果を受けて、調査のまとめでは今後の課題について次のとおりまとめている。

(1) 認知症の人の施策の検討過程への参加は、全国の自治体における認知症施策等への参画状況から低率な現状であることがわかる。自治体による取り組み予定に大きな較差が見られ、今後、目標年を決めるなど、本人参画の着実な推進が必要である。

(2) 本人参画を形骸化させないための「実践的考え方」や方法論の早急な浸透が必要である。2019年度以降に本人参画に取り組む自治体が一気に増えることが予想され、現在は、良質なあり方が根付くための重要な導入期であり、本研究の成果であるガイド等を、行政や関係機関、当事者、住民等を通じて浸透を図っていくことが必要である。

(3) 本人が参画した施策点検・改善の「展開ステップ」をベースに、地域特性や文化に応じて柔軟な取り組みを行う必要がある。この取り組みは、行政のみではなく地域にある多様な資源が主体となって進めていくことが可能である。小規模でもまずはスタートし、本人のペースに合わせて展開ステップを進め、本人と対話し一緒に動く中で、大小多様な改善が図ることができる。

(4) 本人意見に基づき「本人がよりよく生きていく経過全体」のための施策・地域づくりの推進へ向けていくことが必要である。本人が参画する取り組

みの継続的な実施により、本人視点で経過全体をカバーする施策・地域づくりが可能になると考えられた。今後、市町村と都道府県が連動しながら、取り組みの着手と実施のアクションを進めていくことが望まれる（日本認知症本人ワーキンググループ，2019）。

　上記のとおり、認知症の人の施策の検討過程への参加は、現在はまだ少ないが今後増加していくことをふまえて、参加が形骸化しないように工夫する方法論を開発し、その普及に努めることが重要であるとしている。

　さらに2018年の調査に続いて2019年度に行った調査の「認知症の本人の意見と能力を活かした生活継続のための認知症施策の総合的な展開に関する調査研究事業」では、前年の調査に引き続いて全国の都道府県と市町村を対象にするとともに、新たに認知症疾患医療センターも対象に加えて、認知症施策の検討の際の認知症の本人の参画状況について調査をしている（日本認知症本人ワーキンググループ，2020）。この調査で市町村が回答した結果をみると、認知症施策の計画・実施・評価・見直しのそれぞれの場面で認知症の本人の意見を聞いているのは、それぞれ8.5％・10.8％・4.9％・7.4％と前年の認知症の本人が委員会等に参加する場合及び委員ではなくても委員会で話をしてもらう場合を合わせて1.8％だったものに比べると大きく進展していた。

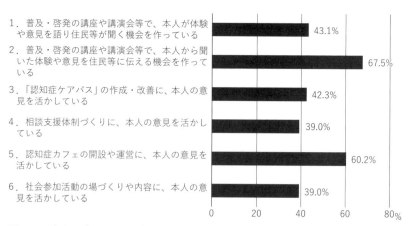

図2-4　本人の意見を認知症施策のどのような点に活かしていますか

（出典：日本認知症本人ワーキンググループ「認知症の本人の意見と能力を活かした生活継続のための認知症施策の総合的な展開に関する調査研究事業報告書」2020）

また、本人の意見を認知症施策に活かしている自治体がどのような点で活かしているのかは、図2-4のとおり「認知症の本人が体験や意見を語り住民等が聞く機会を作っている」が43.1％、「認知症の本人から聞いた体験や意見を住民等に伝える機会を作っている」が67.5％と、認知症の本人の考えを広く伝える活動を行っている回答が多かった。さらに、認知症の施策に本人の意見を聞くこと・活かすことへの課題については、「認知症の本人の意見を施策に反映したいと思うが人手と時間が足りない」が66.8％、「担当者等が自分の意見を語る市区町村内の本人に出会えていない」が61.3％、「集いの場（カフェ等）は増えているが、本人が意見を語る・意見を活かす場になっていない」が60.6％などであった。

　この調査結果を受けて、今後の課題について次のとおりまとめている（日本認知症本人ワーキンググループ，2020）。

(1)　現在は認知症施策等への本人参画を本格的に推進するために重要な時期である。全国の自治体における認知症施策等への本人の参画状況は全国的に低調であったが、経年的に本人参画を進めている自治体も増えてきており、また取り組みがこれからという自治体も関心は高い。現在は実質的な（形骸化しない）本人参画の方策を全国の自治体に浸透を図っていくための重要な時期といえる。

(2)　地域や現場の実情に応じて「本人起点のプロジェクト」を形成し、本人参画の着実な推進を図ることが重要である。全国調査から、都道府県、市区町村、疾患センターそれぞれが本人参画を進めていく上で複合的な課題を抱えており、本人参画を実際に進めていくための具体方策の必要性が強く示されていた。今年度試行した「本人起点プロジェクト」は、自治体の規模や実施主体の立場（行政、推進員、疾患センター、介護事業者等）によらずスタートすることができ、地域や現場の実情に応じて取り組みを焦点化しながら進めることで多面的な成果が得られることが確認され、全国的な普及が望まれる。

(3)　本人起点の重層的なフォーメーションづくりが必要である。認知症の本人がよりよく生きていくための広範なニーズに総合的・統合的に応えてい

くためには、本人を起点として重層的に機能する人のつながり（フォーメーション）が必要である。都道府県、市区町村、疾患センターそれぞれの7割以上が、取り組みの具体的な相談・助言者を求めており、今後は都道府県単位で、管内先行地域の本人と関係者からなるバックアップチームを編成し、各自治体が本人参画を実質的に進めていく後押しをする仕組み作りが重要と考えられる。

　この調査結果から、前年度の調査と同様に、自治体での認知症施策の検討の場に認知症の本人が参加する機会はまだ少ないことがわかった。しかし、前年度の調査結果と比較して1年で大きく認知症の本人の参加が進んでいることから、これらの取り組みが急増していくことを先導する道標が必要であると考えられる。

　この自治体へのアンケート調査とともに行われた試行プロジェクトでは、全国7つの地域で認知症の本人が生活継続していくための施策を、本人の意見と力を活かして総合的に進められる考え方の実践が行われている。そこでは、「本人起点のプロジェクト」として多資源によるチームが認知症の本人の意見を聞きながら、それを認知症の施策の改善に反映する実践をどの規模の地域でも実践しうることがわかった。また、このような認知症の本人の声をもとにしたチームは、日常生活の場面での関係者、社会参加活動に関する多種多世代の関係者、市行政・県行政の関係者など重層的なレベルでのチームが複合的に形成され、これらが相互に影響を与えてそれぞれのチームの活動が活性化する「重層的なフォーメーション」による活動の発展が重要としていた。（日本認知症本人ワーキンググループ，2020）

　これらの調査結果からわかるように、認知症施策の形成への認知症の本人の参加は、必要性の理解が拡大しながら具体的な進め方のモデルづくりとその普及を進める段階にきているといえるだろう。

■ 家族が望むまちの姿

　一方、認知症の人の家族がどのようなまちを望んでいるのかは、「家族の会」による発信からその内容を見ることができる。2020年に「家族の会」が発行し

た「認知症に向きあうあなたへ」と題したリーフレット（表2-5）は、認知症に突然直面した人たちが迷わないように病気や症状のこととともに、本人ができることを大切にすることなどを豊富な体験談を交えて載せられている（認知症の人と家族の会，2020）。

発行されてから1年で4万部を超える需要があるこのリーフ

表2-5　認知症とともに生きるための8か条

1．認知症の診断で人生は終わらない
2．認知症の正しい情報を得よう
3．制度を知り、活用しよう
4．家族だけで抱え込まないで
5．仲間と支援者を探そう
6．職場の上司や親族などに病名を伝えよう
7．社会や地域とつながろう
8．家族で話し合っておきましょう

（出典：認知症の人と家族の会「認知症と向きあうあなたへ」2020）

レットには、認知症とともに生きるための8か条が示されている（毎日新聞，2021）。この8か条では、認知症を受け止め、孤立せずに積極的に制度や人の支援を受けて、社会とのつながりを継続することをすすめることを簡潔にまとめている。こうしたリーフレットが多く求められることからも、社会のなかで多くの人が認知症に直面して迷い悩んでいる現状があることがわかる。「家族の会」は、そのような人たちが前を向くための手がかりを発信しているのである。

このような社会への発信を続けている「家族の会」は、会が発足した1980年以来、毎年のように国に対する要望や社会に向けてアピールを行い、認知症の人や家族が暮らしやすい社会になるために奔走してきた。「家族の会」が国や社会に対して出してきた要望や提言及び社会へのアピールにおいて、2009年の「提言・私たちが期待する介護保険　2009年版」以降のものには地域やまちづくりに関することが含まれるようになった（例えば、表2-6の要望書）。

このように、認知症の人の家族は本人とは異なる固有の望みがある。「家族の会」は、国や社会に対する要望やアピールに含める内容を検討するために、約10年ごとに行っている会員に対する介護者実態調査から現状と課題を把握することで、具体的で切実な介護者の希望を社会に発信してきた。この調査からわかるのは、介護者は自らの介護の役割を単純に拒むのではなく、介護生活と個人としての社会生活を両立するための支援を望んでいるのである。

表2-6

認知症の人も家族も安心して暮らせるための要望書（一部抜粋）

V まちづくり・環境整備について
　認知症の理解・介護の社会化を一層すすめ、共生 のまちづくり、安心の環境整備を要望します。
 1. 認知症の人と家族を地域で見守り、支援するネットワークをすべての市町村に設置すること
 2. 認知症の人や介護家族が安心して立ち寄れ、くつろげる場所を小学校区単位に1箇所以上整備すること
 3. 介護関連施設・場所、行動であることを表示する「介護マーク」を制定し、その普及を図ること
 4. 静岡県が制定した「介護中」表示カードを全国版として認め普及すること
 5. 認知症の人を同伴し外出する際のため、「男女共用介護トイレ」、「介護中自動車駐車スペース」を公共施設および地域に整備すること
 6. 認知症の診断により運転免許証を返納した人への代替交通機関割引等の対策が行われるようにすること
 7. 認知症の人が一人でも、介護者付きでも、車椅子でも外出できる安心・安全の歩道の整備推進を図ること
 8. ICT技術を活用した認知症の人と介護家族支援の用品開発、情報提供システムの開発をすすめること（例えば、介護ロボットの開発、GPS機能の精度向上と開発、見守り・安全確認装置の開発、信号機・横断歩道の改良、移動に役立つHowTo情報システムなど）
 9. 認知症になっても、安心して暮らせる住みやすい住環境の研究・開発を図ること
10. 小中高校生に、認知症と家族支援の理解を進める取り組みを行うこと
11. 車の運転免許取得・更新の際に認知症の人の特性が理解できる内容を含めること
12. 認知症の人と介護家族が安心して旅行ができるために、主要な駅、観光地にトラベルサポーターの配置などをすすめること

（出典：認知症の人と家族の会「認知症の人も家族も安心して暮らせるための要望書」2011）

　では、このような認知症の本人の思いが反映した認知症の施策づくりとともに、住民の考えや意識を変えていくまちづくりに必要なことは何なのか、以下で検討してみる。

地域福祉活動とまちづくり運動

第1項　福祉のまちづくり運動

■ 障害者運動から始まる福祉のまちづくり運動

　認知症の本人と家族が望むまちを実現するためには、まちづくりの運動が重要となる。これまでの福祉のまちづくりの取り組みには多様な実践がある。

　福祉のまちづくりは、1970年代から障害者の生活圏域でのアクセスをよくする運動として広がり、社会福祉分野とともに建築や交通の分野の専門職も交えた運動として展開されてきた（高橋，2019）。日比野正己は1970年代に、都市経営の研究のなかで交通手段の利便化とともに障害者問題の運動を並行していく必要性を感じ、これらを総称した「福祉のまちづくり」の運動が必要、としていた（日比野，1978）。日比野は、障害者のまちづくりに必要な思想として、①障害者の諸権利を総合的に保障する、②すべての人のすみよいまちづくりにつながる、③民主的な社会づくり、の3つの視点が重要として、障害者のまちづくり運動が住民運動により行われることの意義を示した。その後も高齢者、障害者、貧困者や災害被災者の在宅生活環境の改善を福祉的な視点から研究する居住福祉なども研究されてきており（早川，1997）、建築や都市経営において研究と実践が展開されてきた。

　一方、福祉分野では、都市や建物の整備・充実とは異なるソフト面で福祉当事者の生活を支える仕組みづくりとして、地域福祉活動の実践や地方自治体の地域福祉計画に盛り込む内容の研究が進められてきた。近年では、国が提唱する地域共生社会づくりで目指す地域福祉活動による地域づくりとして、「自分や家族が暮らしたい地域を考える」という主体的な姿勢で広がる地域づくり、「地域で困っている課題を解決」するためのネットワークが広がる地域づくり、「一人の課題から」住民と関係者がともに解決を図る気づきと学びを促される個人を支えることができる地域づくり、の3つの地域づくりの方向性が示され

ている（厚生労働省，2017）。

　こうした、生活課題を抱える人が地域で孤立しないための地域福祉実践は、地域福祉活動において孤立しがちな当事者の孤立を防ぐ当事者組織化と生活課題に対する支援を行う専門職や住民活動者のネットワークを図ることがある。これらを用いて、地域全体で福祉課題の理解を広め、具体的な課題解決を図るための法制度を整備し実践プログラムを構築するという、「点から線へ、線から面へ」という展開により福祉のまちづくりが進められてきた。藤本文朗は、まちづくり運動の進め方には運動の中心となる当事者を核とした少人数のグループが参加者の本音を引き出すことと運動に重要な役割を果たすことや、そのグループが中心となり行う学習会や実態調査により制度や社会に要求する内容を明確にしていくことが重要であるとしている。藤本は、前述の「点から線へ、線から面へ」という展開について、それは障害者も利用できる住宅、駅、公共建物を改善し（これが"点"）、これらの場所をつなぐ交通体系を改善し（これが"線"）、障害者が自由に利用できる地域を広げる（これが"面"）という展開を目指した「点から線へ、線から面へ」の障害者のまちづくりの運動を行うことであるとして、その必要性を述べていた（藤本，1980）。

　さらに藤本は、前述の日比野が示した障害者のまちづくりの思想と同様に障害者のまちづくりに重要なこととして、まちづくりの運動を障害者の権利保障として実践することとともに、まちづくりが障害者だけのためでなくすべての人に利便性の高いまちづくりになることも併せて重要なこととしている。藤本は、まちづくりの運動を通して障害者と住民がともに学び合う民主的な連帯による積極的な「心」のまちづくりが重要であると指摘している（藤本，1980）。

　津止正敏は、このようなまちづくり運動における障害者と住民の関係について、運動に関わってきた住民が障害者のための様々な活動に取り組むことで、地域や障害者問題について多くのことを学び、研究し、実践することで生活を豊かなものにしていったと述べている。津止は、障害者のまちづくり運動が障害者の権利保障を図るだけでなく、住民の障害者の生活実態の理解や障害者との協働による学びの深化を指摘している（津止，2000）。

■ 多様な地域福祉の概念

　福祉のまちづくり運動を展開する住民活動は、地域福祉理論において様々なとらえ方がなされている。

　地域福祉は、様々なアプローチによる定義がある。牧里毎治は、地域福祉の概念をアプローチの視点の差異により構造的概念と機能的概念に分けている（牧里，1984）。

　牧里は、構造的概念によるアプローチをさらに政策制度論的アプローチと運動論的アプローチに区別している。この2つのアプローチは、いずれも住民の主体的な地域福祉活動を基盤とした概念である。牧里は、政策制度論的アプローチとして右田紀久恵の概念規定をあげており、「住民主体認識を原点に置きながら、政策・制度に相対させつつ、生活問題への包括的・全体的対応策と明確化した」（牧里，1984：60-61）地域福祉理解がされた概念規定であるとしている。

　そして、運動論的アプローチとして真田是の概念規定をあげており、真田の地域福祉の定義について「運動的要素を重視するとともに、地域福祉の構成も広く大きくとらえられている」（牧里，1984：62-63）と住民の民主的な運動が前提条件になっているとしている。

　また、機能的概念を主体論的アプローチと資源論的アプローチに区別しており、これらは地域福祉を社会的ニードの充足のための社会サービス及び社会資源の供給システムと考える特徴があるとしている。牧里は、主体論的アプローチを岡村重夫の概念規定から、「地域社会で発生する生活困難（福祉問題）を可能なかぎりその地域社会で解決をはかるという点に着目して、地域福祉を問題解決の機能体系とみなすところに特質がある。それゆえ、住民の主体的で組織的な問題解決プロセスが重視される」（牧里，1984：64）として住民の主体的な機能を重視した特徴があると説明している。

　さらに、資源論的アプローチについて、永田幹夫の①在宅福祉サービス、②環境改善サービス、③組織活動の概念構成から、「地域福祉の中核に在宅福祉を置いた構成」（牧里，1984：65）の概念規定であると説明している。そして、地域福祉の対象を要援護者層に限定し、この対象に対する社会資源をいかに効果的・効率的に調達・動員するかに重点を置いていると説明している。

これらの多様な地域福祉の概念規定は、後にさらに発展をしているものがある。政策制度論的アプローチを行った右田は、1990年代の社会福祉政策の市町村への権限移譲により従来以上に基礎自治体による社会福祉の展開が求められるなかで、生活者である住民が基礎自治体とは異なる固有の公共性をもち、自治体と協働して地域福祉を推進する考えを「自治型地域福祉」として提起している（右田，1993）。

　この自治型地域福祉は、社会福祉の施策が市町村への分権化が進むなかで、「住民の力が地方自治を形成する主体力」（右田，1993：8）となることを主眼に置いたものであった。右田は、「住民が地域福祉の理念の理解と実践をとおして、社会福祉を自らの課題とし、自らが社会を構成し、あらたな社会福祉の運営に参画すること」（右田，1993：8）が地域福祉を通じた住民自治に連動するとして、住民の地域福祉活動を通じた住民自治への積極的な参画の可能性を論じた。

　また、1980年代以降に在宅福祉サービスに重点を置いた社会福祉施策が進められ、さらに2000年以降に社会福祉事業の供給主体の多元化が図られ、地域での様々な福祉サービスが様々な立場の供給主体により提供されることとなった。こうした地域福祉をめぐる環境において、前述の主体論的アプローチと資源論的アプローチを発展させた新たな地域福祉の考えが明らかにされている。大橋謙策は、市町村での在宅福祉サービスを整備し、社会福祉援助によりニーズ把握から資源づくりまで総合的に調整し、個別援助と地域援助を接続した展開を行い、住民が福祉活動に主体的に関わるための援助を行う一連の実践を地域福祉であるとした（大橋，2019）。これらは、資源論的アプローチについて今日の供給主体の多元化に対応する内容をふまえて発展させたものとなっており、また主体論的アプローチについて福祉サービスを要する人の意思の尊重や住民が主体的に地域づくりに関わるための主体形成に主眼を置いた内容に発展させたものとなっているといえるだろう。

　この地域福祉のとらえ方は、様々な福祉ニーズに対し多様な福祉サービスの供給主体が対応し効率的な社会福祉施策を展開することと、福祉サービス利用者の自己実現を重視し主体形成を促す社会福祉援助の両立を図るために必要な要素をふまえた内容となっている。また、住民が福祉課題に対し主体的に関わ

る問題意識も含まれている。

以上のように、多様に展開していた地域福祉の概念は、近年、分権化や住民の主体形成に重点を置く内容に発展してきている。

■ 福祉コミュニティの研究

福祉のまちづくりが目指しているコミュニティの理念的な姿を見出そうとする研究には、岡村重夫の福祉コミュニティの研究がある。

岡村が考えた福祉コミュニティの原型には、奥田道大のコミュニティの分析枠組みがあった。奥田は、コミュニティを見るポイントとして「主体的行動様式⇔客体的行動様式」と「普遍的価値意識⇔特殊的価値意識」の2つを用いて、①特殊的価値意識のもとで主体的行動様式に基づき行動する「地域共同体モデル」、②特殊的価値意識のもとで客体的行動様式に基づき行動する「伝統的アノミーモデル」、③普遍的価値意識のもとで客体的行動様式に基づき行動する「個我モデル」、④普遍的価値意識のもとで主体的行動様式に基づき行動する「コミュニティモデル」の4つのモデルがあるとしている（奥田，1983）。

岡村は、この奥田のコミュニティの類型を応用して福祉コミュニティについて定義づけている。福祉コミュニティは、多数の住民に共通する課題を扱う一般的コミュニティである「地域コミュニティ」の下位概念と位置づけられたコミュニティであり、その地域が地域共同体・無関心型地域社会・市民化社会型の地域社会の段階では地域コミュニティとは異なり下位概念としての協力関係はありえないものであるとしている。

さらに、福祉コミュニティは、社会生活上の不利条件をもつものが自分の生活を守るために団結する組織として必要不可欠な存在で、当事者と関係事業者・団体が共同討論して、そこから既存のサービスの欠陥を指摘し制度の改善を要求し、また制度がない場合の代替的サービス実施を行う場であるとしていた（岡村，1974）。

しかし、実際にはこのような理想的なコミュニティ形成には展開していない現状がある。この点について真田是は、岡村の福祉コミュニティを批判的に検討している。

真田は、次のように述べている。「社会福祉は、社会の仕組みや構造や階級

間の力関係などと無関係につくられたり変化したりするようなものではない。このことは、地域福祉でも同じことで、全体社会および地域社会の規定を受ける。したがって、『福祉コミュニティ』を論ずる場合にも、その青写真を描くだけでは不十分である。『福祉コミュニティ』がそれぞれの地域でどのように実現されるかという検討がなくてはならない。ところが『福祉コミュニティ論』は全体社会や地域社会の構造と社会福祉の関連を欠いており、したがって『福祉コミュニティ』を現実化し実現する方針も欠いている。『福祉コミュニティ』の実現を追求するときは、階級的・構造的などのさまざまな抵抗がある。別の言い方をすれば、少なくとも地域社会そのものにまったく変化がないままに、ひとり社会福祉面だけ『福祉コミュニティ』が実現するといったことはありえないということである」（真田，1992：94-95）。このように真田は、住民の主体的な活動や運動によるコミュニティ形成の重要さを指摘している。

　また、地域で住民の福祉学習の推進を検討するなかで原田正樹は、岡村の福祉コミュニティの考えについて、次のように指摘している。福祉コミュニティは、地域コミュニティの下位概念であるから、地域コミュニティで規定されている普遍的な人権意識と主体的な態度は共有されており、福祉コミュニティの構成員も、人権意識と生活主体者としての自覚をもって地域コミュニティの一員でなければならないとしている。しかし、これに反して今日の社会において依然として見られる福祉施設の建設反対運動をはじめとする抑圧や排除の論理がいまだに内在することから、これらの葛藤を避けては通れず、こうした社会的排除を無視して福祉コミュニティを一般化することは社会福祉問題の固有性と運動性を曖昧にしてしまうことになりかねない（原田，2014）。

　こうした関係性を変えていこうとする過程がリレーションシップゴールであるとして、住民自身が社会的排除を変えていこうとするプロセスの運動が重要である、と原田は述べている。そして、福祉サービス利用者へのスティグマを払拭していくことは、福祉サービスの利用者を地域に「同化」させていくのではなく、福祉コミュニティを強化して地域コミュニティとの関係性を問い、その緊張関係のなかで地域コミュニティを「共生」の場へと変革していくことである[7]。「福祉コミュニティの一般化」ではなく、「地域コミュニティの福祉化」こそが今日の地域福祉に必要な指向性であり、方法論である。そのためには、

地域コミュニティに対して、福祉コミュニティが常に問題提起を繰り返し、その緊張関係のなかで地域のあり方を変革していくことが必要になる。ここでいう地域のあり方の変革とは、多様性による共生社会を目指し、相互に支え合うことができるケアリング・コミュニティという構造をつくりだしていくリレーションシップゴールであると原田は述べている（原田, 2014）。

　原田は、岡村の福祉コミュニティの考えと現実に社会のなかに存在するコンフリクトによる社会的排除を対比して検討している。当事者を中心とした支援者で形成する福祉コミュニティが、一般コミュニティに対する関係性を変えていくことで、一般コミュニティに福祉コミュニティの考えを浸透させていく問題提起を繰り返し行う。そのことで、徐々に相互に支え合うコミュニティ形成を図っていくことが必要であるとしている。

　それは、認知症の人を中心にして家族や専門職による支援者が、認知症の本人と家族の当事者組織や認知症カフェの事業を通じて福祉コミュニティの核になる組織の活動をつくる。そして、その組織の活動において一般コミュニティに対して様々な啓発事業や行政への要望を行うことが、一般コミュニティの認知症に対する理解の変化を促していることに合致しているといえるだろう。さらに、原田の提起する「多様性による共生社会をめざし、相互に支えあうことができるケアリング・コミュニティ」を形成するためには、コミュニティのなかで相互に支え合う人間関係を形成するために、認知症の人と家族が多様な人びととの関係性を豊かに構築することが必要である。

第2項　地域の福祉力

　こうした理念的な福祉コミュニティを実際に福祉のまちづくりとして地域福祉活動のなかで実践するうえで、地域がもつ力の要素を顕在化することはその実践を一般化するためには必要なことである。この点について、地域で暮らす生活課題を抱える人を包摂し、住民が主体となり暮らしやすいコミュニティを構築していくために地域がもつ力を真田是は「地域の福祉力」という概念を用い説明している。真田は、地域福祉を国民のための事業や活動とするための羅針盤として「地域の福祉力」という概念を提起し、地域福祉が国民の生活課題

に対して果たす機能や評価する指標を示している（真田，1992）。

　まず、真田は、地域の福祉力の機能は社会福祉の出口としての機能と入り口としての機能があるとした。社会福祉の出口としての機能は、社会福祉を国民に権利としてかつ効果的に経由する機能であり、①社会福祉の諸制度が具現化されるためにその阻害要因を取り除くか最小限にすること、②社会福祉の諸制度の利用の方法の広報が十分にされていること、③社会福祉の諸制度へのアクセスが住民に開かれ保障されていること、④要援護ケースのために社会福祉の諸制度を働かせる社会資源と地域のケア力が備わっていること、があるとした。

　また、社会福祉の入り口としての機能は、社会福祉の諸制度に影響を与えたり発展させる機能であり、①住民の福祉要求が社会的に表明され社会福祉の制度に影響を与えること、②公的機関やリソースパーソンによる相談体制が「下意上達」のルートとして住民に開かれていること、③住民が福祉要求を表明するにとどまらず自ら社会福祉の改革のプランを提起できること、④この役割が機能する社会的手段としての住民の組織化がされていること、があるとしている（真田，1992）。

　このような地域の福祉力の指標について真田は、住民の福祉活動に焦点化した視点から見た指標として、①住民が組織的に行う福祉活動である、②住民の地域福祉活動において一定の民主主義のもとで住民が自主的判断で参加することがある、③住民の福祉活動を進める個人または地域団体のイニシアティブが必要とされる、④住民運動が地域の福祉課題にも関心をもち活動していること、⑤地域福祉への公的社会福祉の参加、⑥地域の福祉力を住民の諸力がどのくらい疎外を克服するか、があるとしている（真田，1992）。

　これらの真田の地域福祉の出口と入り口の機能と地域の福祉力の指標からは、住民活動の主体性、自発性、組織性、企画性（または先駆性）、当事者との協働性が問われ、地域のなかで住民と行政・専門職との協働性が示されているといえる。津止正敏は、1991年に行われた認知症の託老事業の調査から、民間の立場で法制度形成以前に事業を開発し実践する意義について、制度外の認知症のニーズに住民活動により対応することが、生活課題を自覚した住民の自覚した実践が公的責任を追及しつつ同時に生活の自衛手段としてのサービスを手にすることになるという点を指摘している（久常・津止，1998）。住民が

生活課題に対し公的な対応を要求し、同時に自らも生活課題の当事者と一緒に対応方策を開発し実現していくことができる地域のもつ力が地域の福祉力といえるだろう。

　また、沢田清方は、地域の福祉力について、地域の人が生活を営む場で現実の福祉課題の解決を図る場として、またこれらの実践を目の当たりにし、福祉課題を自分ごととして考えるようになる学習の場としてあることが小地域福祉活動の基本的視点であるとして、そのねらいの進捗度を計る指標として表2-7の10点を示している（沢田，1991）。

　沢田は、これらは数値的に表すことができるものとできないものとがあるが、数値的に表すことができるものでも「力」として客観化できるものではないと地域の福祉力の限界を述べている。沢田の提示した地域の福祉力は、数値化して相対的に評価することは困難かもしれないが、地域において住民が地域福祉活動に携わる際に求められる力の具体的な指針として、実際に住民が活用する際に有用な類型であるといえるだろう。

　このように地域の福祉力は、認知症とともに生きるまちづくりを推進するうえで住民活動が果たす機能の検討において示唆を得ることができる。真田が指摘していたように、福祉コミュニティは認知症の人とともに生きるまちの姿を表すものであるとしても、このようなまちを形成していくための現実的な方針や実現のための力まで示しているわけではない。このようなまちづくりに求められている様々な力のなかで、住民活動に関する力の検討において主体性や当事者との協働性などの重要な視点が地域の福祉力により明らかになったといえる。そして、このような力をどのように高めて、どのように発揮していけるのかを明らかにすることが課題であることがわかった。

表2-7　「地域の福祉力」の内容

1．問題の共有力
2．制度の活用力
3．情報の提供力
4．活動の実践力
5．地域特性への合致力
6．問題解決への連携力・統合化力
7．学習力・福祉教育力
8．意見の具申力
9．福祉目標・福祉計画の立案・提示力
10．プライバシーを守る力

（出典：沢田清方『小地域福祉活動』ミネルヴァ書房、1991）

第3項　認知症フレンドリーコミュニティ

■ 認知症フレンドリー社会

　介護や福祉のサービスの充実だけでなく、こうした地域づくりを目的とした活動が重要であると提起をしているものに徳田雄人の認知症フレンドリー社会を目指した活動がある。

　徳田は、この認知症フレンドリーコミュニティの考えを日本でも普及させる活動をしており、英語圏で使われているDementia-Friendlyを認知症フレンドリーと訳し、認知症フレンドリー社会と呼んでいる（徳田，2018）。日本で近年よく使われている「認知症にやさしい」という言葉は、ややあいまいであり語弊があると徳田は考えている。その理由は、ここでいう「やさしい」は、時に認知症の人が困っているのでやさしくしましょうという認知症ではない人から認知症の人へ手を差し伸べる一方通行の関係性を示唆してしまう可能性があるからとしている。英語圏で使われているDementia-Friendlyは、認知症の人にとって使いやすいことや適応しているという意味で使われており、認知症の人が日常生活や社会生活が不自由なく送れる地域や社会のことをいうとしている。

　徳田は、「現在の私たちの社会は、通常、認知症の人とそうでない人がわかれて暮らしている社会だということです。物理的に同じ地域にいるかもしれませんが、家族や親戚を除いて、認知症の人とそうでない人が日常的に接する機会はほとんどありません。介護施設や病院という空間に住んでいる場合もありますし、在宅生活をしている場合であったとしても、認知症の人だと、要介護者、要援護者というカテゴリーに入れられてしまい、それまでのように一般の地域住民として暮らしていくことはむずかしくなります」（徳田，2018：170-171）と述べ、認知症の施策により地域の人や専門職が関わる努力がされているものの、おおもとでは認知症の人とそうでない人が別々の世界に暮らすよう、社会制度や私たちの意識によって形づくられていることを指摘している。

　このような認知症フレンドリー社会づくりを全国各地で進めるためのプラットフォームとして、特定非営利活動法人認知症フレンドシップクラブが2007年に北海道で立ち上げられた。代表を務める北海道医療大学（当時）の井出訓

が、イギリスのプロフェッショナル・フレンドを見てこの活動を日本で実現したいと考えたことからつくられたこの団体は、北海道から沖縄まで全国に21か所の支部をもち、各支部でイベント、研修会、本人会議や認知症まちづくりファシリテーター講座などの活動を行っている。また、本部においても、認知症になっても安心して暮らせる地域づくりの輪を広げる啓発のために認知症の人とそうでない人が一緒に走り、タスキをつなぐ2011年から始められたプロジェクトの「RUN伴」（らんとも）などの事業を行っている[8]。こうした認知症フレンドリーコミュニティを日本でも進めるために、徳田は活動に共感する人たちとともに一般社団法人認知症フレンドリージャパン・イニシアチブ（DFJI）を2013年に発足した[9]。

徳田は、認知症フレンドリー社会が目指すものは、日本のなかで認知症の人の数が多くなってきている現状において、社会全体を認知症の人が暮らしやすくするようにアップデートすることであるとしている（徳田，2018）。認知症の人の暮らしやすさとともに、認知症の人が生きがいや労働をあきらめることなく自分らしい暮らしを送ることをバックアップする実践は、全国で試みられるようになってきた。

東京都町田市では、認知症の人が通所介護事業のなかで自動車清掃の労働を行っている（徳田，2018）。和歌山県御坊市では、認知症の人がつくる農産物をもとになじみの人が集まる場がつくられている。デイサービスの認知症の利用者が自宅の畑仕事になじみの近所の人が集まって作業をしてくれて、ともに時間を過ごすなかで本人の様子も明るくなった。担当の介護支援専門員は、利用者が「座って談笑しているだけでしたけど、あんな楽しそうな笑顔は初めて見ました。しかも、自宅から出てくるときは歩行器につかまっていたのに、畑からの帰りは杖も使わずに歩いたんです」（石井，2017：294-301）とその時の本人の変容ぶりを伝えている。新潟県湯沢町では、認知症の人と一緒に地域の人が農園で農作物をつくっている「アクション農園倶楽部」で認知症の人とその家族、近隣の人や町役場の人などが一緒に農作業をしている。一人暮らしの認知症の参加者は、「外出を拒みがちだったのが、『私は農家の出だからね。トマトの支えはできるから棒とヒモを用意しておいて』と言って、火曜日の朝には支度をして待つようになったという」（石井，2017：294-301）。認知症の人

がレストランやカフェの店員として働くなかで、時々注文と違う商品が提供されることを客が受け入れて利用する「注文をまちがえる料理店」の試みが全国で広がっている（小国士朗，2017）。

　私たちが認知症の人とともに生きるまちづくりを進めることは、認知症の人が自分らしく暮らせる社会を構築することになるとともに、認知症以外にも社会生活に生きづらさを抱える人にとっても生きがいがもてて暮らしやすい社会になると考えられる。

■ 認知症にやさしいまちの基準の研究

　認知症フレンドリー社会が目指す「認知症にやさしいまち」の姿を具体化し、このような実践を全国に拡大するための指標について、国際大学グローバルコミュニケーションセンターが認知症の人と家族へのインタビュー調査と先行的に実践を行っている地域の事例調査を行っている（国際大学，2015）。この調査は、認知症の当事者の視点に基づいた「認知症の人にやさしいまち」の姿を目指すべき方向性として共有し、「認知症の人にやさしいまち」の基準や認知症の人から見た成果指標のあり方を明確化することを目的に行われた。これらの調査結果から、認知症にやさしいまちの基準について以下のような結論がまとめられている。

　認知症フレンドリーコミュニティが目指すことには、表2-8のように大別し

表2-8　認知症フレンドリーコミュニティが目指すこと

（1）一般的意識：認知症になると何もわからなくなるといった偏見・スティグマの払拭
（2）行動変容：困りごとを抱えた認知症の人と家族に対して個人や職場での行動をしていこうとするもの
（3）社会資本：個々の課題を超えてお互いさまの関係を作っていこうという互助の社会関係資本をつくること
（4）社会的包摂：認知症の人自身が地域活動、政策、商品サービスづくりに参加すること

（出典：国際大学「認知症の人にやさしいまちづくりの推進に関する調査研究事業報告書」2015より筆者作成）

表2-9　3つのアプローチがもつ課題を突破するためのヒント

---

(1) 認知症の人の声を基軸にした活動：困りごとを抱えた当事者が参加すること
　　で何のための活動かが明確になり、福祉関係者の協力関係が生まれていく
(2) Win-Winの関係：課題解決のためのセクターを超えた取り組みが支援を依頼
　　する／依頼されるではなく、Win-Winの関係を見出すことができる
(3) 気づき・アクション・ワクワク感：認知症の人と具体的な接点をつくるこ
　　とで関わる個人に深い気づきが生まれ、何らかのアクションを起こしてもらう
　　ことにつながり、またそのアクションが楽しそうというワクワク感があればよ
　　り一層進展する

（出典：国際大学「認知症の人にやさしいまちづくりの推進に関する調査研究事業報告書」2015より筆者作成）

て4つの領域が存在していると分類した。

　そのうえで、認知症にやさしいまちづくりを行っている地域には、①啓発型、②ボトムアップ型、③トップダウン型の3つのアプローチがあり、それぞれ特徴と課題があることが明らかにされた（国際大学，2015）。そして、3つのアプローチがもつ課題を突破するためのヒントとして表2-9の内容をあげていた。

　これらから、認知症とともに生きるまちづくりを当事者と市民による参加と協働により実践するうえで必要なことが、①認知症の本人が中心となり認知症を支援する人たちによるネットワークが形成されていること、②ネットワークに参加する人たちのそれぞれの主体性と相互理解があるネットワークになっていること、③市民の主体性と自発性を尊重した市民向けプログラムであること、がわかった。これらの成果を参考にして、当事者運動と住民運動が協働した運動を推進する力がどのように発揮できるのか、を本書では明らかにしていく。

第4項　関連領域でのまちづくりの研究

　認知症の人と家族が困難な生活課題を抱えながら暮らすなかで、地域の特性が暮らしやすさに与える影響について研究したものに、岡壇による自殺率の少ない自治体の特徴を明らかにしたものがある（岡，2013）。

　日本の自殺者は1998年以降年間3万人を超え、特に20歳代未満の若年者の

自殺の急増が顕著であったが、10年ほど前から減少に転じ現在は約2万人となっている（厚生労働省，2020）。しかし、依然として外国と比較しても自殺率が多い日本のなかで、極めて自殺率の少ない徳島県海部町に焦点を絞り、その要因を明らかにしたのが岡の研究であった。岡がこの海部町の現地調査により明らかにした自殺予防因子は、「いろんな人がいてもよい、いろんな人がいたほうがよい」「人物本位主義をつらぬく」「どうせ自分なんて、と考えない」「『病』は市に出せ」「ゆるやかにつながる」の5点だった。また、海部町が他の自治体と異なる特徴として、地域のなかでの人間関係のうえで相互に多様性を認め、必要以上に他者への関与を深めず、個人の失敗に寛容であり、弱音が出しやすい環境づくりが図られていることが明らかにされていた。

こうした、自殺率に与える地域の影響については、親の自殺について言い難い家族の思いを顕在化させた実践や（自死遺児編集委員会，2002）、地域の人びとにうつ病の人への接し方を学ぶ取り組みを進めた秋田県で自殺率が減少したことなどから、社会で自殺を防ぐ取り組みを行う必要があることが明らかにされた。そして、その法的基盤を整備する必要性から2006年に自殺対策基本法が成立した。

この法の制定後、日本の自殺率は減少に転じていることから考えると、自殺者の孤立を防ぐ実践の積み重ねが、実際に自殺者を減少させることができるとわかる。本書で検討する認知症についても、2019年に認知症施策推進大綱が発表され、認知症基本法案の検討が進められて認知症に対する社会的な基盤整備ができてくる一方で、これを受け止める地域のあり様について検討することが重要であるといえよう。

また、社会生活のなかで困難なことがあってもSOSを出すことを本人任せにすることなく、周りの人の積極的な関わりが必要であるとの指摘もある。

自殺や薬物依存などの対策として、このような課題に直面した人に対して公的制度や医療制度に向けてSOSを出せるように教育する実践がされていることについて松本俊彦は、自分では様々な事情でSOSを出せない人に対しては、そのような教育を行うことがかえって本人の自己責任により解決に向かえないという印象を強化してしまうことになることを指摘している。松本は、SOSを出せない事情がある人のためには、「気がつけば助けられていた」という周り

の人たちによる環境づくりが必要だとしている（松本，2019）。

　こうした環境は、認知症の本人と家族に対しても同様に、国家戦略のもとで多様な施策が用意されるだけでなく、社会の人びとが認知症の人と家族に関わり、必要な配慮を日常化することが重要であることを示唆している。

第3節 全国で展開されているプログラム開発に関する研究

Chapter 1
Section 3

　序章で見たように、内閣府と「家族の会」による認知症のイメージの調査から、認知症の知識や認知症の人の人権を尊重する考えの理解は広がっているものの、自分自身や家族が認知症になった場合の身体的・精神的負担への不安が大きいことがわかった。

　こうした住民の認知症に対するスティグマを減らすために必要なことについて、国際アルツハイマー病協会が発行する「World Alzheimer's Report 2012年版」において認知症の人への偏見を克服するためのプロセスとして示したものが図2-10である。

図2-10　スティグマを減らすためのプロセス

（出典：「World Alzheimer's Report 2012」訳：筆者）

　このプロセスを見ると、認知症へのスティグマを減らすために最初に行うことは、「より認知症を理解し意識すること」と「否定的意味合いを減らすこと」であり、日本では福祉教育とともに認知症サポーター養成講座がこの役割を担っている。そして、その後の「社会的共感」以降に至るためには認知症の人と直接接点をもつ日常的な機会が必要である。「家族の会」の調査報告書では、こうした偏見を少なくする努力の過程で認知症の人との関係性が生まれ、相手

を理解しようとする関係性のなかから共生していこうとするマインドが形成されていくことが指摘されていた。

このように、地域の人びとが認知症の人のことを理解し、認知症の人と実際に関わることが重要であることは、認知症の支援に関わる専門職などでは広く理解されてきている。2017年に発表された「認知症施策推進総合戦略」（新オレンジプラン）でも、具体的な施策の最初の項目「Ⅰ　認知症への理解を深めるための普及・啓発の推進」において国民が認知症を知り、認知症の人や家族と関わり支援を進めようとするプログラムを位置づけており、近年はこれらのプログラムが全国で広く展開されるようになってきている。

■ 認知症サポーター養成講座

認知症サポーター養成講座は，国民が認知症の知識を得て理解し、認知症の人や家族を温かく見守り、支援する応援者となる市民を養成する趣旨で行われているもので、認知症になっても安心して暮らせるまちづくりを目指した活動である。

この講座の効果について小野歩は、小・中学校を対象に行った認知症サポーター養成講座の参加者に認知症に対する知識や意識を調査し、認知症サポーター養成講座の標準テキストに副読本を用いることで生徒でもわかりやすい講座を実施し、認知症の理解を図ることができるとしていた（小野ほか，2010）。西尾幸一郎は、建築を学ぶ大学生を対象に、認知症高齢者が住みやすい住宅を考案する学習機会として認知症サポーター養成講座と認知症疑似体験を活用することで、受講した学生の認知症に関する理解促進の効果を検証している（西尾，2013）。廣谷芳彦は、薬剤師を目指す学生を対象に認知症サポーター養成講座の受講と、追加して認知症の治療薬に関する講義を実施し、講義後に認知症に対する意識調査を行っている。その結果、認知症の人に寄り添う姿勢の大切さや、自分たちの専門領域である薬剤師の立場で認知症の人にできることを探求する姿勢などが高まる効果が見られた、としていた（廣谷ほか，2019）。

筆者は、地域住民を対象に行われた認知症サポーター養成講座の受講者が、受講の前後で認知症に対する理解がどのように変わったのか調査した結果、講座を受講後に実際に認知症の人へ関わる活動へ携わろうとする割合が少ないこ

とから、認知症サポーター養成講座のなかにあるいは続けて認知症の関心をさらに深めるプログラムや、受講者の自発的な活動を醸成する機会をつくることの必要性を示していた（手島，2016）。

これらの先行研究による認知症サポーター養成講座の受講者への効果を見ると、総じて講座の受講により認知症の症状や接し方の知識が得られ、認知症への関心が高まることが共通していた。さらに，講座の受講が入り口となり、その後さらに認知症に対する理解を深めるために、より認知症の人と具体的に接するプログラムやより専門的な認知症に関する知識を得る講座が必要であることも、複数の研究成果が示している。

■ 認知症カフェ

認知症の人やその家族が地域の人や専門家と相互に情報を共有し、お互いを理解し合う場として行われている認知症カフェは、全国47都道府県の1,412市町村において7,000か所以上で行われている認知症の人と家族がつどう場である（厚生労働省老健局，2020）。

認知症介護研究・研修仙台センターが2015年に行った「認知症カフェの実態に関する調査」によると、認知症カフェの約3分の1は地域包括支援センターが運営して、約半数が介護・医療機関の施設を利用して開催され、開催頻度は月1回のところが4分の3以上を占めている。すなわち、専門機関が主導して行われている現状である（認知症介護研究・研修仙台センター，2017）。

現在は専門機関が主導して行われている認知症カフェであるが、認知症カフェのように地域から排除されがちな人たちが豊かに交流することを目指した地域の拠点を「コミュニティカフェ」と呼び、福祉コミュニティの形成拠点となる可能性があるという見方もある（倉持，2014）。また、「家族の会」は、認知症カフェについて認知症の人と家族が地域のなかで孤立しないで暮らせることや社会との接点を確保する場として可能性を見出している（認知症の人と家族の会，2013）。こうした認知症の人と家族の孤立を予防する新たな実践として、認知症カフェ等を活用したボランティアによる居宅訪問を行う「認とも」という活動の試みも始められている（認知症介護研究・研修仙台センター，2017）[10]。

■ 市民後見人の養成

　認知症の人の法律行為や財産管理を代理・代行する成年後見制度において、一定の資質と研修プログラムを受講した一般市民が後見人を担う市民後見人が養成されている。

　2005年に東京都や大阪市で養成が始められた市民後見人は、現在では全国の2割以上の自治体が実施し、約16,000人が養成講座を終えている（厚生労働省社会・援護局，2020）。しかし、成年後見制度を申立する件数がまだ年間3万件程度であり、認知症の人や知的障害者・精神障害者の全国の人数に比べて少なく、さらに家庭裁判所の審判で決定する後見人に市民後見人を選任することに対して慎重な姿勢が強いことから、実際に後見人を受任している市民後見人はまだ1,430人にすぎない現状である（厚生労働省社会・援護局，2020）。

　このような成年後見制度の利用低迷を改善するため、2016年に「成年後見制度の利用促進に関する法律」が施行され、市町村において成年後見制度利用を促進するための体制を整備する取り組みが進められている。この取り組みにより、市町村が設置する中核機関において家庭裁判所をはじめとした認知症の人の支援に関わる多様な支援者間での連携が促進され、市民後見人の養成と受任が進むと考えられる。今後、親族以外の第三者による後見人の候補者が不足するなかで、徐々に市民後見人が受任する機会が増えてくると思われ、その活用は今後に期待されるものと考えられる。

　このように、住民が認知症について理解を深め、認知症の人と家族の具体的な支援を行うことを促すための全国で行われているプログラムは、海外の実践を手本にしたものや地域福祉実践のなかから開発されるものなど、次々と試みが行われている。それらは、介護保険制度での事業メニュー化など国が事業化することで全国的に事業実施が急速に拡大している。これらのプログラムに住民が参加し、認知症のことを理解し、認知症の人や家族と実際に関わることで、認知症とともに生きるまちづくりを推進する住民活動を担う支援者の一員となることが期待される。まだ、実践が十分に成熟していないこれらの取り組みが、どのように今後展開するべきか、その指針が求められるところであるといえる

だろう。

　本書では、住民が参加するこれらのプログラムが、認知症とともに生きるまちづくりを推進する住民活動の力を発揮するための課題を検討している。

第4節 | 本章のまとめ
Chapter 1
Section 4

　本章では、認知症の当事者運動と地域福祉活動における福祉のまちづくり運動の先行研究を概観してきた。

　認知症の当事者運動は、「家族の会」により相談活動や互助活動を行うとともに、認知症の人が安心して暮らす社会づくりを目指して積極的に国に対する要望を継続して行ってきた。近年になり、こうした当事者運動の主体も多様になり、レビー小体型認知症や若年性認知症、また男性介護者などのテーマが異なる当事者組織が生まれ、さらにこれらの会が連絡会議を組織して活動を行うようになるなど、当事者組織の幅広い運動が展開されるようになっている。

　また、2000年代以降には認知症の本人も生活者としての視点から考えや思いを発信するようになり、本人の望む生活やそれを実現するための社会づくりに必要なことが明らかにされるようになってきた。そこでは、認知症によるスティグマから解放され、本人の主体性を奪わない支援者の伴走的な支援のもとで、認知症にやさしい社会づくりに自分たちも参加することを望んでいることが明らかになった。現状では、自治体の認知症施策形成の場に本人が参加できている割合は少ないが、今後増加していくことが期待される。一方、家族が望むまちの姿とは、本人と同様に家族に対する社会の人びとの理解が図られ、介護者も豊かな社会生活を送ることができる多様な支援策や家族同士分かち合える場があるものであることが明らかになった。

　地域福祉活動における福祉のまちづくり運動は、地域で障害者が暮らすための環境づくりに取り組まれたことが最初であった。それは、バリアフリー化の

展開を「点（建物）→線（交通機関）→面（まち全体）」と連続して展開する運動の必要性とともに、これらの運動を障害者と住民がともに行うことで、住民が障害者のことを深く学ぶことになる点が重要であることが指摘されていた。

こうした運動が目指すまちは理念的には福祉コミュニティが考えられるが、このようなコミュニティを実現するために地域のもつ力を「地域の福祉力」の概念から導いた。「地域の福祉力」は、住民が福祉課題を抱える当事者とともに社会にある社会福祉機能を活用しつつ社会福祉制度を発展させる役割を果たす力であり、社会にある福祉課題を顕在化させ、課題の啓発や解決のために住民が専門職と協働して新たな活動やプログラムを開発する力である、といえる。

さらに、近年では認知症の人が不自由なく日常生活を過ごせる「認知症フレンドリー社会」を目指した活動が広がっており、医療・介護・福祉サービス以外の労働・生涯学習・交通機関などの社会生活全般にわたり認知症の人が暮らしやすいまちづくりが先駆的に取り組まれている。一方で、こうした認知症にやさしいまちの基準づくりの研究も進められており、認知症の本人と住民の主体性・参加性・自発性を尊重したまちづくりの必要性が述べられている。

こうしたまちづくりの関連領域での研究には、自殺を減らすまちづくりの研究がある。それは、自殺が少ないまちの特徴である多様な人間関係や弱音が出せる環境などがあり、自殺を予防する支援には自らSOSを出すことを迫るよりSOSを察知し周りが助ける支援が重要であることが示唆されており、認知症の人と家族への社会の支援にも通じる考えである。

このような当事者運動を背景にして、近年になり認知症の人を理解し、認知症の人との関わりと支援を進めるプログラムとして、認知症サポーター養成講座、認知症カフェ、市民後見人の養成などが始められている。これらのプログラムは、まだ浅い実践ではあるが認知症を理解し、認知症の人や家族と住民が関わり支援するうえで今後の発展が期待されるものである。

本書では、法制度の形成に力を発揮してきた当事者運動がまちづくりにおいてどのような力を果たすことができるのかとともに、地域の福祉力の視点から当事者と協働して展開する住民運動の力をどのように高め発揮していけるのかについて、次章から述べる先駆的な事例や全国で展開されているプログラムから検討していく。

第2章

日本の認知症施策と
当事者運動の経緯

本章では、認知症について日本ではどのように理解されてきたのか、またこれに併せて認知症に関する施策がどのように発展してきたのかについて、認知症の当事者運動の動向と比較対照しながら検討することで、その運動と認知症に関する政策の諸側面の関わりについて検討していく。

第 **1** 節
Chapter 2
Section 1

認知症前史

　現在、認知症は私たちの社会において多くの人が直面している現状であることを見てきたが、本章では日本でこれまでに認知症に対してどのような対応を行ってきたのか、認知症の進展とその実態の把握、認知症に対する法制度の展開について認知症の人や家族による社会的な運動の視点から明らかにする。

　認知症は、日本において古くから存在していたと考えられる。新村拓は、古代や中世にも日本に認知症の人は存在していた記録があるとしており、「源氏物語」や「新今昔物語」に認知症の描写とその評価が記されている内容から、古代の時代は老いや認知症をマイナスイメージでとらえられていたと述べている。

　しかし、その後、「御伽草子」などの記述から見られる中世には、人が年を重ねることにより経験の積み重ねや総合的な見地から判断を下せる総合知をもつ存在として畏敬すべき存在として見られていた。江戸時代には既に病気と考えられており、治療法がわからない治癒が困難な病気と考えられるようになっていた。認知症の人はマイナスイメージと畏敬の存在としての見方が併存する両義的な評価がなされるようになるのである。この時期には、西洋の医学が徐々に日本に浸透してきており、その医学的視点からは認知症は疾病であり治療すべき対象ととらえられる一方で、同時にその治療法もわからない不治の病である認知症はその介護の大変さも手伝いマイナスイメージが徐々に増幅してくるのである（新村拓，2002）。

　その後、日本は明治時代になり、西洋医学が本格的に日本に導入され、治療

困難な疾病として認知症が理解されるようになってきた。この当時の認知症の人の対応は、国家の近代化政策に従って精神病者と同様に認知症の人も原則としては家族が保護すべき存在であるとされ、なおかつ国家の管理下におかれるべき疾病として位置づけられるようになった。認知症の人は、家族とともに自宅におかれるべき存在であり、人目につかないように家の外に出されるべきではなく、警察が管理するものとしてとらえられるようになってきたのだった（新村拓，2002）。

　第二次世界大戦を経て戦後となり、日本国憲法のもとで日本の社会保障・社会福祉法制度が徐々に整備されるようになった。社会福祉六法が整備される頃の日本は、高度経済成長に差しかかり、高齢者の福祉課題が取り上げられるようになってきた。日本で高齢者福祉に関する課題が認識され始めたのは、高度経済成長の進展につれて都市部に人口が集中し始め、過密過疎の地域課題が見え始めた時期であった。その後、生活保護法により対応していた高齢者の課題を独自に対応するため、1963年に老人福祉法が施行されている。1960年代の高度経済成長期には世帯規模の大幅な縮小と核家族化が進展し、さらに技術革新による産業構造と労働環境の変化により高齢者は働く場を失われるようになってきた。家電製品の普及による家事の機械化により、家族内での高齢者の役割が減少し、高齢者の生活保障や介護の不安がより広く国民一般の課題となってきたことが、老人福祉法の制定を大きく後押ししていた（新村拓，2002）。厚生白書において高齢者の事項が独立した章として扱われるようになったのは1966年版からで、高齢者の低所得や健康に関する課題が示されていた。

　一方、同じ1960年代後半には、全国社会福祉協議会が在宅の高齢者の福祉課題の実態として重要な調査報告を行ったのが、「居宅ねたきり老人実態調査」（1968年）だった。70歳以上の在宅の高齢者を対象にねたきり老人の実情を明らかにするために、全国の民生委員児童委員が調査者となり行われた調査だった。調査の結果、全国にねたきり老人が19万人以上おり、そのなかでも80歳以上の1割以上がねたきりになっていることを明らかにした（全国社会福祉協議会，1968年）。このようなねたきり老人の実態がマスコミ等で取り上げられたこともあり、その後の1977年版の厚生白書では、「ねたきり老人」の言葉が出てくるようになり、それ以降の高齢者福祉の最大の課題として大きく扱われ

るようになった。

　その後、1982年には老人保健法が制定されたが疾病予防や介護予防に重点を置いた施策が中心となっており、それでもまだ認知症に関することは高齢者福祉のなかで取り上げられることはなかった。この頃は、認知症高齢者の課題はほとんど国民の意識のなかにはなく、また高齢者医療の現場でも医療従事者に対する認知症に関する情報や研修は不十分なものであった。1970年代後半から京都で精神科病院や養護老人ホームにおいて認知症の治療の先駆けとしての診療を行っていた三宅貴夫は、この当時を振り返るなかで認知症の診察をしようと思っても参考になるものがなく、数少ない和書やアメリカやイギリスの洋書を読み、独学で学ぶしかなかったと回想している（三宅，2015）。

　このように、高度経済成長が終焉を迎える1970年代前半頃までは、高齢者福祉が徐々に社会的な課題として見られるようになってきていたなかでも、ねたきり老人の対応が先に取り上げられ、高齢者を中心とした認知症の人の存在は、医療現場において少しずつ見え始めた程度であった。

第2節　認知症の国民認識期
Chapter 2
Section 2

第1項　国民の認知症認識の初期

■ **認知症の実態の顕在化**

　日本で認知症が注目されるきっかけのひとつになったのは、1972年に出版された有吉佐和子の小説『恍惚の人』であった。都内で同居する認知症の舅の家族介護者としての悲喜こもごもをつづったこの小説は、三世代同居や働く妻というこの時代の現状を映した暮らしを素材にしながらも、まだほとんど表面化していなかった認知症の実態を社会に示した点で大きな反響を呼んだ。1963

年に老人福祉法が施行されていたとはいえ、この小説が発表された1970年代初頭は、認知症に対する施策はまだ十分とはいえない時代であった。1972年版厚生白書を見ても、今後の高齢者施策の課題としてあげられていたのは高齢者の経済状態の課題を重視しており、その一方で心身状態を重視できていなかった（厚生省，1972）。

　このような医療福祉サービスが十分ではないなかで、認知症の人を家族が介護する実態を現代の深刻な問題として示したのが『恍惚の人』という小説であった。有吉は、この小説で認知症の高齢者の課題はいずれ日本社会の大きな課題となるはずであり、認知症の課題を多くの国民が自分たちに関係のない課題ではなく自分ごととしてとらえる必要があるという問題意識があったことを女優の高峰秀子との対談で語っている（高峰秀子，2011）。

　この『恍惚の人』のなかで表現されている認知症の人について、井口高志は、「理性を喪失し『迷惑』となっていく姿、こうした『悲惨』な状態は大変恐れるべき状態だということが表現されている。こうした姿へと変容して老後を送らなければならないことへの人びとの恐怖を反映しているとも言えるし、そうした恐怖を結果として追認した表現であるとも言える」（井口高志、2010：92-93）と述べている。井口は、まだ社会の人びとのなかでは潜在的にしか見えなかった認知症の人の姿は迷惑な存在であり、しかしいったん認知症になってしまえば周りの人びとに多大な影響を与えることは抗えないものでもあることを印象づけるに十分な小説であったと述べている（井口高志，2010）。

　今日では、周りの人には理解できない認知症の人の行動についても、本人にとっては何かしら意味のある行動（または意図のある行動）であることが認知症を理解する研修や講座でも説明されているので、この当時ほどは迷惑という人びとのとらえ方ではないのかもしれない。しかし、自分たちが理解しづらい行動であることが奇異な印象を助長しているといえるかもしれない。いずれにしても、『恍惚の人』の登場によって日本でようやく認知症の人と家族の現状の一端が人びとに知られるようになった。それから10年が経った1982年には、羽田澄子が監督を務めた映画『痴呆性老人の世界』が公開され注目を集めた。この映画は、ある施設に入所する認知症の高齢者を2年間にわたり追ったドキュメンタリー作品で、当時はまだほとんど知られていなかった認知症のこと

や認知症の人の特徴や施設生活の実際について知られるきっかけとなった（手島，2019）。

■ 認知症の評価法の開発

先に述べたように認知症の人への対応が医療・福祉実践のなかで増え始めたなかで、1974年に認知症診断のスケールとして、長谷川和夫により長谷川式簡易知能評価スケールが開発された。当時、認知症と思われる患者の診断を行う際には、患者の状態像と家族や介護者からの情報をもとに総合的に認知症の診断がなされていたのだが、より簡便で短時間に判断するために判断の目安になるスケールが求められていた。このスケールは、当時徐々に診察の機会が増えていた認知症患者に対して行う、記憶、見当識、計算、一般知識を問う11の項目からなるもので、その回答を点数化し、正解による点数の合計をもとに診断するものだった。それは、簡易スクリーニング検査として扱うものであり、この検査の後に必要に応じて詳細な検査を行い認知症の詳しい診断や重症度を測ることが必要になる。ただ、認知症の診断を数量化することで、一般の診療医にも認知症の有無の診断ができるようになる可能性を広げた点で画期的なものとして、このスケールは広く用いられるようになった。この後、1991年にはこのスケールの不適切な項目を除き、新しく遅延再生や言葉の流暢性を評価する設問を加えて全体を9問に整理した改訂がなされている。

また、社会のなかで認知症に関する関心が拡大するなか、高齢者の精神医療に関する日本で最初の老年精神医学書として加藤正明と長谷川和夫により1973年に「老年精神医学」が発刊され、医学界においても高齢者の認知症への関心が高まりつつあった。その後、1987年に「日本老年精神医学会」が発足し、1988年に「日本痴呆学会」（2006年には「日本認知症学会」に改称）が発足するなど認知症に関する固有の学会が発足している。

■ 「認知症の人と家族の会」の発足

認知症の人について社会のなかで少しずつ認識が広がっていったこの時期に、認知症の人の家族の当事者組織である「家族の会」が1980年に京都で発足している。この会の発足のきっかけは、1977年に京都新聞社が始めた「高

齢者なんでも相談」という相談事業のなかの「老人ぼけ相談」であった[11]。この相談事業において医師の早川一光とともに相談を担当していた医師の三宅貴夫による、次のような気づきがきっかけであった。

「老人ぼけ相談」に訪れる多くの家族は半ば途方に暮れ、介護に疲れた人たちでした。しかしある相談日に、それまでとは違った家族が来られました。疲れた様子もなく清楚な感じの50歳代と思われる婦人でした。話を聞くと「退職して何年にもなるのに夫が『会社に行く』と言って困らせます」と淡々と、ときに笑顔を交えながら話すのです。〈中略〉「本人が『行く』と言い張るので一緒に歩いて家につれて帰ります」と相応しい介護をしているのです。私のほうがむしろ介護のあり方を教えられるような「相談」でした。〈中略〉決して楽ではないはずの介護をなかば楽しむかのような介護家族の姿を初めて見て、この話は私一人で聞くのは「もったいない」と思いました。また相談を受ける医師の私と介護家族という関係ではなく、介護家族同士が経験を語り合う方がはるかに有意義だろうと考え、「家族の集い」を始めたいと思うようになりました。(三宅, 2011)

三宅は、相談に訪れる認知症の介護者が困った介護の状況を訴えるだけでなく、介護者なりに考えて様々な介護方法の工夫を凝らしていることやむしろ介護している状況を楽しんでいるかのように笑顔で話す姿から、専門家である医師の助言ではない家族介護者の経験談がいま介護に苦しむ人びとに有意義なのではないかと考えた。そこで、この「老人ぼけ相談」に来た家族に呼びかけ、1979年から月1回で同じ介護体験をしている家族同士がともに理解し合うための家族のつどいを行うこととなった。この家族のつどいで集まっているうちに、参加者からこのような話ができる場を継続していきたいとの声があがるようになり、三宅はこの家族のつどいの開催に並行して家族会を結成する準備を始めたのである(三宅, 2011)。その結果、1980年1月に「呆け老人をかかえる家族の会」が発足したのである。

「家族の会」は、介護者が集まるつどいから家族会の組織化が展開された後に、介護者間の相互扶助にとどまらない社会的活動も当初から取り組まれてい

た。それは、全国研究活動、要望活動及び調査活動である。認知症の人や家族のおかれている現状を明らかにし、家族の立場から専門職とともに実践を交流し、その実態を明らかにする調査を自ら行い、社会的な施策を改善するための要望を行うために、認知症に対する理解や施策が十分ではなかったこの時期から「家族の会」は積極的に活動してきたのであった。

「家族の会」は、最初の社会的活動のひとつとして、1980年に早くも調査活動を行っている。この調査は、「家族の会」の会員を対象に家族介護の実態把握を目的とした調査で、376人から回答を得ている。この調査の結果、回答者の基本属性などから見えた当時の介護を行う家族の典型的な姿として、80代の義理の母親を50代の義理の娘が2〜3年介護しているという実態が明らかになった（三宅，2011）。この頃から、40年を経た現在の介護者像との差異が明らかになった。そして、当時全国でも初めてといえる全国調査による結果から明らかになった認知症家族の実態と課題がもとになり、要望活動につながるのである。

「家族の会」は、発足して2年後の1982年に厚生大臣に対して7つの項目による要望を行っている。それは、①自治体などでの相談窓口の設置、②保健所や福祉事務所による介護家族への訪問の実施、③特別養護老人ホームなどでの短期入所と通所サービスの実施、④特別養護老人ホームでの長期入所の充実、⑤介護手当など経済的支援の実施、⑥認知症高齢者に関する保健・医療・福祉の研究、⑦「家族の会」への公的支援、であった。これらの要望について、三宅は、当時社会のなかで注目されるようになってきていた「ねたきり老人」を引き合いに出し、「ねたきり老人なみの福祉を」要求する要望であったと評価している（三宅，2011）。前述のとおり『恍惚の人』により認知症の人の存在自体は社会のなかで少し知られるようになったものの、その対応を社会的に行うことへの理解はまだ十分ではなかった。「家族の会」の調査は、『恍惚の人』に見られる実態が決して限られた人のことではないことを明らかにするものであったし、さらにその調査結果をもとに公的な福祉サービスの利用を求める要望は、十分な説得力をもつものであったといえるだろう。

「家族の会」は、この後も1983年、1984年、1986年と立て続けに厚生大臣に要望書を提出している。これらの要望の内容は、認知症に対する全国的な相談

体制の充実や地方自治体が行っているサービスを全国で展開することを求めるなど、認知症の人や家族に対する対応の標準化を求めるものが中心となっていた。さらに、1984年の要望では、相談対応に当たる職員の増加だけでなく研修も求めており、職員の量的・質的な充実も重要視していたのだった。

このように徐々に社会のなかで認知症の課題の存在が明らかにされていく一方で、認知症に対する法制度の対応はまだ本格的なものにはならなかった。認知症の人を介護する家族からの援助を求める動向を受けて、1981年に中央社会福祉審議会による答申「当面の在宅老人福祉施策のあり方について」において、「痴呆老人のうち行動異常を伴う者については、その程度に応じて保健医療及び福祉の両者の密接な協調のもとに適切な施策を早急に講ずる必要がある」として認知症対策を検討する必要性を述べ、特別養護老人ホームへの短期保護事業においての対応を進めることとした。

さらに、1982年に公衆衛生審議会による意見具申「老人精神保健対策に関する意見」において、初期の認知症高齢者の対応がこれまでの生活の場である在宅において行うことが望ましいとその方針のあり方を方向づけていた。この方針は、1981年の国際障害者年の前後に広まっていたノーマライゼーションの理念の影響や、1979年に全国社会福祉協議会により示された「在宅福祉サービスの戦略」により出されていた今後の日本の福祉制度の施設重視から在宅重視へという方針とも一致する。

1970年代から1980年代の前半にかけては、『恍惚の人』をきっかけに社会のなかで認知症の高齢者の介護の様子が広く知られることとなり、認知症についての人びとの初歩的な知識が広がり、これに並行して認知症の症状を測るスケールができて少しずつ認知症の医療的な対応のすそ野が広がっていった時代であったといえるだろう。これと同時に、認知症の人の家族への相談事業をきっかけに認知症の人の家族を対象とした当事者組織が早々に誕生し、さらにこの組織の活動として実態調査や要望活動が始められていたことは注目すべきことである。医療的な対応や制度的な福祉・介護のサービスが十分ではないなかで、認知症の介護に直面する家族から認知症の人の暮らしの現実と課題について発信がされたことは、この後の最初の認知症に対する政策形成に大きな役割を果たしていくことになるのである。

第2項　認知症への施策の始まり

■ 本格的な対策の開始

　国が本格的に認知症に対する課題と対策を明らかにしたのは、1987年に厚生省から出された「痴呆性老人対策推進本部報告書」が最初であった。「痴呆性老人対策推進本部報告書」は、認知症の特徴と現状、介護のための留意点や今後の施策の推進方針を含む総合的な推進方策を示したものであった。この報告書で示された今後必要な施策に関する内容は、ほとんどが認知症に対する医療的な対策・予防策や家族に対する支援などであった。ただ、報告書の末尾の「第3　痴呆性老人対策の推進」のなかの「4　その他」において、「普及啓発の推進等」という項目を置き、そこに「ア．痴呆性老人については様々な偏見や誤解が存在し、在宅や施設における心の通った医療、介護の妨げになるケースがあることが指摘されている。このため、痴呆性老人に対する偏見や誤解のない地域社会を創るための啓発普及を推進する」(厚生省, 1987) と示しており、既に認知症の高齢者に対する地域での理解不足の問題が施策の対象として示されている点が注目すべきことといえる。

　ただ、この報告書のなかでも現代と比較すると認知症に対する偏った見方が散見される。例えば、「痴呆性老人の主症状は持続的な知能の低下であり、記憶障害や理解力・判断力の低下が出現し、ひいては人格水準が著しく低下する」(厚生省, 1987) とし、さらに「また、知能の低下に妄想・幻覚などの精神症状や徘徊、不潔行為といった問題行動、衣服の着脱行為の障害、失禁、歩行の障害などの日常生活における動作能力の低下、身体的疾患などの合併症を伴うことになるが、これらの現れ方は著しく多様である」(厚生省, 1987) とある。これらは、認知症の症状として現れるものとはいえ、これらの記述が読み手の認知症に対する負のイメージを強化する内容となっている。石倉康次はこれらの症状は、認知症の人が「不適切な対応や環境のもとに置かれた場合にたどる経過を表しているものと限定的にとらえられる必要があるのではないか」(石倉, 1999：3) と指摘し、社会のなかで認知症が多様な問題行動を伴う存在であることを前提とした説明が公的な報告書においてなされていた課題を指摘し

ている。

　さらに、この報告書に対し「家族の会」は、要望書を1988年に厚生大臣に対し提出している。要望書では、今後急速に拡大する認知症の課題について「家族の会」の意見も取り入れてつくられたことを評価しつつも、認知症の課題を家族などの私的な課題に終わらせるのではなく、社会的な課題として積極的に取り組むことを求め、既存の高齢者を対象とした医療及び福祉サービスを認知症の人が利用できるような充実を求めている。また、後にも記すように要望内容のなかに「アルツハイマー病等65歳以下の初老期痴呆の者にも、老人に対すると同様の医療、福祉のサービスを適用すること」（認知症の人と家族の会，1988）とあるように若年性認知症の人や家族が排除されないような対応を既に含めていることは注目すべきことである。「家族の会」が当事者組織として全国の介護者からの相談を受けていることで把握した課題のなかで浮かびあがった年齢によりサービス利用の壁があることへの改善要求を代弁していることがわかる。

■ 認知症の対策の始動

　1988年には、「痴呆性老人対策推進本部報告書」の具体策として、認知症の症状により在宅での対応が困難となる人への療養や介護を医学的管理のもとで行う「老人性痴呆疾患治療病棟」、精神科医や精神保健福祉士を配置した認知症の人を専門的に対応する「老人性痴呆疾患デイケア」、介護が必要な高齢者の医療的ケアとリハビリテーションを行う「老人保健施設」が創設され、認知症の高齢者を対象とした医療・福祉体制の整備が始まった。

　また、その翌年の1989年には、認知症の専門医療相談・診断や夜間や休日の救急対応を行う「老人性痴呆疾患センター」が創設され、医療面での様々な施策が創設された。このセンターは、市町村が高齢者やその家族に対して認知症に関する正しい知識を付与しもしくは相談対応を行う場合などに、その技術援助を行い、地域の認知症高齢者等の保健医療・福祉サービスの向上を図るために創設されたものだった。当初の設置目標は、都道府県に1つ以上は設置することとされ、望むべくは老人保健福祉圏域（二次医療域）に1つが目標とされた。

　このような認知症の人の固有の課題が社会的に広がりを見せ始めた時期に、

認知症の高齢者を対象とした日中を過ごす場である「宅老所」が、全国で先駆的かつ多発的に実践が始められていた。その多くが1980年代から始められており、「家族の会」やボランティアなどにより既存の公共施設を活用しながら、定員を10人以下の少人数で過ごす場として行われているものが多かった。宅老所は、認知症の人に対する在宅福祉サービスが少なかった時代に当事者組織や住民活動において始められた。その実践は、在宅の認知症の人の日中の介護サービスの必要性を顕在化し制度的保障を行政に求めていくとともに、認知症の人が地域で生きることを具体的に保障する活動を住民自身が当事者と協働して担う実践が育まれる段階まで住民活動が発展したものだった。

宅老所の実態調査報告のなかで津止正敏は、住民団体の宅老所が問いかける課題として「福祉事業への住民や地域の参加・協力・発言を必要なシステムとして確立していくことは、福祉事業の官僚化や住民参加の形骸化を防ぎ、事業運営の民主的な在り方を追求していくうえで不可欠の課題」(津止, 1991:130)であるとしていた。こうした民間の実践の動向が影響して、厚生省は1992年に認知症高齢者を対象としたデイサービスとして痴呆性老人毎日通所型デイサービス(E型)を創設し、高齢者介護の制度上の固有の類型として認知症高齢者のための在宅サービスの充実が見られた。

こうした認知症の人の尊厳を守り、住み慣れた地域生活から離れずに本人らしい生活を実現しようとする実践が、その後の2000年代に認知症の本人の考えや思いが示されるようになったことと共鳴し、また認知症の中核症状と周辺症状の違いについての認識が深まるなかで、これまでとは異なる新しい認知症への対応が求められるようになり(小澤, 2005)、これに応じた法制度づくりが求められるようになる足がかりをつくっていったといえるだろう。

■ 「家族の会」による若年期認知症の課題の気づき

認知症の高齢者に対する医療・福祉体制の整備が始められた1980年代後半には、「家族の会」では新たな認知症に関する課題状況への気づきがあった。「家族の会」は、電話相談を受けるなかで、65歳未満の認知症の人の課題があることを認識し始めていた。前述の1980年代後半から始められた新たな制度は、老人福祉法等による65歳以上の「高齢者」を対象としたものであったため、

65歳未満の認知症の人には活用できるものではなかった。認知症は65歳未満であっても発症するものであり、同じ認知症であっても65歳に達しているか否かで制度利用の可否の差が生まれるという課題が顕在化したのだった。

「家族の会」は、この課題について1988年及び1990年の厚生省への要望のなかで「若年期認知症対策」を求める一方で、その実態把握のための調査を1991年に行った。この調査の結果から、若年期認知症の人は全国に8.3万人いると推計された[12]。その内訳は、年齢では60歳から64歳の人が40%で最も多く（家族介護者の男女比は夫：妻が2：3だった）、疾患別ではアルツハイマー病が68%と最も多く、家族介護者との関係は夫婦の場合が77%で最も多かった。介護以外の課題としては、経済的問題や子どもなど家族関係の問題を感じていることもわかった。

この調査の10年前に「家族の会」が行った認知症の在宅介護の調査の結果と比較すると、介護者の男女比が若年期では前述のとおり2：3だったのに対し在宅介護者の調査では1：9であること、介護者と認知症の人との続柄が若年期では夫婦の場合が77%だったのに対し在宅介護者の調査では義理の娘—義理の母の場合が30%で最も多かったことなど大きな差があった。この他にも、介護するうえで困っていることとしてあげられていたのは、前述のように若年期では経済的問題や子どもなど家族関係の問題があげられていたのに対し、在宅介護者の調査では介護を助けてくれる人がいないことや同じことを何度も聞かれることなどがあがっており、こちらも大きな差が生まれていた（三宅，2011）。

このように「家族の会」によって、いち早く若年期認知症の人の家族に固有の課題状況があることに気づき、調査によってその実態が明らかにされて必要な対策を国に要望していたことは、認知症の人の家族の当事者組織として、社会的な運動で大切な役割を果たしていたといえる。

1990年代以降には、保健所や市町村社会福祉協議会により進められていたねたきり老人介護者の家族会の組織化に併せて、各県で「家族の会」の支部の組織化がなされる地域が出始めている。

■ 痴呆性老人対策に関する検討会報告書

厚生省は、1994年に「痴呆性老人対策に関する検討会報告書」を明らかにし、

今後重点的に推進する施策として、認知症の理解促進のための情報提供、早期発見の体制の確立、在宅・施設サービスの充実、認知症の調査研究、認知症高齢者の権利擁護の推進が必要とした。先の「痴呆性老人対策推進本部報告書」からこの報告書までの間には、1989年に「高齢者保健福祉10ヵ年戦略」（ゴールドプラン）により高齢者に対する在宅福祉サービスの大幅な量的拡充の計画を示し、さらに1990年に社会福祉関係八法を改正して市町村を中心とした在宅福祉サービスを重視した高齢者福祉制度の実施体制の構築について方針を出すなど、高齢社会に突入するなかで高齢者福祉施策は大きな転換点を経ていた。

　これらの動向に対し、認知症の高齢者への対策は高齢者対策の重要な内容であるにもかかわらず遅れているという問題意識から、1993年に厚生省の老人保健審議会、中央社会福祉審議会老人福祉専門分科会、公衆衛生審議会老人保健部会の3つの合同委員会として「痴呆性老人対策に関する検討会」を設置し、検討を重ねた結果がこの報告書であった。そのため、「痴呆性老人対策推進本部報告書」よりも一層具体的で踏み込んだ施策内容を示したものとなっていた。特に認知症に対する理解の促進は、最初の項目で取り上げられており、最重要課題として認識されていたことは注目すべきことである。認知症の理解が家族にも社会の人びとにも乏しいことにより、認知症のことを隠すことや早期発見に支障が出ることを指摘し、認知症の正しい知識の普及啓発が必要であることが強調されていた。

　認知症の人に対する施策の充実の具体化のひとつとして、1997年には「痴呆対応型共同生活援助事業（痴呆性老人グループホーム）」が創設され、翌1998年にはこの事業の施設整備補助制度が始まった。認知症の人を対象としたグループホーム事業は、スウェーデンのグループホームを参考にして、入所施設でありながら生活空間を重視し少人数の利用者が共同で暮らすことで利用者の個人の尊厳を重視した新しい認知症ケアとして、全国の先駆的な実践をモデルにして誕生したのだった。急速に全国で事業実施が拡大するなか、1999年には宅老所・グループホーム全国ネットワークが設立され、事業者の組織化が図られ、2000年に施行された介護保険制度の事業に取り入れられた。

　また、認知症支援の実践に携わる人材養成の面では、1984年に痴呆性老人

処遇技術研修が始められた。この研修は、各都道府県・政令指定都市において認知症の高齢者が多く利用している特別養護老人ホームを1か所指定して管内施設の介護職員を対象に研修が行われた。また、2006年には日本看護協会が認知症看護認定看護師を創設した。

このように1990年代の後半からは、認知症の人を対象とした社会福祉制度が徐々に増えていった。「家族の会」はこれに先立ち、社会福祉関係八法改正により全国の地方自治体が策定することとなった老人保健福祉計画のなかで認知症の人への施策の位置づけについて全国の市町村長あてに要望を行っている。それは、認知症高齢者への対策が要介護高齢者の対応のなかから抜け落ちることがないようにする要望であった。

この要望は、当時、在宅の要介護高齢者の中心課題として見られていた「寝たきり高齢者」の対応に、認知症高齢者の対応が埋没したり排除されたりすることがないようにしてほしいことを要望していたのである。これも、全国組織として認知症の人の家族として直面している実態をふまえての要望内容であったと考えられる。認知症の人に対する福祉制度が創設されるようになってきたこの時期に、「家族の会」は高齢者施策の一角に認知症の人への施策が明確に位置づけられることへのチェックを行ってきたといえる。

また、「家族の会」の1997年の厚生大臣への要望からは、従来の制度や施策に関する要望のほか、啓蒙や啓発に関する要望項目も含まれるようになったことは注目すべき点である。「家族の会」は、1990年頃から国際アルツハイマー病協会（ADI）[13]の国際会議に役員が出席するようになり、1992年には正式に協会の会員となった。その後も毎年数名の役員が国際会議に出席し、欧米をはじめとした世界の認知症に関する様々な活動を知るようになり、そのひとつとして認知症を社会の人に広く知ってもらう活動の大切さについて理解を深めていったと考えられる[14]。そのことから、認知症の人への法制度の充実に並んで、認知症の人の権利擁護や社会の人びとへの認知症の啓発に関することが、厚生大臣への要望項目に反映していったと考えられる。

認知症の政策形成と本人の活動

第1項　介護保険制度の施行

■ 介護保険制度の始まり

　2000年代は、介護保険制度の施行により日本の介護サービスの様子が一変することになる。新しい公的な社会保険制度として2000年に導入された介護保険制度によって、多様化した様々な供給主体によってたくさんの介護サービスが供給されるようになり、多くの国民が介護サービスを利用することとなる。

　この頃に特徴的なことのひとつには、認知症の薬物治療が本格的に進められるようになったことがある。認知症の薬物療法については、アルツハイマー病に影響を与えている脳内の変化に着目した薬の研究と開発が1970年代から進められており、副作用の影響などが治験により検証されて1999年に初めて厚生省が承認したアリセプトが処方されるようになった。このアリセプトは、この後世界の多くの国で使用されるようになり、これに続く抗アルツハイマー病治療薬も他に3剤が承認されて、現在は4剤が処方されている。

　一方、薬物療法以外の認知症患者に対する心理・社会的アプローチによる治療法の開発・研究は、2000年代に入ると活発になってきた。具体的には、心理療法、行動療法、作業療法、運動療法などの医療に隣接する内容のアプローチの実践や回想法、音楽療法、園芸療法、芸術療法などのより生活に近い内容のアプローチまで幅広く取り組まれるようになってきた。ただ、これらの非薬物療法は、個別の実践としては効果的である旨の実践や研究の報告がされているものの、疾患に対する治療法として求められる効果を実証するための研究環境、評価の方法、評価の尺度などについて十分に確立されていない課題があることが指摘されている（斎藤，2006）。

　国の政策面においては、認知症介護の研究や介護職員の指導者への専門教育を行う機関として高齢者痴呆介護研究・研修センター（現在の認知症介護研究・

研修仙台センター）が2000年に設置されている。

　「家族の会」は、介護保険制度がその目的に介護の社会化を含めていることを評価しつつも、制度が利用者にとって使いやすいものであるか、特に認知症の人や家族にとって問題はないのかについて、介護保険制度導入前後の時期に会員アンケートの実施とその結果に基づいた要望活動を集中的に行っている。介護保険制度が導入された2000年4月の直後の5月には介護認定の状況について、同年10月には介護保険の全般的な内容について、それぞれアンケート調査の結果を明らかにしつつ、それらの内容も含めながら1999年11月から2001年6月までの約1年半に4回の要望を厚生大臣に対して行っているのである。

■ 認知症ケアモデル構築の提起

　2003年に厚生労働省は、高齢者介護研究会報告書「2015年の高齢者介護～高齢者の尊厳を支えるケアの確立について～」を公表した。日本で高齢化が進み、いわゆる団塊の世代が65歳に達する2015年に向けて、介護保険制度をはじめとした高齢者介護をめぐる取り組みをどのように考えるべきかを示したものであり、この後の施策に大きな影響を与えるものであった。

　このなかで、認知症の介護の現状について、要介護高齢者の半数に何らかの認知症の症状が見られ、高齢者介護の重要な課題であることが前提として述べられている。しかし、認知症のケアについては方法論が未確立で標準化が不十分であることから、相談窓口による早期の対応から効果的な介護サービス提供までの「認知症ケアモデル」を早急に構築することを提起しており、またこのモデルが存立する前提として国民への正しい認知症の知識と啓発を行うことが重要であるとしていた。

　この報告書では、2000年に始まったばかりの介護保険制度の介護保険給付費が急激に増大していることから、十余年後の2015年に日本の高齢者数がピークに突入する際に制度破綻をきたさないための給付と負担のバランスについての方針を示すことが主に訴えられていた。同時にこの後の高齢者介護に必要な介護の質的な要素も検討されており、そのなかで認知症のケアについては重要な要素のひとつとしてとらえられている。認知症の人の尊厳を守ることや既存の生活環境を継続することの重要性など、現在の認知症ケアに必要といわれて

いる要素の片鱗が述べられている点が特徴的である。

第2項　認知症の本人の活動の始動

■ 国際アルツハイマー病協会国際会議の開催

　2004年は、当事者活動にとっても大きな節目となった年である。「家族の会」は、国際アルツハイマー病協会のもとで毎年実施されている国際会議の開催国の主催者として、2004年に第20回国際会議を京都で開催した。国際アルツハイマー病協会は、1984年にアメリカのアルツハイマー病協会の関係者のもとに発足した団体で、現在は世界の認知症に関わる80団体が加盟している。この協会は、毎年加盟国において国際会議を開催するほか、1994年から世界保健機関とともに毎年9月21日を世界アルツハイマーデーと制定し認知症の啓発を行うなど認知症の世界的な理解を進め支援の輪を広げる活動を展開してきている。「家族の会」は、この協会の国際会議に1990年から参加しており、1992年にはアジア初の加盟国として承認されたのだった。

　そして、2004年に初めて日本で国際会議が開催され、10月15日から17日までの3日間に4,000人以上の参加者があった。外国からの参加者も66の国と地域から600名以上が来日し、大きな注目を集めることとなった。また、会議のなかでさらに注目されたのは、国際会議の参加のために来日したオーストラリアのクリスティーン・ブライデンによる認知症の本人の語りがあったことである。このことをきっかけにして、日本でも認知症の本人への視点の重要性の認識が高まり、クリスティーンが求める「私たち抜きで私たちのことを決めないで」（国際連合の障害者権利条約でのスローガンと同様のものである）という原則が、本人中心の認知症支援の必要性を訴えるきっかけとなった。その後、日本でも2015年に認知症の本人の会である認知症ワーキンググループが誕生し、本人の会の他にも「家族の会」以外の認知症に関わる多様な当事者組織が生まれた。そして、2017年に再び国際アルツハイマー病協会の国際会議を日本で開催するにあたり、認知症に関わる多様な団体の協働が始まり、国際会議終了後もネットワークを組みながら緩やかな協働を図っている。

■ "痴呆" から "認知症" へ用語変更

　また、2004年には、それまで用いられていた「痴呆」という言葉を「認知症」へ用語変更が行われた。従来使われていた「痴呆」という言葉は、明治期に日本に医学分野で認知症が紹介された際に邦訳された名称だったが、侮蔑的・差別的な表現であるとともに認知症の状態を正確に示していないため早期診断の妨げになっているとの観点から検討されることとなった。

　検討に際しては、2004年に厚生労働省に「『痴呆』に替わる用語に関する検討会」が設けられ、その報告書にあるように「認知症」という言葉への変更が妥当との結論を得て、2005年の介護保険法の改正により法文を変更し、関係者への周知が図られていった（厚生労働省, 2004）。この検討会報告書において、痴呆という用語の問題点としてあげている侮蔑的な表現であることについて、高齢者の尊厳を保持する観点から相容れないものであるとし、高齢者や家族がこの呼称に傷つけられ苦痛を感じていると説明している。

　医療関係者は、「『痴呆』という言葉の持つ、絶望的でおどろおどろしい印象」（斎藤, 2004：1218-1219）のせいで告知しにくかったことがしやすくなったとか、用語を変更しても認知症の人への差別がなくなるわけではないなどの反対意見がありながらも、「用語変更が、誤解を受けることの多い認知症の真実、正確な情報を世に伝える好機になる」（小澤, 2005：6-7）など肯定的な評価がされている。

　「家族の会」は、この名称変更に対し即座に「呆け老人をかかえる家族の会」の名称を変えることはしていない。しかし、2004年に日本で初めて開催した国際アルツハイマー病協会の国際会議でアルツハイマー病の本人が認知症について語ったことを契機に認知症の本人に対する注目が集まり、「家族の会」でも本人会議を行うなど家族だけでなく認知症の本人も含めた当事者組織への展開を考えるようになったことをきっかけにして、2006年に現在の「認知症の人と家族の会」に名称を変えた。

　一方、厚生労働省は認知症への名称変更が社会の人びとの認知症への正しい理解の不足であったことの趣旨をふまえ、2005年度を「認知症を知る1年」と位置づけ、多くの人に認知症を知ってもらうための普及啓発キャンペーンとし

て関係者と共同して「認知症を知り　地域をつくる10か年」の構想をもち、認知症の啓発を行っている。この10か年の構想が具体化された事業が、認知症について住民等が学ぶ機会として2005年から実施されている「認知症サポーター養成講座」である。このキャンペーンでは、認知症を理解し、支援する人が100万人となるような目標を設定して全国で講座が行われた。

■ 若年性認知症の実態調査の開始

2006年には厚生労働省は若年性認知症の実態調査を始め、2008年まで3年にわたりその実態と本人や家族の抱える課題について把握している[15]。この調査結果は、2009年に「若年性認知症の実態と対応の基盤整備に関する研究」による調査結果が報告されたが、その概要をみると①人口10万当たり47.6人になる合計3.78万人の若年性認知症の人がおり、②30歳以降は人口階層が上がるごとにほぼ倍増しており、③発症後に7割の世帯で収入が減り、④家族介護者の約6割が抑うつ状態である、ということがわかった（厚生労働省，2009）。

若年性認知症の課題は、「家族の会」が1991年に実態調査を行い、1992年に厚生省へ経済的支援の必要性や高齢者へのサービス利用拡充などの要望のなかで明らかにしていた。さらに2001年、「家族の会」は厚生労働省への要望で再び、若年性認知症のセンター設置、所得保障、介護サービス拡充、社会への啓発について訴えていた。「家族の会」が最初に調査をしてから15年後になりようやく厚生労働省も若年性認知症の実態調査を行い、その調査結果から「家族の会」が行った調査で指摘していた課題があらためて確認された。この厚生労働省の調査の後、東京都、愛知県、静岡県などの地方自治体が続いてそれぞれの地域の事態を把握するための調査を行っている。

認知症に関する社会的な注目の増加や若年性認知症などの認知症の本人や家族の実態の顕在化を背景に「家族の会」は、2007年に「提言・私たちが期待する介護保険～認知症があっても安心して暮らせる社会に向けて～」を出し、国の認知症の政策が目指すべき要素の提案を行った。その内容は、多くの国民が認知症を抱える将来に向けて認知症の人が安心して暮らせるための総合的な支援体制を備えた介護保険制度を目指したもので、介護サービスの内容や利用者負担、専門職の充実にまで踏み込んだ提言を行っている。

これまで「家族の会」が行ってきた国に対する「要望」と異なり、「提言」という形で認知症の人や家族の実態をふまえた介護保険制度の改善の方向性を示したこの提言書は、この後の国の認知症に対する固有の制度構築の足がかりをつくるものとなった。

■ 認知症施策のプロジェクトの開始

　以上の動向を受け、高齢者介護を推進するうえでの認知症の総合的な対策の構築が不可欠なことを理解し始めた厚生労働省は、「認知症の医療と生活の質を高める緊急プロジェクト」を発足させ、2008年に報告書を明らかにしている。

　この報告書では、認知症対策として重要なことは、①認知症に関する実態を把握すること、②認知症についての研究開発を加速すること、③認知症の早期診断を推進し適切な医療を提供すること、④適切なケアを普及することと本人・家族の支援を充実すること、⑤若年性認知症の対策を推進すること、であるとし、総合的な施策を推進することが必要と結論づけた。そして、これらのことを実現するために、短期的に取るべき施策と中・長期的に検討及び実施していく施策を整理し、必要な措置を講じていく必要があるとしていた（厚生労働省，2008年）。

　これに呼応するように、認知症の本人の人権を守る視点から援助する介護の方法について、イギリスのパーソン・センタード・ケア（Person-Centred Dementia Care）やフランスのユマニチュード（Humanitude）が日本で広く知られるようになっていった。

　これまでの認知症の介護や看護では、認知症の人は専門職による治療対象であるとの視点を中心に考えられており、認知症の本人の言動や主張は判断能力の低下した人の意見として医療や介護の専門職の見解に比して過小評価する見方が根強かった。パーソン・センタード・ケアやユマニチュードは、このようなとらえ方を見直し、認知症の人をあらためてひとりの尊厳をもった人間ととらえ直す見方に立つものである。そして、自分の人生を生きるひとりの人として本人の意思や希望を中心にして本人の人格を尊重し、その主体的な生き方を擁護する立場で関わろうとするものであり、それまでの介護の視点を一変させるものであった。

ユマニチュードは、イヴ・ジネストとロゼット・マレスコッティによりつくりだされたもので、知覚・感情・言語による包括的コミュニケーションに基づいたケアの技法で、「人とは何か」や「ケアをする人とは何か」を問う哲学とそれに基づく実践技術からなるものである（本田ほか，2014）。

　パーソン・センタード・ケアとは、ドーン・ブルッカーによれば、認知症へのケアに際して、①年齢や認知能力の有無にかかわらず、すべての人の存在自体に絶対的な価値があると認めること、②個人の独自性を尊重してアプローチすること、③認知症をもつ人の視点から世界を理解すること、④心理的ニーズを満たし、相互に支え合う社会的環境を提供すること、という4つの要素があるとしている（ブルッカー，2010）。

　こうした認知症介護の考え方や技法が、研修やセミナーを通じて直接的に学ばれ、また間接的に様々な介護技術に関する研修の場で紹介されてきたことで、徐々に認知症介護において本人の思いや考えを重視し中心に置く考え方が浸透してきている。

第3項　認知症政策の体系化・計画化

■ 認知症施策推進5か年計画（オレンジプラン）の策定

　2000年以降、介護保険制度が導入されたことにより、国民の多くの介護ニーズが顕在化して、介護サービスを提供する主体が拡大し、介護の社会化が図られるなかで、「家族の会」の要望などの運動の尽力により、国民の認知症の現状や介護ニーズも併せて明らかになってきた。

　これを受けて、厚生労働省は省内に認知症施策検討プロジェクトチームを編成し、これまでの認知症施策を総括し、課題の全体像を明らかにして必要な対応方策についてまとめた「今後の認知症施策の方向性について」を2012年に発表した。このなかで、今後の認知症施策として必要なことを7つの柱にまとめ、①標準的な認知症ケアパス（状態に応じた適切なサービス提供の流れ）の作成・普及、②早期診断・早期対応、③地域での生活を支える医療サービスの構築、④地域での生活を支える介護サービスの構築、⑤地域での日常生活・家族の支

援の強化、⑥若年性認知症施策の強化、⑦医療・介護サービスを担う人材の育成、が必要とした（厚生労働省認知症施策検討プロジェクトチーム，2012）。

　この7つの柱をもとに、施策の具体的な実現のためにつくられたのが、同年に公表された「認知症施策推進5か年計画（オレンジプラン）」だった。認知症施策推進5か年計画は、前述の7点の施策を2013年から2017年の5年間に実行するための行政計画であり、人材育成や事業実施については計画期間内の数値目標も含めた具体的な内容となっていた。認知症に対する医療的な体制は、専門職の量的及び質的な強化を図り認知症予防と在宅医療の充実を目指す内容となっている。また、地域のなかで認知症の人が暮らせるように、在宅を中心として介護や福祉などの専門的なサービスと認知症サポーター養成による住民の支援者の育成も、目標値をもって計画されている。

　このなかで、特に若年性認知症に関する施策の強化が含められたことは重要である。日本の介護保険制度では、65歳を境に被保険者の種類が異なり、利用できる制度の対象に大きな差がある。そのため、65歳未満の認知症の人は制度的な支援方策の不足による様々な生活課題への対応策不足に直面していただけに、若年性認知症のことが取り上げられたことは重要だった。しかし、この計画では医療的及び福祉的な専門的対応についての施策の整備が中心であるため、国民の認知症高齢者の理解の促進という面からは、必要な内容はあまり含まれていなかった計画であったと見ることができる（厚生労働省，2012）。

■ 「家族の会」による要望と調査の積み重ね

　「家族の会」は、2000年以降は介護保険制度の改善を中心にして毎年（2003年を除いて）国に対して介護保険制度の改善、災害に対する認知症の人や家族への配慮と支援、抗認知症薬の早期許可などに関する要望や提言を数多く行ってきている（多くの年が複数回行ってきた）。特に2007年11月に行った「提言・私たちが期待する介護保険〜認知症があっても安心して暮らせる社会に向けて〜」では、提言のテーマを説明する5点の「基本的な考え方」と、それを実現するための具体策としての12点にも及ぶ「具体的な改善提案」で構成されている総括的な介護保険改善のための提言であった（認知症の人と家族の会，2007）。これらの提言の内容は、「家族の会」が要望や提言に並行して取り組ん

できた調査研究活動に呼応したものであった。例えば、この2007年の提言の前には、2006年4月から介護保険制度の最初の大きな制度改革が行われており、地域包括支援センターや地域密着型サービスが導入されるなどサービス利用者にとって大きな変化があった。この2006年に「家族の会」は介護保険改定の実情調査を行い、制度改革の具体的な利用者に対する影響や課題を把握し、その実態に基づいて利用者のためとなる制度の提言を行っているのだった。また、介護保険料や自己負担などの費用負担に対する実態も2005年5月と12月の2回にわたり調査しており、これらの現実をふまえた提言であった。

　もうひとつは、このような認知症の人や家族の実情を要望や提言につなげることにとどまらず、「家族の会」が毎年行っている総会の場で「総会アピール」として「家族の会」のもつ問題意識や目指す方向について、会員やその他の広く国民に対して発信をしていることが特徴的である。この「総会アピール」は、2010年の総会の時に始められ、現在まで続けられている。このように、2000年以降、「家族の会」は会員に対して認知症に直面する本人や家族の現状や課題を実態調査により明らかにし、調査の結果明らかになったことから国への要望や提言をまとめる一方で、総会アピールにより家族や社会に対しても同時に発信をしていくスタイルが形成されてきたのだった。

■ 認知症施策推進総合計画（新オレンジプラン）の策定

　2015年には、「認知症施策推進総合計画」（新オレンジプラン）が策定された。前記のオレンジプランの後継プランとして策定されたものであり、オレンジプランの計画期間の終了を待たずに、団塊の世代が75歳に達するといわれる2025年までの施策について、厚生労働省が内閣府、総務省、法務省、文部科学省など11の省庁と協働して策定した。

　「新オレンジプラン」の基本的な考え方は、認知症の人の意思が尊重され、できる限り住み慣れた地域のよい環境で自分らしく暮らし続けることができる社会の実現を目指すとしている。そして、7つの柱として、①認知症への理解を深めるための普及・啓発の推進、②認知症の容態に応じた適時・適切な医療・介護等の提供、③若年性認知症施策の強化、④認知症の人の介護者への支援、⑤認知症の人を含む高齢者にやさしい地域づくりの推進、⑥認知症の予防法、

診断法、治療法、リハビリテーションモデル、介護モデル等の研究開発及びその成果の普及の推進、⑦認知症の人やその家族の視点の重視、をあげていた（厚生労働省，2015）。

「オレンジプラン」と違う点として、前計画では医療や福祉に関する専門的な治療や予防についての施策が中心だったのが、地域での生活のなかで認知症の人と関わる住民や介護者の内容が加わったことがあげられる。特に最初の項目にあげられている「①認知症への理解を深めるための普及・啓発の推進」で、認知症に対する理解を深めることをテーマとしていることが注目できる。具体的な内容としては、認知症サポーター養成講座の全国的な展開の促進や学校教育の場での子どもへの認知症理解の促進をあげている。しかし、具体的な内容としては、むしろ「②認知症の容態に応じた適時・適切な医療・介護等の提供」のほうが数多くの施策を示しており、内容的に豊かなものであることは否めない。

このような新オレンジプランに対して「家族の会」は、プランに対する要望よりも介護保険制度に対する要望を重視しており、より利用者が直面する制度の課題に焦点を置いた要望の活動を展開していた。

■ 再び国際アルツハイマー病協会の国際会議を開催

2017年4月には第32回国際アルツハイマー病協会国際会議が2004年の開催から13年ぶりに日本の京都で開催され、世界の65か国から延べ約4,000人が参加して開催された。2004年の国際会議では、認知症の本人による発言が注目を浴びたが、2017年の国際会議では冒頭の全体会をはじめとして随所に認知症の本人の登壇があり、この間の認知症に関する急速な実践の進展が見られた。

この会議が社会に向けて発信したことは、認知症の本人が自分の考えや意見を述べ、認知症の本人が他者や社会のために自らの力を尽くしたいと考える希望であり、またそのことが実現可能だということであった。また、この認知症の本人の発信とともに注目されたことが「認知症にやさしい地域づくり」の実践と啓発に関する報告であった。この会議の全体で130を数える口頭発表やポスター発表のなかで、この地域づくりに関する報告が多数行われ、日本の実践

も報告された。シンポジウムにおいても日本の「認知症サポーター養成講座」の取り組みが紹介され、参加者から高く評価されていた。

　そして、この国際会議においてもうひとつ進展したこととして、認知症に関わる多様な団体の連携である。2004年に開催した国際会議では、当時は認知症に関わる唯一の全国組織であった「家族の会」が推進の中核を担った。2017年の国際会議の開催時には、認知症に関係する疾病内容や介護者を特定した種々の全国組織が複数存在していたので、これらの団体のなかから日本認知症本人ワーキンググループ、全国若年認知症家族会・支援者連絡協議会、レビー小体型認知症サポートネットワーク、男性介護者と支援者の全国ネットワークが「家族の会」とともに協働して会議の推進を担ったのだった。そして、この連携は国際会議の開催後も継続し、日本認知症本人ワーキンググループの他の4つの団体が共同して認知症関係当事者・支援者連絡会議を発足させ、認知症に関するシンポジウムなどを実施している。

■ 市町村の条例づくりの進展

　こうした世界の認知症に関わる実践が日本に紹介されるなかで、2018年には全国の市町村で認知症の人が暮らしやすいまちづくりを目指した条例制定が先駆的に行われた。2018年には、「大府市認知症に対する不安のないまちづくり推進条例」が制定されている。愛知県大府市は、認知症の高齢者が線路に迷い込んだ事故の賠償を求められた裁判の当地であり、これを機に認知症の人と家族が安心して暮らせるまちづくりの機運が高まったことから、条例制定に向けた取り組みが進んだものである。

　また、同年に神戸市では「神戸市認知症の人にやさしいまちづくり条例」がつくられた。神戸市は、この条例施行に併せて認知症「神戸モデル」として独自の施策も同時に始めている。それは、認知症の早期受診を推進するための「診断助成制度」と認知症の人が外出時などで事故にあった場合に救済する「事故救済制度」を組み合わせたものである。この制度の財源を個人市民税均等割額に400円の上乗せをして市民に負担を求めて行われている制度である。

　さらに、2020年には「世田谷区認知症とともに生きる希望条例」がつくられている。条例では、区行政に対し認知症の本人や家族の立場に立ち、常に意

見を聞いて施策を推進することを義務づけることや、区民に対し認知症の人を理解して支え合うパートナーとしての意識をもつことを求めている。

このように、全国の市町村が次々と認知症の人と家族にやさしい社会となるための条例制定を進めるようになっている。

■ 認知症対策大綱の策定

2019年6月に「認知症施策推進大綱」が公表された。この大綱は、2015年に策定された認知症施策推進総合戦略（新オレンジプラン）により進められてきた認知症施策をさらに推進するための理念と目標を明らかにするために、2018年12月に認知症施策推進関係閣僚会議が設置され取りまとめられたものである。

この大綱策定の背景には、以下のことがあると考えられる。ひとつは、欧米が積極的に認知症に対する戦略的な方針を示したことの影響である。先進国のなかで最も早く認知症国家計画を示したフランスは、2001年に5年間の第1期認知症国家計画で6つの目標を定め、2004年からの第2期認知症国家計画では4つの目標を追加し、国をあげて認知症施策を推進してきた。イギリスは、2009年に「認知症とともに良き生活を送る：認知症国家戦略」（Living well with dementia : A National Dementia Strategy）を発表し、2014年までの5年間に認知症ケアの改善のためにすべき政策方針を17の目標としてあげ、保健省内に認知症局も設け認知症施策に本格的に取り組み始めている。他にもオーストラリアやオランダも認知症の国家戦略をもっており、日本もこれに続いて国民的な課題と認識されるようになった認知症に対する国の方針を示す必要が出てきたことがあった。

もうひとつの背景は、認知症の本人を中心とした当事者関係団体による要望や運動が活発になってきたことである。「ワーキンググループ」は、2018年11月に「認知症とともに生きる希望宣言」を発表し、認知症とともに生きるために社会に必要なことを発信した。それまでにも長く「家族の会」からの介護保険制度を中心とした認知症施策の改善要望なども含めて、国も本格的に包括的な認知症施策を提示することが不可欠であることから、国の方針を示すこととなったと考えられる。

認知症施策推進大綱が発表されたすぐ後の2019年9月には、国会に認知症基本法が提出され審議が始められた。法案作成にあたっては、「ワーキンググループ」や認知症の本人や「家族の会」で組織された認知症関係当事者・支援者連絡会議などの当事者団体と認知症関連の学会などの意見聴取を図りながら進められている。その検討においては、認知症の人と家族の当事者が参加する機会を設けて議論されていることや、内容においても認知症の人の基本的人権の保持と尊重が目的の条項で含まれるなど、当事者の意見が取り入れられて進められている。しかし、この認知症基本法が認知症の本人が自分の将来に希望をもって暮らすことができる要素が多くなるのか、認知症の人が増加する社会のなかでの対策の共通基盤を形成する要素が多くなるのかは不透明な現状である。

　2020年の3月頃からは、世界で広がっていた新型コロナウイルスが日本でも急速に感染拡大したため、感染予防のための密閉・密集・密接を避けるための行動や感染予防のためのマスク着用が推奨されることとなり、私たちの日常生活が一変することとなった。この感染拡大は、認知症の人と家族の生活にも大きな影響を与えたが、その実態を明らかにするため認知症関係当事者・支援者連絡会議は同年9月に緊急WEBアンケート調査を行っている。

　介護家族やその支援者など274名から回答を得た調査の結果を見ると、新型コロナウイルス感染予防対策のために介護保険の通所系サービスと短期入所系サービスにおける要介護者への報酬上の特例（上乗せ）への対応について、同意の有無で不公平が生じることや制度の説明が十分になかったことなど利用者家族を置き去りにした感染予防対策が進められている実態が明らかにされた。また、重症化しやすい高齢者の感染を防ぐための外出自粛生活がもたらす認知症への影響は、回答者の約半数で影響があると回答しており、外出制限などによって認知症の程度が進むなどの影響があったことが明らかになった。一方、家族会などの開催がコロナ禍でまったくできていないとの回答が約4割あった（認知症関係当事者・支援者連絡会議，2020）。

本章のまとめ

　これまで本章で見てきたように、日本で最初に認知症の存在が顕在化してきたことには、1970年代の『恍惚の人』による認知症とその介護の実態の社会への発信と1980年に発足した「家族の会」の活動が大きな影響を与えていた。一方、認知症の人に対する介護や福祉サービスなどの法制度はこれらに並行してというよりあとを追う形で発展している。また、認知症の疾病解明の進展や医薬品の開発なども施策に影響を与えている。これらの関係について、整理したものが次頁の表3-1である。

　このように、日本で高齢者介護に関する施策が求められてくるなかで、認知症に関する法制度は「家族の会」の調査や要望により明らかになってきた認知症にかかる生活課題に応じる形で2000年代まで発展してきていることがわかる。その後、2010年代になると認知症の本人による発言が注目され、認知症の課題の本質的な内容が本人の発信から明らかになるようになった。認知症の本人の声は、2017年に発足した日本認知症本人ワーキンググループによって認知症の本人の団体からの発信として組織的なものになり、これまでの「家族の会」による認知症の当事者としての要望や提言に加えて政策策定時に重要視されるに至っている。

　認知症に関する当事者組織は、認知症の人と家族が直面している生活課題に最も身近な立場から、具体的で切実なニーズを、独自に行う調査活動や相談活動に基づく具体的な内容として明らかにし、その内容を根拠にした要望や提言を行っているのだった。国は、政策主体としてこれらの要望や提言を受けて認知症施策に必要なことの調査研究や検討を行ったうえで、その結果に基づいた法制度の体系化を図ってきたといえる。

　ただ、すべての要望や提言が実現してきたわけではない。例えば若年性認知症に対する施策は、「家族の会」が早くから調査を行い若年性認知症の生活課題について明らかにし、その内容に基づいた要望を行ってきたにもかかわらず国があらためて調査を開始するまでに10年以上が経過するという場合もある。

表3-1　認知症に関わる動向と「家族の会」の要望・認知症関連法制度の関わり

年代	認知症に関わるトピックス	▶	「家族の会」の活動	▶	認知症関連の法制度
1970～1980年代	認知症の課題の顕在化（1972年『恍惚の人』の出版） 長谷川式スケール開発（1974年） 京都新聞社「老人ぼけ相談」開始（1977年）		「家族の会」の発足（1980年）と相談窓口・在宅サービス充実の要望（1982～1986年） 認知症の社会的な会台として取り組むことや若年性認知症への対策の要望（1988年）		医療的な対策・予防策と家族の支援などが必要として「痴呆性老人対策推進本部報告書」（1987年） 「痴呆性老人対策に関する検討会報告書」（1989年）で早期発見、福祉サービスの充実、権利擁護など
1990年代			寝たきり高齢者対策に認知症高齢者対策が埋没しないよう要望（1990年代）		「痴呆性老人対策に関する検討会報告書」（1994年）
2000年代	アリセプト処方開始（1999年） 介護保険制度施行（2000年）		介護保険制度の要介護認定、情報提供、費用負担などについて要望（1999～2001年）		高齢者痴呆介護研究・研修センター設置（2000年）
			若年性認知症の実態調査（1991年）と要望（1992年）若年性認知症センターの設置、所得補償などの要望（2001年）		厚生労働省の若年性認知症の実態調査（2006～2008年）
	「痴呆」から「認知症」への名称変更（2004年） 国際アルツハイマー病協会国際会議日本開催（2004年）		「呆け老人をかかえる家族の会」から「認知症の人と家族の会」に名称変更（2006年） 「提言・私たちが期待する介護保険2007年版」（2007年） 「提言・私たちが期待する介護保険2009年版」（2009年）		「認知症の医療と生活の質を高める緊急プロジェクト」報告書（2008年） ▼
2010年代					「今後の認知症施策の方向性」（2012年） 「認知症施策推進5か年計画（オレンジプラン）」（2012年）
					「認知症施策推進総合計画（新オレンジプラン）」（2015年）
	国際アルツハイマー病協会国際会議日本開催（2017年） 日本認知症本人ワーキンググループ設立（2017年）				「認知症施策推進大綱」（2019年）

（筆者作成）

しかし、多くの場合は当事者組織からの要望と提言が認知症施策を進めるうえで大きな影響を与えていたことは明らかである。

　また、当事者運動が住民運動とともに展開してきたこともある。1980年代から先駆的に始められた宅老所の実践において、在宅の認知症の人の日中の介護サービスを行い本人が地域で生きることを保障する活動の実施と制度的な補償の運動も行っていた住民活動は、当事者と住民による運動を組織化してきたものであった。

　このように、認知症の人と家族が日常の生活のなかで直面している「生活課題の実態」、こうした生活課題の実態を相談事業や調査事業により顕在化し国に対策を求める「家族の会」や認知症本人による「当事者組織の要望・提言の運動」、政策主体である国によって進められている「認知症に関する政策」は、相互に影響を与え合い高まっていく関係性にあるといえるだろう。そして、これらの生活課題を生む認知症自体の解明や医療技術や医薬品の開発などの医学的発展、そして認知症のケアの方法の近代化などが前記の影響の高まりを促進する役割を果たしているのである。こうして、今日の認知症の施策の発展が現在の到達段階に至っているのである。

　このように認知症に関する施策が発展することで、認知症の人と家族が介護・福祉サービスや労働・所得を支援する法制度のいわば「ハード面」による「認知症の人にやさしい社会」の基盤づくりが進展すると考えられる。このように、認知症の人と家族の支援策が充実し生活環境が改善されることで、認知症の人の周辺症状の緩和に有益な条件が広がると考えられるだろう。

　その一方で、認知症の人と家族を取り巻く地域の人びとが、認知症の人とともに豊かに交流を図り暮らすようないわば「ソフト面」による「認知症の人にやさしい社会」の基盤づくりはどのように考えられるのだろうか、次の章で考えてみる。

コロナ禍での当事者組織による
動画配信とアンケートの実施

　第2章でふれた認知症関係当事者・支援者連絡会議は、シンポジウムの開催や共同宣言の発信など様々な活動を行っている。特に近年は、2020年から猛威をふるい続けている新型コロナウイルスの感染拡大のなかで、認知症の人や家族の日常生活や介護サービス利用に支障が生じている現状に対する活動を強化している。

　そのひとつが4団体からのメッセージ動画を作成し配信していることである。2020年5月に「認知症にかかわるすべての人に安心を届けたい」をテーマに1回目の配信を始めた動画配信は、4団体が順に担当する形で毎週1回の配信を1年にわたって続けられた。

　この配信は、団体のホームページだけでなく動画配信サイトのYouTubeでも配信され、多くの人が見ることができた。コロナ禍において思うように外出ができない環境のなか孤立しがちだった認知症の人や家族にとって、当事者や支援者の団体からのメッセージは大いに勇気づけられたことであろう。

　もうひとつは、コロナ禍で認知症の人と家族が受ける影響についてアンケート調査により実態を明らかにし、その結果に基づいた要望を厚生労働省に提出したことである。2020年9月に行われた「新型コロナウイルスに関する認知症の人と家族の暮らしへの影響」緊急WEBアンケートは、認知症の人の家族や支援者270件以上から回答があり、感染対策の基準となる指針づくりの必要性や施設などでの面会の再開など、切実な声が集まっていた。

　新型コロナウイルスの感染拡大は、私たちの生活に様々な影響をおよぼしている。感染予防のために人びとの関わりに制限を課す影響は、認知症の人や家族の孤立を増幅してしまう。上記で紹介したものは、認知症の人や家族の孤立を予防する活動であり、「家族の会」がこれまで実践してきたように、調査により明らかになった実態をもとに要望を発信する活動である。

　コロナ禍の危機において当事者組織の果たす役割は大切であると、この例からも明らかになったといえるだろう。

第3章

先駆的な地域の
まちづくりの実践

第2章では、日本において認知症がどのように見出され、理解されていたのかを見てきた。認知症の施策は、認知症の薬が処方され介護保険制度が始まった2000年代から急速に発展してきた。それは、「家族の会」による当事者運動が積み重ねてきた実態調査や要望によって、認知症の人と家族の暮らしのなかの困難な生活課題が顕在化してきたことにより必要な施策が明確になっていたことの影響が大きかった。

　本章では、このような認知症の人と家族が直面している生活課題を当事者と住民が地域の暮らしのなかでどのように解決を図り、認知症とともに生きるまちづくりを進めてきたのかを先駆的な地域の実践から検討する。

　ここで当事者運動と住民活動の先駆的実践として取り上げたのは、北海道釧路地区、福岡県大牟田市、東京都町田市の3つの地域である。釧路地区は、家族の会の釧路地区支部が中心となって徘徊老人SOSネットワークの構築に向けて取り組み、市民や商店からFM局までを巻き込んだ幅広い住民参加のネットワークを形成した実践で、当事者運動が発揮する力の研究対象として取り上げた。大牟田市は、市の認知症ケアの実施を民間の福祉事業者が住民活動と協働して認知症の本人の希望に沿いながら進めている実践で、住民組織と当事者が福祉事業者と協働する力の研究対象として取り上げた。町田市は、市民活動団体が行政の認知症施策の推進をともに進めながら認知症の本人の声をもとに新しい事業を開発してきた実践で、市民活動が当事者と協働する力の研究対象として取り上げた。

　以下、これらの実践の概要を概観し、認知症とともに生きるまちづくりの視点からその特徴を明らかにする。

<table>
<tr><td>第 1 節
Chapter 3
Section 1</td><td># 釧路地区の「たんぽぽの会」に
よる徘徊老人SOSネットワーク</td></tr>
</table>

第1項　釧路地区の概況

　釧路地区は、北海道東部に位置する北海道釧路総合振興局管内にある釧路市、釧路町、厚岸町、浜中町、標茶町、弟子屈町、鶴居村、白糠町の1市7町村を範囲とする地区である。釧路地区は、面積が約6,000㎢で森林、湖沼、海岸などの自然に恵まれた地域である。地区内の人口は約24万人。このうち高齢人口が約71,000人で、高齢化率は30％となっている。1984年頃に約31万人だった人口は、基幹産業である酪農、水産業、農業などの低迷により、流出が続いている（総務省，2015）。

第2項　「たんぽぽの会」の概況

　「たんぽぽの会」は、在宅で認知症の高齢者の介護をする家族の会として1985年6月に発足した「釧路地区障害老人を支える会」の愛称である。「釧路地区障害老人を支える会」は、はじめは1985年に発足した「釧路地区呆け老人を抱える家族の会」が認知症高齢者だけでなく寝たきり高齢者も含めた家族の会として活動するために会の名称を変更し、1990年度の定期総会で現在の「釧路地区障害老人を支える会」の名称になったのだった。

　この会の活動内容は、会員の交流の場である例会・会報の発行、在宅介護者からの相談を受ける電話相談、介護する家族の孤立を予防する家庭訪問、会員と地域住民の学びの場である講演会・研修会、在宅介護者のリフレッシュ事業、日中の高齢者の居場所としての宅老事業など多岐にわたっている（釧路地区障害老人を支える会，2014）。

第3項　徘徊老人SOSネットワークの経緯・概要・課題

　「たんぽぽの会」の実施する重要な事業としてあるのが、徘徊老人SOSネットワークである。この事業を始めるきっかけは、1985年に発足した「たんぽぽの会」会員の家族が1990年に徘徊の末に死亡する事件だった。1990年4月のある朝に79歳の高齢者がごみ出しに行ったまま戻らなくなった。近所の人と一緒にどこを探しても見つけられなかった家族は、警察に行方不明の届けを出したのだが、警察は家出人として積極的に捜索しなかった。行方がわからなくなって3日目には、地元の新聞に尋ね人として広告を出して探したのだが、その日も見つからず4日目になりようやく自宅から3キロメートルも離れた場所で遺体となって発見された（岩淵，2011）。

　この高齢者は認知症だったのだが、家族は周りの人に認知症であることを知られることをためらった。このことが捜索の対応が遅れた要因のひとつであった。ただ特徴的だったのは、行方不明になって2日目には自宅から2キロメートル離れた場所にうずくまっているところを見かけた人がいたこと、同じ2日目に高齢者がある会社にトイレを借りてなかなか出てこなかったので社員の人が心配していたことや、その場所から1キロメートル離れたバス停で座り込んでいる姿を見ていた人がいたように、幾人もの人に見かけられていたことである。また、トイレを借りた会社の人が3日目の新聞の尋ね人広告を見て警察に連絡をしたことで、警察が家出人ではなく行方不明者として対応するようになったのだった。4日目の朝に犬の散歩をしていた人に発見された高齢者は、資材置き場の陰で段ボールを敷いた上に横たわり、周りにサンダルをそろえて置き亡くなっていた。

　「たんぽぽの会」はこの事件を重く受け止め、会員には家族の認知症高齢者の衣類に名札を付けることや近隣の人に認知症であることを隠さずに言うことなど自衛的な方法を徹底したが、それでもその認知症高齢者が徘徊した時には家族や「たんぽぽの会」だけでは対応が難しいと考え、地元の警察署や保健所に認知症の人が行方不明になった時の対策や協力について依頼した。しかし、最初は思いを理解してくれるものの、なかなか実際に何らかの対策に向けて取り組まれることはなく、函館で警察署が行方不明の高齢者を探すことに協力的

である事例をもち出しながら交渉したものの進展は見られなかった。

　ところが、事件から3年後の1993年に行われた「たんぽぽの会」の事例検討会で、行方不明の事例の検討がされた際に同席していた釧路保健所の保健師に警察署への仲介をお願いしたところ、調整が図られ、警察署、保健所、「たんぽぽの会」により初めて話し合いを行うこととなった。その話し合いの後、他の先進地域の取り組みを参考にして、この取り組みを保健所が中心に調整を図ることとなり、保健所が主催する「老人精神保健指導事業連絡会議」で「徘徊老人SOSネットワーク」が提案された。この検討のなかで、特別養護老人ホーム、老人保健施設でも認知症高齢者が徘徊により行方不明や死亡にいたる案件に苦慮していることがわかり、徘徊に対する方策を要望するだけでなく、地域に共通する課題として関係する機関や団体が一緒に取り組んでネットワークの構築が検討されるようになった。保健所は、福祉保健以外の分野である警察、消防、ハイヤー協会、地元FM局などに協力を求めた。これらの人びとは、最初は関心を示さなかったが徐々に問題意識をもってもらい協力体制がつくられていった。そして、1994年に釧路警察署内に1市5町村での「障害・虚弱（主に老人性痴呆）老人の保護に関する連絡会議」（徘徊老人SOSネットワーク事業）が設立された。このネットワークは、同年に開催された「家族の会」全国研究集会で報告され、その先駆的な実践が大きな反響を呼ぶこととなった[16]。

　徘徊老人SOSネットワークは、釧路管内の釧路・厚岸・弟子屈の3つの警察署、1市7町村の行政、釧路保健所、「たんぽぽの会」を核として、この他に行方不明者の捜索や事業の普及・見守りに協力の意思を示した福祉事業所、医療機関、郵便局、新聞販売店、町内会、老人クラブ、ハイヤー協会、トラック協会、ガソリンスタンドなど355団体が加盟するネットワークとなっている（岩淵，2011）。

　徘徊老人SOSネットワークの目的は、①行方不明の認知症の人を探すために手続きを簡略化して警察に情報を一元化し、徘徊する認知症の人を速やかに保護できるようにすること、②認知症の人を保護した後に認知症の本人や家族への支援を行い、必要な社会サービスにつなぎ徘徊の再発を防ぐこと、③これらの取り組みを地域全体で取り組むことにより、この活動に関わる人々への認知症の人への理解を深め、認知症の人とその家族を支える体制づくりを進める

こと、である（岩淵，2011）。徘徊老人SOSネットワークの活動は、徘徊する認知症の人の保護により命を守ることが中心であるが、それにとどまらずこの活動を通じて地域で認知症の人の理解を深めることも目的のひとつに掲げられているのである。

徘徊老人SOSネットワークの流れは、表4-1のとおりである。

徘徊老人SOSネットワークを運営しているのは、釧路地区SOSネットワーク連絡会議事務局であり、年1回の連絡会議を開催して実績報告と問題点の検討などを行っている。

徘徊老人SOSネットワークの利用実績は、開始した1994年から5年間は年間30〜40件で推移したものの、1999年から5年間は年間5〜24件に減少している。このネットワークを創設したひとりである「たんぽぽの会」代表（当時）の岩淵雅子は、1999年から減少した理由について、個人情報保護の高まりから家族が行方不明の届出の公表を躊躇するケースが増えたことをあげている（岩淵，2011）。これを受けて、2006年に徘徊老人SOSネットワークの目的である行方不明の認知症の人を保護し、支援する体制について、利用者の理解が得られるよう再度警察から伝えてもらったことで、2006年度以降は年間45〜

表4-1　釧路地区徘徊老人SOSネットワークの流れ

①認知症の人が行方不明になったら、家族が管轄の警察署（又は市町村役場）に通報する。
②警察は、本人の特徴を既定の書式にまとめ、管轄の捜査協力機関に連絡する。
③これと同時に行方不明者の居住する市町村役場に連絡が入り、連絡を受けた市町村役場は行方不明者の身元やサービスの利用状況などを確認し、介護・福祉サービス事業所、地域包括支援センター、町内会、老人クラブ、消防団などに必要に応じて協力依頼を行う。
④FM局は捜索が解除されるまで30分おきに放送して呼びかける。
⑤無事に保護されたら、警察から家族に連絡し、迎えに来てもらう。これと同時に捜索解除の連絡が捜索にあたっている団体に知らされる。
⑥家族へのフォローアップは、市町村役場、地域包括支援センターが行う。その際に身体的・精神的な問題があるときは協力している医療機関が対応する。

（岩淵雅子「釧路地区SOSネットワークの取り組み」2011より筆者作成）

73件の利用に再び増加している。

　また、2008年からは、認知症の人だけでなく知的・精神障害者や自殺の恐れのある行方不明者にも対象を拡大し、認知症の人以外の割合が4割近くになっている。2006年から5年間の利用者延べ268件のうち、保護されたのは247件と9割以上に至っている。死亡して発見されたのは5年間で12件、未発見や行方不明のままなのは9件で両方を合わせて1割以下である。保護された事案のうち、自力帰宅が75件で約3割と最も多いが、それ以外の発見者は警察官が60件で全体の4分の1を占め、通行人も29件で12%近くあり、住民による発見も少なくない状況である。

　また、FM放送を聞いたドライバーが見つけて保護するケースや地元ラジオ局が何度も放送してくれることにより市民の目撃情報が警察に寄せられるなど、認知症サポーター養成講座などの啓発活動が住民の気づきを促していると考えられる。通報までの時間は、年間で73件の通報があった2010年の状況をみると最短で9分、最長で27時間50分かかっており、平均では4時間13分だった。警察からは、時間が経つと見つかりにくくなるので早い通報をと呼びかけられているのだが、平均の時間が4時間ということからは家族による通報への躊躇がうかがえる（岩淵，2011）。

　徘徊老人SOSネットワークの成果は、次の3つがある。

　1つ目は、行方不明になった認知症の人を関係機関やまちの人びとが協力して捜索することをシステムとして確立できたことで迅速に幅広く捜索ができ、認知症の人の命を救うことができるようになったことである。岩淵は、ネットワークを始めてから3年を迎えた時にこの活動が市民の日常となりつつあることにふれ、「地元FM局の呼びかけを、市民がひんぱんに耳にしたり、タクシーに乗っていても、無線の手配が流れています。運転手も、『いまSOSが入っていますよ』と声をかけてきます。そこから親や自分の老いのことに話題が広がるのです」（岩淵，1997：34）とネットワークが定着していることを実感している。

　2つ目は、最初は認知症の人の行方不明者を対象に始めたネットワークを、後に障害者や自殺希望者など、より広範な行方不明者の捜索に活用するよう発展させたことである。

　3つ目は、釧路地区以外の全国の地域で汎用化されるネットワークのモデル

となったことである。

　一方で、課題としては次の3つがある。

　1つ目は、再発防止のアフターケアが有効に働かないケースがあることである。当初、何度も行方不明を繰り返す認知症の人がいたことで、警察から保護した人の情報を保健所に伝え、保健師が解決後に家庭訪問をして必要なサービスにつなぐ等を行うようにすると行方不明を繰り返すことがなくなった。しかし、その後、警察から保健所への情報提供を家族が同意しないことにより連絡できなくなることが増えてきていることや、保健師が連絡しても認知症の人の存在を隠すことや、当事者のつどう場の参加や外出をしなくなり孤立した生活を送るようになる事案が出るようになったことで、再発防止のアフターケアができない事案が少なくないことである。自分の家族である認知症の人が徘徊することを家族以外に知られることへの抵抗感があるのか、認知症の人の命を守るために必要な再発防止や家族も含めた支援体制づくりにブレーキをかけることとなっている（岩淵，2004）。

　2つ目は、専門機関・専門職以外の多様な団体や市民の参加をどのように維持・拡大していくのかということである。非専門職の参加者がこのネットワークの意義や認知症に関する問題意識を維持していくには、より具体的な事例に基づいた認知症の人の特性や日常生活の課題と自分たちの果たす役割について考え理解することが必要だが、行方不明になった認知症の人の個人情報に配慮しながらそのようなことを維持していくのには難しい面がある。

　3つ目は、徘徊老人SOSネットワークの法制度の裏づけがないため安定した活動実施が保証されない面があることである。このネットワークは、保健福祉関係者や行政機関だけでなく民間の会社や住民まで幅広い主体的な参加のもとで行われているが、それは参加しているそれぞれの主体がもつ本来的な役割に、自発的で付加的な役割を発揮することにより成り立っている活動である。そのため、担当する人の交代や本来的な業務の多忙に大きな影響を受けることになる。このような活動の任意性が、関わる人たちの取り組みの柔軟性を生む要素でもあり、反対に活動としての限界を生む要素でもある。

第4項　認知症とともに生きるまちづくりの視点から見た特徴と課題

　釧路地区徘徊老人SOSネットワークは、認知症の人の命を救うネットワークとして当事者組織である家族の会の活動の限界から発案された仕組みであり、認知症の人の行方がわからなくなっても家族やその人たちに関わりのある人たちだけで探さなくてはならなかった実態を改善するために、社会的なネットワークを構築したものであった。

　2003年に「たんぽぽの会」が高齢者痴呆介護研究・研修センター（当時）と協働で行った調査により、行方不明に至る誘因が本人のストレスによる不安や混乱であることが多いとわかり、認知症の周辺症状の悪化が徘徊につながることが確認された（岩淵，2004）。

　また、同じ調査で、認知症であっても地域にそのことを伝えることができれば、地域のなかで支えられて暮らすことができる事例が確認されていた。例えば、「親の痴呆を町内会の会合で説明し見守りを頼んだ家庭では、徘徊しても地域のサポートで徘徊範囲も町内に止まり、SOSネットワークは利用しないで済んでいる」事例や、毎日徘徊する一人暮らしの女性は、「ケアマネージャーがキーパーソンになってホームヘルパーや近隣住民、銭湯の番台係、派出所の警察官など多くの見守りで何とか暮らし続けている」事例が見られた（岩淵，2004：55）。

　この先駆的な実践に続いて、認知症の人が行方不明になった時に捜索するネットワークの仕組みは北海道内や全国にも広がり、2014年に厚生労働省が行った「行方不明になった認知症等の人に関する調査」によると、全国の616市区町村（全市区町村の35.4％）で徘徊見守りSOSネットワーク事業を行っていることが明らかになっている（厚生労働省，2014）。認知症にやさしいまちの基盤ともいえる安心して暮らせるまちづくりとして、重要な点であるといえる。

　ただ、無事保護された後のアフターフォローが困難であることは、新たな命のリスクを軽減するうえでは課題を残している。一方では、前述のとおり全国の市区町村でネットワーク事業が広がりを見せているが、もう一方では2007

年に愛知県大府市で起きた認知症の人が犠牲になった鉄道事故の裁判のように、認知症の人の外出管理を家族の責任に帰すような判断もあるなかで、認知症の人の行方不明に対し私たちがどのように社会的な課題として受け止めて対応策を考えていくのかが問われているといえる。

　また、このネットワークが住民参加の取り組みになっている点もまちづくりのうえで重要といえる。行方不明になった認知症の人の捜索を多様な市民が参加して行うことは、認知症にやさしいまちづくりのうえでは大切なことである。ただ、このネットワークで住民が認知症の人と日常的に関わる機会を生んでいるわけではない。

　以上の釧路地区徘徊老人SOSネットワークについて、認知症とともに生きるまちづくりの視点からは次のことが考えられる。

(1) 家族の会によるネットワークの開発と拡大

　このネットワークの出発点は、「釧路地区障害老人を支える会」の会員の家族が行方不明の末に亡くなった事件がきっかけであった。行方不明になった認知症の人を探すことを当初は会員で行おうとしたものの介護者だけで行うことの限界を感じたことから、警察、消防、市町村行政、介護事業所などのフォーマルな組織と商店、運送業、FM局、住民などのインフォーマルな立場の人の社会全体に対して捜索の協力を求め、さらにそれを組織的に行う仕組みの構築について「釧路地区障害老人を支える会」が警察や保健所に働きかけて実現していったものであった。いわば認知症の人の家族が中心となって構築されたネットワークであり、認知症の人の家族の参加性は高いものであったといえる。

(2) 住民の認知症への課題意識を広げる実践の並行実施

　このネットワークは、行方不明になった認知症の人の捜索を住民参加で行う仕組みであり、連絡やFM放送で行方不明になった人の情報を聞いた住民が自分の周りを注意して見る点で、行方不明になった人を助けたいという意識が期待されている仕組みといえる。この捜索への参加が、認知症に対する理解や関心を直接引き出すものとは限らない面がある。そのため、「釧路地区障害老人

を支える会」では、認知症に関するチラシやリーフレットの作成・配布、講演会や徘徊老人SOSネットワークのシミュレーション劇、小・中学生向けに認知症の理解を深めてもらう絵本コンサートの開催など、認知症とこのネットワークについての周知を図っている。これらが、実際に認知症の人が行方不明になった場合の捜索への参加を促進する問題意識をもってもらう主体性の基盤づくりとなっている。

(3) 住民の主体的な関わりを高めるために必要なこと

　このネットワークのなかで住民が行方不明になった認知症の人を捜索することは任意の行動であり、捜索を求める情報を受けた住民が捜索に協力することは住民の主体的な自発性なしには成り立たないものである。このネットワークを通じて認知症の人と住民が接点をもつのは、行方不明として捜索されている認知症の人と住民が出会った時である。しかし、その出会いの後に認知症の人との人間関係を形成することは必ずしもあるわけではないと考えられるので、このネットワークを通じて住民の認知症の人との具体的で継続的な接点を拡大することは望みにくいといえる。そのため、前記(2)で示した「釧路地区障害老人を支える会」による、住民がネットワークのなかで主体的に捜索に参加する動機づくりのために様々な認知症のことやネットワークに関する啓発活動を行うことは、ネットワークの活発な活動の維持のために重要であるといえる。

　このように、釧路地区の徘徊老人SOSネットワークは、認知症とともに生きるまちづくりの視点から見ると、当事者組織の問題提起と先駆的な実践から構築されたものであり、認知症の人が安心して暮らせる環境づくりとして命を守る行動を組織的に行う仕組みとして行われているものである。一方、住民と認知症の人との日常的な関わりを促進する仕組みはこのネットワークにはないので、住民が認知症のことを知り関心をもつために行われている「たんぽぽの会」が行う認知症の啓発の取り組みを発展させることが、このネットワークに参加する住民を増やし、自発性を高めることになるといえるだろう。

<table>
<tr><td>第 **2** 節
Chapter 3
Section 2</td><td># 大牟田市のほっとあんしん
ネットワーク模擬訓練</td></tr>
</table>

第1項　大牟田市の概況

　大牟田市は、福岡県の最南西部の熊本県との県境に位置し、有明海に面する人口11万人余の地域である。政令指定都市である大都市の福岡市や熊本市の中間に位置し、鉄道と高速道路の両面で比較的交通の便利な環境ではあるが、高齢化率は35.9％と全国平均を大きく上回る地方都市である。かつては三井三池炭鉱での石炭産業が活況であったが、日本のエネルギー資源の変遷により産業が衰退し、人口減少が進んでいる。

第2項　地域認知症ケアコミュニティ推進事業

　大牟田市は、介護保険制度が発足した2000年度から介護サービスの質の向上を目的として市内の介護保険事業所を組織化して、介護保険制度発足と時を合わせ2000年3月に「大牟田市介護サービス事業者協議会」を立ち上げ、市役所が事務局を担っている。この協議会を立ち上げたねらいは、市民への介護サービス提供の手続きに行政が直接関与できていた措置制度から介護保険制度に変更するにあたり、介護保険事業者により提供する介護サービスの質の低下を招くことがないような方策のひとつとして事業者が協力して介護サービスの質の向上に努める活動を行うことだった（大牟田市，2013）。

　この協議会には、特別養護老人ホームの入所指針や地域密着型サービスの実施にかかる検討を行う「企画運営部会」、会員間の情報交換や交流などネットワークを図る事業を行う「組織広報部会」と並んで、会員の専門的技術の向上のための研修を企画・実施する「研修事業部会」が設置されている。この「研修事業部会」のなかに、認知症ケアに関わる行政、事業者、認知症の人の家族をはじめとした地域住民が個人会員として参加する「認知症ケア研究会」を2001年に発足させた。

この研究会では、参加者が認知症についての情報を交換し、互いに学び合い、より実践的なネットワークをつくろうという目的で様々な認知症に関する企画が考えられてきた。その実践を財政的に後押しするために市が老人保健事業推進費等補助金である厚生労働省の老人保健健康増進等事業を活用して2002年度から創設した事業が「地域認知症ケアコミュニティ推進事業」であった（大牟田市，2013）。

　大牟田市の地域認知症ケアコミュニティ推進事業は、「①認知症介護に関わるすべての人が互いに情報を共有し、意識を高めていくこと、②すべての認知症介護現場が認知症ケアの実践力・専門性を高め、サービスの質の向上を図る、③地域への情報発信、地域啓発を行い、認知症の人とその家族を地域全体で支える地域づくりに取り組む、という3点を理念に掲げて」いる事業である（奥田，2007：121-126）。

第3項　認知症コーディネーター養成研修

　大牟田市では、この事業方針のもとで、様々な認知症ケアに関する施策を実施している。2003年からは、「認知症コーディネーター養成研修」を開始し、認知症支援の人材養成を行ってきた。

　認知症コーディネーター養成研修は、一期あたり12名程度の少数の参加者を長期間にわたり養成するもので、毎月2日間を2年間かけて受講して修了を迎えるものとなっている。この研修により養成された認知症コーディネーターは、認知症の人への地域での様々な支援をコーディネートすることを目的としており、最初は自らの所属する事業所のなかで認知症ケアの向上を図り、そのうえで認知症の理解を地域に浸透させる役割をもつものである。

　認知症コーディネーターは、デンマークで1995年から取り組まれている認知症コーディネーターをモデルに考えられたものだった。デンマークの認知症コーディネーターは、介護職だけでなく本人や家族に対するスーパーバイズも行う認知症対応に関するスペシャリストであり、福祉、医療にとどまらず心理、コミュニケーション、住まい、人権など多様なテーマを網羅したカリキュラムを備えた学びを経て人に関わるあらゆることを学んだ専門職が担うものであ

る。

　大牟田市では、このデンマークの専門職を参考に市内でその養成プログラムを開発し、養成している。認知症コーディネーターは、地域において認知症の人やその介護・支援のあり方が理解され、地域全体で支えるサポート態勢の構築が図られるよう、地域をフィールドとした様々な社会資源と結びつけることや、介護からの相談に応じるなど「認知症ケア専門」のケアマネジャーと位置づけられている。

　このような認知症コーディネーターが地域にいることで、認知症になっても在宅で安心して暮らせる仕組みができるように、地域包括支援センターや認知症高齢者グループホーム、小規模多機能型居宅介護事業所などにこのコーディネーターを配置し、地域の方々が認知症に関する心配ごとを気軽に相談できるようにしている（大牟田市，2013）。

　大牟田市が2012年度に行った認知症コーディネーター養成研修修了生実態調査では、研修の受講者の受講による認知症に対する考えの変化や受講後の認知症ケアに関する取り組みの変化の一端が明らかにされている。

　受講者の受講動機は、「経営者や上司などの指示により、受講することとなった」が63.1％で最も多く、次いで多かった「受講前から関心があり、自分から申し込んだ」の26.2％と大きく差があり、受講にあたっては自発的動機より職務として参加することとなった人が多かった。しかし、研修受講にあたっての目的では「知識や情報を持ち帰って、事業所全体のケアの質を高めたかった」が72.3％と最も多い一方で、次いで多かったのが「職場での認知症ケアの行き詰まりを感じるなど、認知症ケアを一から学びたかった」の67.7％であり、実際の受講にあたっては職場のレベルアップと同時に自分自身の認知症ケアの学びへの期待も大きかった（大牟田市，2013）。

　研修を受講したことによる自分自身の変化については、全13項目について四件法の段階評定法による調査のなかで「そう思う」の割合が最も多かったのは、「認知症の人の尊厳を重視し、向き合う姿勢が生まれた」の83.1％で、「まあそう思う」の16.9％と合わせると100.0％と回答者の全員がそう思うほうの考えをもっていることがわかる。次いで多かったのが「支援者としての人間観、価値観が高まった」の66.2％だった。一方で、「そう思う」の割合が最も少なかっ

たのは「認知症の本人を取り巻く関係者の連携をスムーズに行えるようになった」の21.5%だったが、さらに「そう思う」と「まあそう思う」の合計の割合が最も少なかったのは「地域住民への認知症の啓発活動に取り組むようになった（増えた）」だった。「そう思う」と「まあそう思う」の合計の割合が64.6%で、「あまりそう思わない」と「そう思わない」の合計の割合である33.7%に対し二倍程度しか差が見られなかった。回答者には、受講者個人としての認知症に対する価値観や姿勢に大きな影響を受けた一方で、研修で理解したことが地域住民に周知を図る取り組みにまではつながっていないという限界も見られる（大牟田市，2013）。

　さらに、認知症コーディネーターの修了生としての役割の達成状況について、「出来ている」と「まあ出来ている」を合わせた割合を見ると、「所属部署や事業所内で、困難ケース等に対して、本人理解に基づいた適切なケアを導くために、助言や指導をしていく役割」が80.0%と最も高く、所属部署や事業所内での認知症ケアを進めていくための役割は多くの修了生が果たしていると考えていた。その一方で、「認知症ケア研究会の活動への参加を通して、大牟田市全体の認知症ケア施策や事業を推進していく役割」は32.9%で最も少なく、次いで「所属部署や事業所周辺の地域と協働して、地域における認知症の理解を深め、地域づくりを推進していく役割」が49.3%と低い割合であった。特に前記の2項目のうち後者の項目では、「出来ている」の回答が3.1%しかおらず、認知症ケアの考えを浸透していく役割は市内全域や地域に向けては果たせていないと考えていることがわかった。さらに、前記の「所属部署や事業所周辺の地域と協働して、地域における認知症の理解を深め、地域づくりを推進していく役割」が果たせていない理由について、「学んだことを頭では理解しているが、実践に結び付けることが出来ない」と回答したものが36.7%で最も多かった（大牟田市，2013）。

　大牟田市の認知症コーディネーター養成研修は、市内の認知症ケアの質を高めるために、研修参加者として専門職をターゲットにしたものであり、直接的には研修を受講した職員が自らの所属組織や事業所に対して認知症ケアに必要な理念や方法を波及されていくことで市内全体の認知症ケアの質の向上を図ろうとするものである。しかし、間接的な効果として、市民に対する認知症の理

解を促進する取り組みの役割も位置づけられており、認知症ケアコミュニティ推進事業のもとで行う市民参加の事業の啓発を中心に、市民への認知症の理解を促進することも求められている。ただ、研修修了生の自己評価から見ると市民に対する認知症理解の促進の役割は現状では十分にできていない課題を残している。

第4項　ほっとあんしんネットワーク模擬訓練

大牟田市の地域認知症ケアコミュニティ推進事業では、前記の認知症コーディネーター養成研修の他にも、2004年度から市内の駛馬南地区の「はやめ南人情ネットワーク」を皮切りに、地域で認知症の人への多様な支援の連携を図ってきている（全国コミュニティライフサポートセンター，2007）。

「はやめ南人情ネットワーク」は、「認知症の人を支える地域交流拠点創造モデル事業」として、小学校区の駛馬南地区で地域住民が主体となって始められた、認知症の人を支える取り組みである。このモデル事業は、認知症ケアに関わる多職種が協働して認知症ケアサポートチームのあり方を模索する活動から始めている。この多職種協働のネットワークは、公民館や民生委員などの地域の団体が協力して世話人や事務局などの執行体制を組織しており、さらに活動に参加し協力するサポーターといわれる人びとがいて、市行政はもちろん警察、消防、郵便局、タクシー会社、学校など保健医療福祉以外のたくさんの組織や団体の参加による幅広いネットワークにより進められていることが特徴的である。このネットワークが取り扱うテーマは、認知症高齢者の問題だけでなく障害者や子育てなど様々な地域の問題を出し合い、その解決方策を参加している専門職や非専門職の住民が一緒に解決方策を考える活動を行っている（大牟田市，2019）。

その活動のなかで行われているもののひとつが「徘徊模擬訓練」である。この訓練は、北海道釧路市で1994年に始まった「徘徊老人SOSネットワーク」と同じ趣旨の「ほっとあんしんネットワーク」の模擬訓練として、多くの市民の参加のもとで行われてきたものである。認知症高齢者が行方不明になった想定で、高齢者役を担う人が行き先を誰にも告げずに地域を歩き回り、連絡を受

けたネットワークが捜索に協力し対応することの訓練である。訓練を通して、おかしいなと思う高齢者を見つけることはできても実際に声をかけにくいことや、高齢者の特徴の情報がなかなかうまく伝達できないことを専門職や住民が経験し実感する訓練である。

　模擬訓練は、大牟田市内の全域に拡大し、2010年には市内すべての小学校区で実施されるようになった。実施にあたって各校区で民生委員、校区町内公民館連絡協議会（自治会の機能を有する地縁組織）、校区社会福祉協議会、地域包括支援センター、認知症ライフサポート研究会、大牟田市役所で構成される実行委員会が設立され、実行委員会事務局は地域交流施設が担う。大牟田市の地域交流施設は、社会福祉法人や医療法人等が運営主体となり各小学校区に整備しているもので、小規模多機能型居宅介護事業所に併設を市が義務づけている。この施設では、介護予防事業や地域の高齢者サロン（茶話会）などを開催し、地域に根づいた活動を行っている。地域交流施設が徘徊模擬訓練の事務局を担うことで、母体である小規模多機能型居宅介護事業所にいる認知症コーディネーター養成研修修了者による認知症の人への特徴や関わりの助言を得ることができる。

　2015年には当事者の人権を尊重する視点から訓練の名称を「徘徊模擬訓練」から「認知症SOSネットワーク模擬訓練」に変更している。さらに2018年には、認知症の本人の思いを深く掘り下げることと、認知症以外の障害者や生活困窮者など生きづらさを抱えるすべての人にとってのネットワークとすべく訓練の名称を再度「ほっとあんしんネットワーク模擬訓練」として開催された。

　模擬訓練では、認知症によって行方不明になる役割の人が他の人に行き先を言うことなく歩き回り、行方不明の連絡を受けた関係機関や住民が捜索し、発見した人が実際に声をかける。2014年度の訓練では、住民3,083人が参加し、行方不明役の人107人に対し1,506人の人が声をかけている。その翌年の2015年度に3,127人の参加になって以降は2016年から参加者が減少し、2018年度は2,617人の参加と漸減している。

　大牟田市内で警察に保護された高齢者数は2011〜2018年度に年150人前後で、このうち行方不明の届出者数は年20〜27件なので、保護されたもののうち15%程度が行方不明の届出がされるとみられる。大牟田市の「認知症SOSネッ

トワーク」の同年度の利用状況を見ると、年9〜24件であった。

　当初は行方不明の届出数とネットワーク利用者数に差が少なかったが、近年のネットワークの利用件数が少ない理由はネットワークによる情報提供の前に行方不明の認知症の人を発見する事例が増えてきているためである。行方不明の届出を受けてから市に通報があるまで約1時間かかるため、ネットワークによる情報提供には時間がかかるのだが、それまでの間に住民が行方不明の認知症の人に声をかけて保護にいたることが増えてきているため行方不明の届出者数とネットワーク利用者に差が生まれているのである（大牟田市，2019）。

　また、当初の模擬訓練では訓練中に行方不明役の人が声をかけられる回数が少なかったが、もっと声をかけられるようにするためには地域の人が認知症の人と知り合いになれる機会を増やすことが必要であるとの声を受けて、市内の白川地区で住民の地縁組織がつくった特定非営利活動法人が「白川ふれあいの会」を立ち上げて交流事業を行うようになった。白川地区は、地区内にある医療法人が地域住民に向けて認知症の理解を促す事業としてサロン事業や日常生活支援を行っていたが、これを住民組織が行うようになったのだった。こうした、地区単位での住民の自主的な活動は市内に拡大しているわけではないが、住民が日常的に認知症の人と関わる機会の必要性を感じたことで生まれた活動として特徴的である。

　しかし、2016年度の模擬訓練の直前には、入院中の認知症の人が行方不明になり捜索したものの発見に時間がかかり、2週間後に死亡して発見されることがあった。この時に、ネットワークの実効性への疑問の声が出始めて、模擬訓練の意義を再確認する必要性が出てきた。

　また、模擬訓練を15年間続けてきたことでネットワークは住民に定着してきているといえるが、その一方で模擬訓練を通して認知症の人を「支えられる人」としてクローズアップしてしまい、支援者側からの「一方的な支え」によりかえって生きづらさを生んでしまっているのではないかという見方が出てきた。大牟田市内のある地区で、認知症の人の日常的な支援を住民活動で行うために住民組織を特定非営利活動法人として立ち上げて事業をやりやすくするなど先進的な活動を行ってきた住民リーダーが、自分が認知症になった時に周りの人には世話になりたくないと自宅に引きこもるようになったのだった。自分

が認知症になった時に安心して暮らせるように模擬訓練を行ってきたのに、実際に認知症になった時には自宅から出てこなくなったのである。認知症の人が安心して暮らすまちづくりに長く活動してきた人が、認知症の人を支援活動の対象としてしかとらえてこなかったことが浮き彫りになったのだった。

こうした課題に取り組むために、市は2018年度から新たに模擬訓練のねらいとして、「市民一人ひとりが『自分が認知症になったらどうだろうか』を考え、認知症の人が主体的に参加し、自分で『味方』を見つけることができるような社会のあり方を考える機会にしていきたい」（大牟田市，2019：2）と考えるようになった。

第5項　絵本教室

大牟田市は、認知症の正しい理解のために絵本を活用した啓発・教育活動を行っている。この活動も、認知症ケア研究会が中心となり、地域認知症ケアコミュニティ推進事業のバックアップを受けながら行われている。

地域認知症ケアコミュニティ推進事業において2002年度に行った市内の全世帯を対象とした「認知症高齢者を支える地域づくりアンケート」のなかで、「地域で認知症の人を支えるという意識や仕組みが必要であるか」という質問項目があり、そこで必要と思う回答者の自由回答において、子どもの頃から認知症にふれる機会をもつために子どもを対象とした認知症の教育が必要であるという意見が多く示された。これらの意見を受けて、認知症ケア研究会は子どもへの認知症の教育が重要と考え、その教育を絵本を通じて行うことを考案した。

絵本の題材と物語の内容は、認知症ケア研究会の運営委員が担当したが、絵本の挿絵は子どもや認知症高齢者が参加して作成した。物語の内容は、認知症高齢者とその家族にまつわるエピソードがふんだんに含まれており、絵本の読者や聞いた人がより認知症を身近に感じられるように作成されている。

また、絵本とはいえ啓発・教育教材として活用するために、最初に認知症高齢者の物語を提示し、そのあとで読者が認知症について話し合うための視点を解説し、認知症の人の現状を紹介するような構成となっている。この絵本は、

当初は大牟田市内の地域認知症ケア教室で活用をされるだけであったが、その反響が大きかったため2006年に加筆・修正を経て一般に書籍として出版されるようになっている。

大牟田市では、この絵本を教育教材として活用するため、市内の小・中学校に配布し、総合的な学習の時間の教材として活用したり、地域の公民館や図書館で貸し出されたりしている。この絵本を使った絵本教室も市内のいくつかの小・中学校で行われており、その目標として、①高齢者を敬う気持ちを育むこと、②障害や認知症があっても人として価値ある存在であることを理解すること、③個人の尊厳を尊重すること、④お互いに助け合う地域の大切さを知ること、⑤認知症を正しく理解すること、があげられている。

絵本教室の効果は、参加した子どもの認知症の理解にとどまらず、家に帰って学んだ知識や感想を話すことにより家族への理解に波及している事例も多く、認知症理解のすそ野を広げることに役立っている（大牟田市，2013）。

第6項　認知症にやさしいまちづくりの推進

大牟田市は、2002年度から始めた地域認知症ケアコミュニティ推進事業を継続しつつ、それ以降にさらに認知症にやさしいまちづくりを推進するための取り組みを市内の医療福祉関係者とともに行ってきている。

2015年に大牟田市は「認知症の人とともに暮らすまちづくり宣言2015」と題して、「大牟田市は、子どもからお年寄りまで、あらゆる世代の市民が心を一つにして、認知症の人やその家族の願いに寄り添い、地域社会において、誰もが人として尊重され、安心して暮らせるまちづくりを推進します」（大牟田市，2019：6）との宣言を発表した。

また、福祉・司法・建築・税務・不動産関係専門職が認知症の人の住まいを確保するために、身元引受、連帯保証を必要とする認知症の人の支援のあり方を協議し、必要に応じて賃貸契約や医療同意における身元引受、連帯保証人、緊急連絡先になるための特定非営利活動法人大牟田ライフサポートセンターを立ち上げた。

さらに、地域共生社会の実現を図るための社会的支援を企業とともに創出す

るため、認知症の人の就労や社会参加を考えるワークショップを重ねた。その結果、介護事業者と企業のマッチングにより認知症の人が働く場づくりを実現している。

　例えば、自動車販売店の洗車作業などの軽作業をリハビリ特化型のデイサービス事業のリハビリ事業として取り組まれている事例がある。仕事の時間は1時間程度で、1回あたり1〜2名が就労し、デイサービス職員も同行し補助作業を行う。作業賃は1台あたり200円程度と低額だが、働くことで生活に意欲や自己肯定感が増している。他にも、配送業者と介護サービス事業とのマッチングにより、ダイレクトメールの配達作業を認知症の人が行う事例もある。配送業者から介護サービス事業所に一定の範囲内の地域に配達するダイレクトメールの配達依頼があり、介護サービス事業者の職員が利用者とともに徒歩で配達を行うのである。

　この仕事で働く認知症の本人からは「これは私の仕事！この年になっても人のために役に立つことは嬉しい！」と働くことや人に役立つことの満足感が語られている。また、住民も認知症の人の「顔が見えることによって声をかけやすくなった」と関係性が近づいた実感が得られていた（大牟田市，2019）。仕事を依頼している宅配会社も高齢化で担い手不足でもあり、「まったく遜色なく、その日のうちに配達してもらっている。助かっている」と話している（有明新報，2019）。この事例も認知症の人が自分の役割を実感することとともに、一定の地域で継続して配達することで住民に顔を覚えてもらい、認知症の人と地域住民との関係性をつくることができる点が利点と考えられる。

　認知症と診断された初期の人に対する支援として必要性があると考えられたのは、最初に認知症に関する情報を得るために訪れると考えられる図書館を認知症の人が使いやすくする「認知症にやさしい図書館＆博物館プロジェクト」である。認知症に関する図書がばらばらでわかりにくかったものをわかりやすく配置することや、認知症を予防する本ばかりではなく認知症になったあとのことが書かれた本も充実させるなど、認知症の人が必要な情報を得やすいような工夫がされるようになっている。

第7項 認知症とともに生きるまちづくりの視点から見た特徴と課題

　大牟田市の認知症の施策は、介護保険制度の施行当初から一貫して市の介護保険担当課が中心となって進められてきた。市は介護保険制度の保険者の役割として介護サービスの質を高めるための事業を行うために介護サービス事業者連絡会の事務局を担い、市内の高齢者が介護保険制度を使いながら安心して暮らせる基盤整備を進めてきた。そのなかでも、認知症の人が暮らしやすい環境づくりを進めるために地域認知症ケアコミュニティ推進事業を行ってきた。こうした市が主導した認知症の施策運営は、認知症にかかる専門機関・団体や専門職が具体的に認知症にやさしいまちづくりを進めるうえで重要である。

　また、ほっとあんしんネットワーク模擬訓練は、認知症の人が行方不明になった時にも住民参加の捜索により早期に発見することで命を救う安心の体制をつくるために行われる目的と、もうひとつは模擬訓練を通じて住民に認知症の理解が進むことを目的に行われてきた。その結果、前述のとおりネットワークが機能するよりも早く認知症の人が発見される事案が増えるなどの成果が出ていた。

　2012年には、炎天下に道に迷っていた高齢女性を中学生3人が保護し地元警察から感謝状が贈られる出来事があった。同年8月の暑い日の午後に中学生3人が「遊びに出かける途中、横断歩道を渡る女性に気づいた。中嶋さん（筆者註　中学生の1人）は昨年、徘徊模擬訓練に参加したことがあり、女性の様子が気になった。『大丈夫ですか』と声をかけると、『ここはどこですか。延命公園まで行けば自宅がわかります』と女性は返答。3人で同公園に同行することにしたという」「同公園に到着しても自宅はわからなかった。そこで同署（筆者註　大牟田警察署）に行くことにしたが、その際には認知症コーディネーターの中嶋さんの母親に指示を仰いだ。『警察に行く』というと警戒されるから、『警察に道を尋ねに行きましょう』と言いなさいというアドバイスに従い、女性を安心させた。女性は初期の認知症だというが、名前と住所を覚えていたため、同署員が自宅に送り届けた」（有明新報，2012）。このように、模擬訓練によりSOSが発信されていない場合でも、訓練を受けていたことで細やかな

気づきがあり、中学生が女性を救うことができているのである。

　模擬訓練による学びにより、認知症の人は生活課題を抱えて困っているということの理解は進んだのだが、同時に認知症の人は困ったことを抱えている人という固定化した認知症像を植えつけてしまったことが課題として浮上してきた。

　この課題に対して大牟田市や専門職は、認知症の本人の思いを住民や専門職が知り、その思いに沿った活動を住民がともに行うことで認知症像を変えられると考えた。そのため、認知症の人が生活者として地域で生きていくために行うべきことを考えるための取り組みとして認知症の本人ミーティングを行っている。本人ミーティングでは、本人がミーティングの場にいたらいいということではなく、認知症の本人の声をもっと聞く姿勢をもとうという考えから取り組まれているものである。この本人ミーティングでは、本人主導の場になるように配慮して、本人の意思を待つことを重視している。こうした本人ミーティングから生まれたのが、認知症の人が働く場づくりであり、認知症にやさしい図書館＆博物館プロジェクトであった。

　以上の大牟田市のほっとあんしんネットワーク模擬訓練をはじめとした地域認知症ケアコミュニティ推進事業について、認知症とともに生きるまちづくりに必要な視点からは次のことが考えられる。

（1）認知症施策の改善に際する当事者参加の促進

　地域認知症ケアコミュニティ推進事業は、大牟田市が主導して市内の医療福祉関係機関・団体と専門職とが協働して進めてきたのだが、当初は認知症の人と家族が参加することはなかった。しかし、これまでの取り組みが住民に認知症の人は支援が必要なだけの人という認知症像をつくってしまってきた模擬訓練の反省から、本人ミーティングにより本人の声を聞き、そこから必要な活動を見直しつくる取り組みを始めているため、近年認知症の人の参加性が高まってきていると考えられる。

（2）住民が認知症の人との接点を増やす取り組み

　大牟田市は、模擬訓練を15回重ねたことにより多くの住民が参加するよう

になった。このことにより、実際に認知症の人が行方不明になった際の迅速な捜索への協力を得られる成果があったが、そのことで住民が認知症の人と接点が多くなるとは限らない。模擬訓練は認知症の人を訓練上の役割として設定しており、住民が実際に認知症の人と接するのは訓練ではなく捜索が求められた場合になり、決して機会が多いわけではない。

　このことから、2018年度の模擬訓練の目的として、市民一人ひとりが「自分が認知症になったらどうだろうか」を考え、認知症の人が主体的に参加し、自分で「味方」を見つけることができるような社会のあり方を考える機会にしていきたいとの内容が示された（大牟田市，2019）。今後の模擬訓練では、住民が主体的に認知症の人と関わり認知症のことを考える場になると考えられる。住民が認知症の人を支援が必要な人として対象化することなく、自分の身近に住む隣人としていかに意識できるのかを目的にした事業展開をしようとしているところであるといえる。大牟田市は、そのために本人ミーティングにより得られた考えをもとに新しい事業を行っており、住民が認知症の人と接する機会は増えると考えられる。

　以上のように、大牟田市のほっとあんしんネットワーク模擬訓練をはじめとした地域認知症ケアコミュニティ推進事業は、行政主導で様々な認知症にやさしいまちづくりの事業を行ってきた実践であった。大牟田市の実践は、行政主導であるがゆえに全市的に計画的に進めることができたのだが、それらの事業が認知症の人を対象化してきたことで、住民の自発性を育むことができてこなかった。しかし、そのことに気づいた市が本人ミーティングをもとにして、本人の視点で認知症とともに生きるまちづくりを再構成しようと考えているため、今後の事業の展開により当事者の住みやすいまちづくりが進むと考えられる。

町田市の認知症施策の展開と地域の実践

第1項　町田市の概況

　町田市は、東京都西部の多摩地区南部に位置する都市で、川崎市、横浜市、八王子市などに接する自治体である。1960年代には6万人ほどだった人口が、大規模な宅地・団地開発により増加を続け現在では428,685人（2019年1月1日現在）となっており、町の中心部は大規模店舗がある一方で郊外は緑豊かな地域が広がる首都圏のベッドタウンである。

　市内の65歳以上の人口は114,289人（2019年1月1日現在）で高齢化率は26.7％と全国平均よりも若干低い。このうち認知症高齢者は、約14,000人で市内の高齢者の約13.9％を占めると推計されている（2013年の推計）。これが2025年には認知症高齢者が約23,000人になり市内高齢者の19.5％を占めるようになると推計されており、認知症の課題が多くの市民の課題となりつつあることがわかる（古川，2016）。

第2項　町田市の認知症に関わる事業の概要

　町田市では10年以上前から、認知症に関する事業が積極的に取り組まれている。2014年には町田市認知症施策推進協議会を設置して検討したうえで、認知症相談体制の強化、見守りネットワーク体制の推進、認知症の正しい知識の普及と活動の場の確保、を目指す方針を明らかにし、以下のような事業を進めている（古川，2016）。

① もの忘れ相談事業

　地域の認知症サポート医や認知症専門医が月1回相談を受け、必要に応じて医療機関に紹介状を発行する相談事業である。他にも臨床心理士による相談事業が月1回あり、認知症の本人や家族からの相談を受け、認知症に対する不安

や介護負担、認知症の理解などについて多様な相談を受けている。2003年に市から委託する形で市内の地域包括支援センター1か所で始められたものが徐々に相談窓口を拡大し、現在では市内12か所すべての地域包括支援センターで実施する体制が整備されている。

② 認知症発症遅延事業

　認知症の予防対策として2003年から東京都老人総合研究所（現在の東京都健康長寿医療センター）の研究事業に参加し、認知症の予防プログラムを市民に周知しており、現在の地域包括支援センターによるグループ活動につながっている。

③ 認知症サポーター養成講座及び認知症サポーターステップアップ講座

　全国で展開されている「認知症サポーター養成講座」を町田市でも2009年から始め、この講座に加えて町田市が独自に「認知症サポーターステップアップ講座」を開催している。この「認知症サポーターステップアップ講座」は、「認知症サポーター養成講座」を受講した市民が認知症の理解を深め、認知症の人への具体的な接し方を学び、認知症の人に関わり支援する活動場所を知るための内容を備えたものであり、市内の特定非営利活動法人に事業の実施を委託している。この講座を受講して市民が認知症の人を支援する活動に円滑に参加していけるよう、認知症の人を支援するボランティア活動を行うための登録も併せて行っている。

④ あんしん相談室事業

　東京都事業である「シルバー交番事業」（現在の「高齢者見守り相談窓口設置事業」）を、町田市でも2011年から実施している。「あんしん相談室事業」という独自名称で当初は市内の2か所から始め、2016年以降は地域包括支援センターと同様の市内12か所に設置している。あんしん相談室は、社会福祉士などの専門職を配置し、認知症の早期対応や高齢者の閉じこもり防止と見守り支援を行うことを目的に、高齢者の自宅を戸別訪問すること、見守り支援活動の支援、孤立死への対応、認知症による閉じこもりの早期発見、専門機関へつ

なげること、などの役割を担っている。

⑤ 認知症総合相談窓口（電話相談）

　市民に認知症の相談窓口を広く普及するために2013年から市役所高齢者福祉課内に認知症総合相談窓口を設け、専用電話を配置した。2016年からは市内の認知症疾患医療センターに電話相談事業を委託している。相談対応のための看護師を配置し、認知症の症状、認知症高齢者への対応、専門病院の紹介などに対応するほか、必要であれば相談者の所在地を担当する地域包括支援センターに対応を引き継ぐなどしている。

⑥ 認知症の理解と受診促進事業（東京都事業）の協力

　東京都が2013年に行った「認知症の理解と受診促進事業」に協力し、市内の在宅高齢者を対象とした「認知機能や生活機能の低下が見られる地域在宅高齢者の実態調査」を行った。市の認知症施策を検討する基礎データとして、その調査結果を活用している。

⑦ 認知症地域支援推進員の配置

　2012年から地域包括支援センターの職員に「認知症地域支援推進員」の研修受講を促し、12人が研修を受講した。その後、さらに追加して受講を促し、現在は33人の認知症地域支援推進員が活動している。2013年からは推進員の連絡会を隔月で実施し、認知症に関する意見交換や認知症ケアパスの検討、認知症カフェのあり方の検討などを行っている。

　町田市は、オレンジプランに示された認知症ケアパスを検討することや認知症高齢者の実態調査を行うことで認知症に必要な施策の全体像をつかみ、介護保険事業計画に盛り込むことで施策を展開してきた。先の実態調査で明らかになったのは、軽度の認知症と診断された方の初期の頃は、介護保険事業への必要性が少なければ社会との接点が乏しい状況であった。このような状況が認知症の本人と家族を孤立に導き、精神的に追い詰められることになると考えられる。

町田市の課題は、認知症の人のおかれている背景を考慮し、認知症を正しく理解し、認知症であっても、いまできることを活かせる地域づくりや、認知症の症状に合わせた生活をイメージしやすくするため、今後も多くの関係者や市民によって認知症早期から支援が受けられる体制を強化し、幅広い受け皿づくりを進めることであった（古川，2016）。

第3項　市民活動による認知症にやさしいまちづくり

　町田市で認知症に関する活発な市民活動を行っているのが、認知症フレンドシップクラブの町田事務局である。序章で述べた認知症フレンドシップクラブとして全国にある21か所の支部のひとつであり、町田市内の市民活動ネットワークの中心的な存在として活動している団体である。

　この事務局を担っているのが特定非営利活動法人「ひまわりの会」である。「ひまわりの会」は、公益事業として通所介護事業などの介護保険事業を行いながら、地域の認知症の人と家族の居場所をつくり、他にも地域貢献の事業として「まちの保健室」という誰でも相談に来ることができる事業を行っている。

　「まちの保健室」は、学校の保健室のようにいつでも相談したり、愚痴を言える場所として夜間も午後10時まで開設している。さらに、週に1回は小児科の看護師が来て育児相談も行っている。この「まちの保健室」は、町田市から認知症サポーター養成講座、認知症サポーターステップアップ講座の事業を受託して実施している。

　この他に行っている認知症の人にやさしいまちづくりに関わる活動は、以下のようなものがある。

＊本人会議

＊Dカフェ

＊D活（HATARAKU認知症ネットワーク）

＊竹林整備事業

＊認知症公開講座

　これらの活動のうち、代表的な活動としてDカフェとD活の内容について見てみる。

■ Ｄカフェ

　Ｄカフェは、町田市で行われている認知症カフェのことで、他の地域の認知症カフェと同様に認知症の本人と家族、及び専門職や地域の人が気軽に集まり交流する場所として運営されており、認知症の人と地域の人が交流するきっかけの場所と考えられている。町田市のＤカフェが他の地域と異なる点は、地域の団体等が主催して行っている認知症カフェの他に出張認知症カフェが行われていることである。出張認知症カフェは、市が主催するもので、開催場所は市内のスターバックスコーヒーの店舗である。現在は市内9か所のスターバックスコーヒーの店舗で実施されている。

　スターバックスコーヒーで開催するようになったきっかけは、認知症フレンドシップクラブ町田事務所が開催している本人会議だった。2015年に本人会議での話し合いのなかで、「社会とのつながりをもち、役に立つ実感を得たい」「仲間をつくりたい」「正しい理解をしてほしい」「世代を超えた交流を持ちたい」という当事者の思いを実現するため（古川, 2016）、テーマとして、仲間づくり、いろいろな人との世代間交流、地域の住民に認知症を理解してもらうこと、認知症をもつ人自身の地域貢献の4つを掲げて認知症カフェを月1回開催することとした。この年には、認知症の本人によるパネルディスカッション、地域の清掃などの活動も併せて行い、より交流が活発にできるような工夫がされた結果、新たな認知症当事者の参加があり、当事者の会の輪が広がっていく効果が見られた（古川, 2016）。2016年度は、認知症カフェをおしゃれな場所で行いたいという本人会議で出た本人たちの希望からスターバックスコーヒーに協力を求め、開催が実現した。この活動は、スターバックスコーヒーにとっても地域とのつながりを深めることにもなるので、次年度も継続する意向が示された。2017年には、Ｄカフェの実施店舗が8か所に拡大され、毎月1回のＤカフェの日がつくられた。

　第4章でも述べるように、多くの認知症カフェは、医療機関や介護事業所などの医療・介護サービスの拠点が活用されることが多いが、近年はそれ以外の場所で開催されることが少しずつ増えてきている。東京都目黒区で行われている認知症カフェも「Ｄカフェ」という名称で行われており、その実施場所の多

くは病院や福祉事業所であるが、民家や居酒屋でも行われている（竹内，2017）。こうした活動を町田市高齢者福祉課の古川歌子は、「自分たちが暮らしやすいまちを認知症の人が自ら考えて、地域住民と交流を深めてほしいです。私たちはそのサポートをしていきたい」（地域社会研究所，2017：58-60）と述べ、認知症の本人たちの地域生活の思いを支援する行政の姿勢を示している。

　実際にDカフェには認知症ではない地域の人も訪れるのだが、そこで認知症の人から認知症の人の暮らしの現実や思いを聞く場として大事な場であると「ひまわりの会」代表理事の松本礼子は言う。Dカフェに参加しているメンバーでまちの清掃活動をした時に、一緒に活動していた住民には認知症の人がいることを伝えずに行っていて、清掃後にお茶を飲んだ時に認知症であることを参加者が打ち明けると、「同じ作業をしていて全然わからなかった」と言われることもあったそうだ（地域社会研究所，2017）。

　また、Dカフェが行われているスターバックスコーヒーの社員が、Dカフェのもつ力を実感したことがあったという。「あるとき、Dカフェの参加の前は、『身内に認知症を知られたくない』と言っていた方が、帰るときには、『人に言ってもいいんだ』と180度気持ちが変わっていました」と参加者の気持ちの大きな変化を生む力を実感している（東京都社会福祉協議会，2019）。

　認知症フレンドリー社会を推奨する徳田雄人は、「都市の顔見知りが少ない地域では『認知症の人を見守ってください』とお願いするのはハードルが高い」（地域社会研究所，2017：60）と述べ、認知症の人と地域の人が人間関係を構築する機会として、身近なコーヒーショップで認知症カフェが行われる意義を見出している。日常生活の一場面に既存のカフェで認知症の人とともに過ごすこのような空間が、認知症の人とそうでない人の出会いの場をつくるきっかけになりうると考えられる。

■ D活

　HATARAKU認知症ネットワーク町田は、認知症フレンドシップクラブ町田事務局、町田市認知症友の会、おおるりファームのほか、認知症の本人、ボランティアなどの人びとで構成されている。主な取り組みは、町田市内のある竹林6,600㎡の保全管理と活用を週1回行っている。活動日には、竹を切り、枝

を落とすなどの力仕事が多く、認知症の高齢の男性が多く参加している。竹林維持のために切り取った竹は、竹細工に使ったり、竹炭をつくったり、一部はイベントで販売したりもしている。他にも竹でおもちゃをつくったり、タケノコを収穫したりして、地域の人との交流を図る場面もある。

HATARAKU認知症ネットワーク町田の代表でもある松本礼子は、認知症の人が戸外で働くことで、体を動かし元気になってきていると感じている。また、この活動をしている姿が地域の人の目にとまり、自然に声をかけ合い交流が生まれることもある。この活動は、2019年にNHK厚生文化事業団の「第2回認知症にやさしいまちづくり大賞」の本賞を受賞している。

「ひまわりの会」の近年の他の取り組みとして、Dトイレの普及がある。それは、認知症の妻と散歩に出かけたいが、いつもトイレに困るという男性介護者の声から考えられた取り組みだった。認知症の妻との散歩中に妻がトイレに行きたくなった時、排尿の介護をするために一緒にトイレに入らなくてはならないが、公衆トイレに行っても女子トイレになかなか入りにくいし、周りの人の目も気になるので、散歩に行きにくいというものであった。

早速、いくつかの介護事業所に協力を申し出てトイレ使用の快諾を得ると、そのトイレを「Dトイレ」と命名し、Dトイレのある場所のマップを作成した。当該の場所にはDトイレの説明付きの張り紙を張って、啓発も兼ねた。このように「ひまわりの会」では、いまも認知症の本人や家族との話から認知症にやさしいまちづくりに必要な取り組みのヒントを得て、小さな実現を繰り返しているのである。

■ 町田市の認知症にやさしいまちづくりの評価の試み

先に述べた町田市のDカフェも含めた認知症カフェが、認知症にやさしいまちづくりとして本人にどのような効果があるのかについて検討もされている。

町田市では、市内に広げていた認知症カフェの取り組みをさらに拡大するために、2016年1月に実際に認知症カフェの運営に携わっている人びとにより「町田市の認知症カフェの評価指標をつくる」ワークショップを実施した。

このような評価指標づくりは、従来ありがちだった助成金や補助金を出して

いる市町村行政などによる評価とは異なる意義がある。町田市とともにワークショップを開催した河野禎之は、認知症にやさしいまちを評価する方法には、「トップダウン型」と「ボトムアップ型」があり、「トップダウン型」は一定の枠組みにより構造化され標準化された指標により、指標に基づいて取り組みを評価するものであるとしている（国際大学，2015）。

　「トップダウン型」の評価の特徴は、標準化され多くが数値化された内容の指標による評価なので、他の地域との比較ができることや取り組みの前後や過去の時期との比較ができる点がある。しかし、数値化できにくい内容については、評価できにくい課題がある。これに対して、「ボトムアップ型」の評価の特徴は、実践のなかで展開されている内容を評価して積み上げていく要素の強い評価の方法である。

　例えば、ある事業を評価する際に、「トップダウン型」の評価では、事業の開催頻度、参加者数、参加者アンケートによる満足度などにより主に数値化される内容の評価が可能である。一方、「ボトムアップ型」の評価では、その事業を実施するまでにどのような検討と経過を経て行われたのかということや、参加対象者にとって事業がどのような意義があったと考えられるのかなど、事業を通じて実際に得られた個々の要素から出発して、その内容を積み上げていくことで、全体的な評価を行う要素を得ることとなる。

　河野は、これらの2つの評価方法はどちらかひとつだけでは十分ではないとし、双方を活用して多角的に事業を評価することが必要であるとしている（国際大学，2015）。

　町田市では、このような多角的な評価方法を用いて市内の認知症に関する取り組みが認知症にやさしいまちづくりとしてどのように評価できるかを試みてきている。

　最初にこの評価を用いたのが、この「町田市の認知症カフェの評価指標をつくる」ワークショップである。ここでは「ボトムアップ型」の評価指標として、認知症カフェを評価する際のポイントとなる要素をあげて、その要素が認知症カフェを実施することでどのようになることが望ましく、反対にどのようになることが望ましくないのかを測るレベル設定を行った。具体的には、表4-2の内容が実際にワークショップで作成されたものである。

表4-2　町田市のワークショップで作成された認知症カフェのマニュアルの一例

要　素	認知症の本人にとっての場の意味
レベル1	行きたくない場所
レベル2	しぶしぶ連れて来られる場所
レベル3	定期的に来られる場所
レベル4	友人を連れて来られる場所
レベル5	誰もが参加でき、来てよかったと思える場所

（出典：河野禎之「認知症にやさしい地域づくりの評価と行動のためのマニュアル」第32回国際アル
ツハイマー病協会国際会議ワークショップ資料）

　実際に認知症カフェを運営する人びとにより上記の例のような評価指標がいくつもつくられ、自分たちの取り組みの段階を自己評価し、より高い段階に進むために必要なことを何度もワークショップで話し合っているのである。

　町田市は、こうした個別の事業や活動についての「ボトムアップ型」の評価を市全体の認知症にやさしいまちづくりの評価にも応用できないかと考え、町田市行政と市内の認知症の支援に関わる人たちとが協力して、認知症の人（または認知症になりうる人）の視点に立って「町田市がこうあったらいい」状態について話し合う市民参加型の公開ワークショップを2016年9月に実施した。それは、認知症にやさしいまちの理想的な姿を参加者が「私」から始まる文章で表現できる内容を話し合い、自分が認知症になっても安心して暮らせるまちになるにはどうしたらいいかについて検討していったのである。

　何度もワークショップを重ねて作成し、2017年1月に公表したのが16項目で構成された「認知症の人にやさしいまち　まちだビジョン」（まちだアイステートメント）である（表4-3参照）。

　この「認知症の人にやさしいまち　まちだビジョン」は、認知症の本人が住み慣れた地域のなかで家族とともに自分らしく暮らすことができるまちとするために必要な要素が、本人目線で語りかけるような文言で市民にもわかりやすくつくられている。このビジョンは、市が認知症の施策を体系的に整備するものとは異なり、認知症の本人と行政機関をはじめ市民や企業などが協働してワークショップなどの協議を通じて作成されたものであり、認知症の人とともに生きている関係者が自らの活動の指標を明文化したものである。

　これらの項目をもとに、町田市の行う認知症に関する個々の事業や活動を評

表4-3　認知症の人にやさしいまち　まちだビジョン（まちだアイステートメント）

「私は、早期に診断を受け、その後の治療や暮らしについて、主体的に考えられる。」

「私は、必要な支援の選択肢を幅広く持ち、自分に合った支援を選べる。」

「私は、望まない形で、病院・介護施設などに入れられることはない。望む場所で、尊厳と敬意を持って安らかな死を迎えることができる。」

「私は、私の言葉に耳を傾け、ともに考えてくれる医師がいる。」

「私は、家族に自分の気持ちを伝えることができ、家族に受け入れられている。」

「私の介護者は、その役割が尊重され、介護者のための適切な支援を受けている。」

「私は、素でいられる居場所と仲間を持っており、一緒に時間を楽しんだり、自分が困っていることを話せる。」

「私は、趣味や長年の習慣を続けている。」

「私は、仕事や地域の活動を通じて、やりたいことにチャレンジし、地域や社会に貢献している。」

「私は、認知症について、地域の中で自然に学ぶ機会を持っている。」

「私は、経済的な支援に関する情報を持っており、経済面で生活の見通しが立っている。」

「私は、地域や自治体に対して、自分の体験を語ったり、地域への提言をする機会がある。」

「私は、認知症であることを理由に差別や特別扱いをされない。」

「私は、行きたい場所に行くことができ、気兼ねなく、買い物や食事を楽しむことができる。」

「私は、支援が必要な時に、地域の人からさりげなく助けてもらうことができる。」

「私たちも、認知症の人にやさしいまちづくりの一員です。」

（出典：町田市　公開ワークショップ　2017年1月開催より）

価し、さらに質の高い取り組みにしていくことが進められている。河野は、このような町田市の認知症に関する取り組みへの「ボトムアップ型」評価について、①地域ごとに異なるまちの特徴を反映した評価が行えること、②住民とともに評価指標づくりを進めることにより自分ごとと感じることができること、③認知症の本人の声が直接反映しこれから認知症になりうる人が多くの示唆を得られること、が重要であるとしている。(河野, 2018)

第4項　認知症とともに生きるまちづくりの視点から見た特徴と課題

(1) 本人の思いから開発される実践

　町田市の活動のなかで、「たんぽぽの会」の行う本人会議が重要な役割をもっている。本人会議は、認知症の本人たちだけだからこそ話せる場として、時に家族の愚痴を言ったり、お互いの知恵を情報交換したり、本人が自由に話せる場として参加する本人にとって大切なものである。それと同時に、支援者にとっても本人が望むことを把握できる重要な機会でもある。Dカフェを始めたきっかけも本人会議でおしゃれな場所で話したいという希望であったし、町田市役所の古川も本人会議にしばしば参加し、行政施策に必要なことを得ていたということであった。こうした、認知症の本人の現状や思いを把握する場所が、様々な取り組みの基盤になる点が重要である。

(2) 本人や家族と市民活動の協働による力の蓄積

　町田市は、認知症フレンドシップクラブの町田事務局も担う特定非営利活動法人である「たんぽぽの会」が調整役となり、市民活動を行う人たちと専門職や市行政との協働の場を形成している。その事業の実施主体は、「たんぽぽの会」の独自事業であるもの、他の市民活動との共同事業であるもの、市からの委託事業であるものなど多様ではあるが、これらの事業実施を多様な立場の人が協力し相互に理解し合いながら実施している。こうした、協働の実践が地域の力量となっており、様々な新しい活動を生み出す力になっている。

　このような町田市の市民活動が主体的に行っている認知症の本人を中心としたまちづくりの実践は、前述のワークショップでのボトムアップ型の市民活動である。こうしたワークショップが「まちだアイステートメント」につながるように、現在は市内の一定のエリアで行われているこうした活動が、今後は市内のより多くの地域でそれぞれ行われることが望ましい方向だ。「ひまわりの会」は市の委託事業として、市内での認知症カフェの立ち上げ支援事業も行っており、その支援のなかで「ひまわりの会」のような主体が他の地域にも生ま

れることが期待される。

第4節 本章のまとめ

Chapter 3
Section 4

　本章では、認知症の当事者が直面する生活課題を住民や専門職とともに解決に向けた協働を図ってきた先駆的な地域の実践として、北海道釧路地区、福岡県大牟田市、東京都町田市で行われているまちづくりの取り組みを見てきた。この3つの地域は、実践の中心を担っている主体がそれぞれ異なっていたが、いずれも認知症とともに生きるまちづくりの推進に当事者運動や住民活動が力を発揮した先駆的事例であった。

　釧路地区は、家族の会釧路地区支部がネットワーク形成の中心を担ってきた。当事者組織である家族の会の会員の家族に起こった認知症の人の行方不明後の死亡事件を機に、家族だけが担うのではなく地域の様々な人びととの協力によって認知症の人が命の危険を回避できる仕組みの構築を行政や専門職に働きかけ実現していた。生活課題に直面していた当事者発の運動によりつくられたまちづくりの事例といえる。

　大牟田市は、市が地域認知症ケアコミュニティ推進事業により制度的な基盤をつくり、専門職が企画と実践を担っていた。2000年の介護保険制度の実施により、措置制度の時とは異なる行政の役割として介護の質を高める事業の実施が模索され、これも釧路地区と同様に認知症の人の行方不明の事件をきっかけにほっとあんしんネットワークの構築が目指されることとなった。このネットワークの模擬訓練を続けるうちに、訓練の形骸化や認知症の理解に必ずしも貢献していないことに気づいた専門職により、認知症の本人の思いを聞くことで何をすべきかをあらためて考えるようになり、認知症の人が暮らしにくいことに着目するようになった。行政が制度的な基盤をつくりつつ、専門職が実践を省察的に検証し軌道修正を行ってきたのだった。

町田市は、市民活動が中心となり、住民や行政とともに実践を進めていた。町田市は、大牟田市と同様に行政が認知症の諸施策を整備して認知症の人とともに生きるまちづくりの制度的な基盤を整備しつつ、同時に認知症フレンドシップクラブによる市民活動と協働して活動を進めていた。市民活動では、認知症の本人の分かち合いの会を行うなかで、本人の生活実態から自らの望む生き方や活動したいことを把握し、それを市民と協働して新しい活動として開発し実現してきたのだった。

　これらの3つの地域の事例は、いずれも認知症の人や家族の生活環境を安心して暮らせることや自己実現を図って暮らせることを実現する先駆的な実践であり、このような環境づくりが認知症の人の周辺症状の緩和によい影響を与えることになると考えられる。また、これらの実践は、認知症の人とともに生きるまちづくりを進めるために当事者、市民活動、行政・専門職がキーパーソンとなったそれぞれのモデル事例として見ることができる。これらは、いずれも最初はキーパーソンとなる人または組織が目の前の認知症の人の生活を取り巻く現状を見て、何とかしなくてはいけないという気づきがあり、その問題意識がやがて様々な人びとの協働によって実践を生み出し、いまにつながってきたのだった。

　このような先駆的な実践が全国で展開されている一方で、2000年代以降の国の認知症に関する政策において、住民活動が関わる認知症の人とともに暮らすまちづくりを目指したプログラムも展開されるようになってきている。次章では、このプログラムの概要と現状について見ていきたい。

共生の社会づくりと認知症

第3章で紹介してきた全国の様々なまちづくりの実践は、認知症の人や家族が地域で様々な人とともに暮らすコミュニティの基盤づくりを目指すものである。

多様な人がともに暮らすコミュニティづくりの理念は、1981年の国際障害者年でのノーマライゼーションの理念とともに日本に広まった。近年は、地域福祉を推進する施策として地域共生社会づくりが示され、「共生」の言葉が地域福祉において広く用いられるようになっている。

尾関周二は、共生の理念の必要条件として、4つの要素を示している。それは、(1) 同化や排除ではなく、お互いの違いを違いとして承認して生きていくこと、(2) 対立・抗争を認めるが、暴力による解決は否定すること、(3) 実質的な平等性とコミュニケーション的関係を追及すること、(4) 差異のなかでの自己実現と相互確証をはかること、である (尾関, 2009:11-12)。

私たちは、自分とは属性や立場の異なる他者に対して、時に誤解や対立から排除する行動を示すこともある。しかし、認知症とともに生きる共生の社会づくりのためには、私たちが認知症について、そして認知症の人について理解を深め、自らとの違いを承認し合うことを積み重ねることが必要である。

第3章で紹介してきた実践は、いずれも認知症の本人の会や認知症の人の家族の会で専門職などの支援者がコミュニケーションを重ね、認知症とともに生きる暮らしの実情や課題を真摯に受け止め、認知症の人や家族の願いを実現しようとして始められたものだった。

認知症の人や家族が、私たちとともに暮らしのなかで自己実現を図り自分らしく暮らせる共生の社会づくりは、まだ始まったばかりである。

第4章

全国で展開されている
プログラムの実践

第3章では、認知症とともに生きるまちづくりの先駆的な地域の事例を見て
きたが、本章では2000年以降に新オレンジプランなど認知症に関わる施策に
おいて、介護保険制度などに付随して全国的に進められてきた認知症の人に対
する住民活動を推進するプログラムである認知症サポーター養成講座、認知症
カフェ、市民後見人養成について、そのプログラムの概要と特徴を検討する。

　認知症サポーター養成講座は、認知症に関する基本的な知識を住民組織、学
校、商店や金融機関まで幅広い人びとが学ぶことで、認知症の基本的な理解の
すそ野を広げようとするプログラムである。認知症カフェは、地域の認知症の
人や家族と住民が専門職とともに身近な場所で交流し人間関係を構築して孤立
を予防するプログラムである。市民後見人養成は、成年後見制度の後見人を担
える市民を養成するもので、市民が後見人を担うことで認知症の人の住み慣れ
た地域の場での権利擁護を図る体制づくりに寄与することを目指したプログラ
ムである。

　これらのプログラムは、いずれも現状では行政や専門機関がプログラムの実
施主体となっていることが多く、住民が認知症を理解し、認知症の人との関わ
りや支援の活動を促進することを目的にしており、住民は参加対象であること
が多い現状にある。このプログラムに住民が参加し、認知症の学びや認知症の
人との関わりを積み重ねることで、認知症の人とともに住民活動を行う基盤づ
くりに寄与できるプログラムとして展開できる可能性があると考えられる。こ
こでは、このプログラムを検討することで、全国で多くの住民が認知症の人に
対する支援の活動に参加し、認知症とともに生きるまちづくりが進展するため
に必要な要素を検討する。

第1節 認知症サポーター養成講座の現状と課題

Chapter 4
Section 1

第1項 認知症サポーター養成講座について

■ 認知症サポーター養成講座の概要

認知症サポーター養成講座は、国民が認知症について正しく理解し、認知症の人や家族を温かく見守り、支援する応援者となる市民を養成する趣旨で行われているもので、認知症になっても安心して暮らせるまちづくりを目指した活動である。この講座は、2005年に厚生労働省が始めた「『認知症を知り、地域をつくる10か年』構想」の取り組みとして進められている「認知症サポーター100万人キャラバン」で始められた経緯があり、現在まで15年以上にわたり全国で実施されてきた。

2015年に策定された「認知症施策推進総合戦略」（新オレンジプラン）では、認知症の人が自らの意思を尊重されできる限り住み慣れた地域で暮らし続けることができる社会の実現のために必要な7つの柱を示しているが、そのうちの第1番目に「認知症への理解を深めるための普及・啓発の推進」があげられている。これを受けて、全国の市町村などの自治体や地域包括支援センターが中心となり、活発に認知症サポーター養成講座が開催されるようになった。

この講座は、認知症の症状・治療・予防などを学ぶ90分程度の講義形式の標準的なプログラムを示し、講座の講師となる人材をキャラバン・メイトとして養成するプログラムも設け、その講座を受けた人たちが各地で講座を自主的に実施することで多くの講座が開催され、受講者が増加していったことが特徴的な点である。同養成講座は2020年12月末日現在で、延べ約1,301万人以上が受講している。延べ数ではあるが、国民の10人に1人以上が受講していることになる[17]。さらに、この運動を推進する全国キャラバン・メイト連絡協議会は、年1回大会を開催し、特徴的な活動を行っている人や団体を表彰しており、活動者の機運を盛り上げている。

■ 認知症サポーター養成講座の効果の研究

このような認知症サポーター養成講座の外国に与えている影響としては、イギリスで認知症サポーター養成講座を参考にして、「認知症フレンズ」の養成を行っていることが代表的なものである。

イギリスでは、政府が認知症への対応を重要課題と考えており、地方自治体で認知症にやさしいコミュニティ形成を認知症フレンドリー施策として展開している。その内容は、認知症の人とその家族の多様性を認識し、地域の日常生活での様々な選択や生活スタイルを尊重して対応するコミュニティ形成を図ろうとするものである。この施策体系のなかに、認知症フレンズの養成が含まれている。

認知症フレンズとして現在までに180万人（全人口の30人に1人にあたる）が養成され、これらの人が認知症の啓発活動を行っている。英国アルツハイマー病協会のヒューズ会長は、2017年に日本で行われた国際シンポジウムでの基調講演のなかで、認知症フレンズで養成された人への効果について次のように述べている。この講座で養成された人たちの考えは、「認知症の人と自信をもって交流できるようになった」という人が60％おり、「認知症に関する理解が深まった」という人が77％いた。また、「介護者として認知症にやさしいことが認知症の人にプラスの影響を与え、地域社会を鼓舞することがある」と考えている人が71％いて、「認知症の人をいまよりもっと支援したい」と思っている人が79％いることがわかったと報告している[18]。

他にもイギリスでは、認知症に対する地域活動者の人材育成から具体的な日常生活の支援を行う活動もイギリス全国で展開されている。慈善団体の「Age UK カムデン」は2009年から「認知症ビフレンディング・サービス」（Dementia befriending service）を始め、ボランティアが認知症の人の自宅を週1回訪問し、自宅でゆっくり過ごしたり、買い物や病院、美容院に一緒に出かけたりする。それらのボランティア活動を管理・調整し後方支援も行う有給職員によるコーディネーターが事業を推進している。この活動により、認知症の人は自分の話を聞いてくれる人がいることにより社会関係が形成・維持されるとともに、ボランティアをする人はとても多くの学びを得ることができている（内閣

府，2015）。

このように、イギリスでは、日本で認知症サポーター養成講座が成果をあげていることを参考にして、広く国民に認知症の学びを得る機会をつくる活動を進めようとしている。その一方で、これと並行してボランティアによる在宅の認知症の人へのパーソナルサービスの展開は日本よりも先進的に行われていた。もともとイギリスに根づいているボランティア活動の伝統をもとに、認知症の人に対する地域活動は近年徐々に拡大してきているといえるだろう。

日本でも地域全体に視野をおいた認知症の人が住みやすいコミュニティ形成を目指した取り組みは、認知症フレンドリーコミュニティの運動として取り組まれている。認知症になれば地域の様々な場面（例えば、公共交通機関、買い物、金融機関の利用、地縁組織の会議など）で困難が生じ、外出や社会参加の機会が減ってしまう。これを変えるために、日本でも事業所やボランティア団体などで認知症の人の理解を深めた豊かなコミュニティ形成を目的とした様々な取り組みがなされており、そのような取り組みの緩やかな連携を目指して、特定非営利活動法人認知症フレンドシップクラブにより様々な協働が試みられているところである。

■ 認知症サポーター養成講座の発展を目指した調査

前述のようにイギリスにも影響を与えている認知症サポーター養成講座であるが、参加者のすそ野が広がっている一方で、さらに認知症の人に対する理解を深化させ支援の活動につなげるために、講座の発展をどのようにするのかが課題となっている。

認知症サポーター養成講座の全国展開を図っている全国キャラバン・メイト連絡協議会は、2018年度に「認知症サポーターの地域での活動を推進するための方策」をテーマに認知症サポーターキャラバン事業を実施する自治体事務局（都道府県・市町村）を対象に、認知症サポーターの活動状況を把握するアンケート調査と事例調査を行った。

このアンケート調査の結果を見ると、認知症サポーター養成講座を受けた人の活動内容は、「オレンジカフェの開催または参加」が63.7％、「見守り」が45.6％、「傾聴」が28.2％の順に多く、オレンジカフェの活動が圧倒的に多かっ

た。また、認知症サポーターによる活動がもたらしている成果については、「認知症の正しい知識を有することで、適切な対応、家族への支援ができる」が67.6％で最も多く、次いで「認知症サポーター自身の生きがい、介護予防等につながる」が60.3％、「地域の見守り機能の向上」の57.6％と続いている。一方、活動事例のヒアリング調査からは、サポーターが認知症の人と1対1の関係で支援するよりも複数同士の関わりが取り組みやすいことが示されていた。また、これらの活動をコーディネートするリーダー役の重要性も指摘されていた[19]（全国キャラバン・メイト連絡協議会，2019）。

第2項　調査の方法

　前記の2018年度に行われた全国キャラバン・メイト連絡協議会の実施した調査研究に実践者として関わったのが京都府の社会福祉法人綾部市社会福祉協議会（以下、綾部市社協）だった。

　筆者は、綾部市社協が行っている先駆的な実践の効果について検証するために綾部市社協の協力を得て、認知症サポーター養成講座をどのように発展的に展開することができるのかの要素を把握するための調査を行った。

■ 調査の対象

　綾部市は、京都府の中央部に位置する人口22,000人余りの地方都市である。市内には、田園風景がある一方で、JR山陰本線や高速道路の京都縦貫道路が交差している交通の要所であり、隣接する福知山市のベッドタウンとしての機能も果たしている京都府北部の中心的都市のひとつである。綾部市の高齢化率は37.0％で、京都府全体の28.5％、全国の27.7％と比べて高い割合を示している。

　綾部市社協は、1952年に設立された社会福祉法人で、社会福祉法第109条に基づき全国の市町村または同一都道府県内の2以上の市町村の区域を単位に、地域福祉の総合推進を図る公共的な団体として設置されているもののひとつである。綾部市社協が認知症サポーター養成講座を実施するようになったきっかけは、認知症サポーター養成講座を開催する人材を養成する認知症サポーターキャラバン・メイト養成研修を綾部市社協の事務局長が受講したことに始ま

る。事務局長は、認知症サポーターキャラバン・メイト養成講座を受講後に綾部市内の他の受講者とともに認知症サポーター養成講座を開催するのだが、最初に講座を実施しようと考えた時から、この講座だけでは受講者は認知症の初歩的な理解しかできず、その後の認知症の人に対する住民の立場からの地域福祉活動のきっかけとはならない、との問題意識があった。

そこで、この講座を受講した住民が継続して参加できる講座として2006年に「シルバーサポーター養成講座」（以下、シルバー講座）、2009年には「ゴールドサポーター養成講座」（以下、ゴールド講座）を開始した。これらの講座の実施は、認知症サポーター養成講座の充実を図る取り組みとして高く評価され、2013年には認知症サポーターキャラバン実践報告会にてグランプリを受賞している。

シルバー講座の内容は、認知症サポーター養成講座による内容を90分間学んだあとで、これに加えて、①認知症も含めた高齢者の全般的な理解を深めるために高齢者の自立と老化に伴う心身の変化、②綾部市の高齢者に関する現状、③高齢者福祉や高齢者の生活に関する相談窓口の紹介、などについて60分追加して学ぶものである。また、ゴールド講座は、認知症サポーター養成講座とシルバー講座の合計150分の講座を受け、これに加えて、①対人援助の基本的な知識と方法、②高齢者とのコミュニケーション技法、③車いすの体験によるハンディキャップ体験、④高齢者の福祉ニーズや社会資源の理解、などについて講座と演習により20時間（1,200分）かけて学ぶ。これらの講座の実施状況は、表5-1のとおりである。

表5-1　綾部市社協のシルバー講座とゴールド講座の実施状況

講座名（開催年度）	回数	延べ受講者数
認知症サポーター養成講座（2006～2018年度）	339回	10,097人
シルバー講座（2006～2018年度）	91回	2,581人
ゴールド講座（2009～2018年度）	16回	419人

（筆者作成）

■ 調査の方法

この調査の目的は、綾部市社協が認知症サポーター養成講座を強化して付加

的に実施しているシルバー講座とゴールド講座の参加者が、講座を受講した後に地域福祉活動に参加することで認知症の高齢者に対する考えがどう変化するか検討し、この講座の今後の発展できる要素を把握することだった。

調査の対象は、シルバー講座の全受講者（2006〜2018年度に延べ2,581人）のなかから無作為抽出により選出した800人の受講者を対象とした。また、ゴールド講座は全受講者（2009〜2018年度に延べ419人）を対象とした。

調査の方法は、択一式と複数選択式が混合の記述式アンケート調査を対象者宛に郵送し、同封の返送用封筒にて回答したアンケート用紙を返送してもらう方法をとった。調査の期間は、2018年11月26日から同年12月5日までで、対象者の死亡等により対象者に届かなかったものを除いて郵送できた1,181件に対し、回答があったのが461件で、このうち有効回答は451件だった（有効回答率は38.2%）。

対象者には、アンケートに同封した調査依頼文書のなかで、調査の目的、方法、個人情報の取り扱い、調査への協力は任意であること、アンケートの回答をもって調査への同意とすることを明記して説明していた。綾部市社協には、調査の目的、方法、講座受講者の情報の提供、調査の同意及び同意撤回などに関する内容を説明し、文書で同意を得ている。さらに、これらの調査の結果は、学会報告や研究論文として公表する場合があることを調査対象者及び綾部市社協にあらかじめ断っている。また、本調査の実施にあたっては、県立広島大学保健福祉学部研究倫理委員会の承認を受けている（研究倫理委員会承認番号18MH027）。

■ 調査の分析方法

調査結果は、単純集計とクロス集計を行った。統計処理には、IBM社のSPSS Statistics Ver.24を用いた。

第3項　調査の結果

回答者は、女性が66.7%で男性の33.3%に対し2倍を占めている。年齢は、70代以上が65.2%であり年齢構成は高い。回答者の仕事の状況は、働いていな

い人が47.5％と半数近くを占めている。これらの結果からシルバー講座及び
ゴールド講座の受講者は、働いていない高齢女性が多いことがわかる。地域活
動の参加状況は、「自治会・公民館の活動」は47.2％と半数近くが参加しており、
次いで多いのが「地域のサークル活動」の37.0％だった。

シルバー講座やゴールド講座の受講前の認知症の人との接点は、図5-2のよ
うに「1．家族の中に認知症の人がいる（いた）」が21.6％で最も多く、次いで
「3．近所付き合いのなかで認知症の人と接したことがあった」の18.0％が多
かった。また、「6．認知症の人と接したことがなかった」と回答した人も
14.7％いた。これを講座別にみると、ゴールド講座で最も多かったのは「1.
家族の中に認知症の人がいる（いた）」の24.8％で、シルバー講座で最も多かっ
たのは「3．近所付き合いのなかで認知症の人と接したことがあった」の
21.1％だった。また、「6．認知症の人と接したことがなかった」がゴールド講

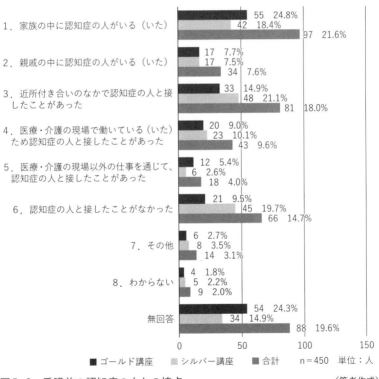

図5-2　受講前の認知症の人との接点　　　　　　　　　　（筆者作成）

座は9.5％だったが、シルバー講座では19.7％を占めており、2割近い人が認知症の人と接したことがなく講座を受けていた。

　認知症に対するイメージは、図5-3のように「2．認知症になっても、医療・介護などのサポートを利用しながら、今まで暮らしてきた地域で生活していける」が50.1％で最も多く、次いで多かった「3．認知症になると、身の回りのことができなくなり、介護施設に入ってサポートを利用することが必要になる」25.3％の約2倍の差があった。これを講座別にみると、「2．認知症になっても、医療・介護などのサポートを利用しながら、今まで暮らしてきた地域で生活していける」がゴールド講座では58.3％だったのに対し、シルバー講座では42.3％と16.0％の差があったが、「3．認知症になると、身の回りのことができなくなり、介護施設に入ってサポートを利用することが必要になる」ではゴールド講座が21.6％だったのに対し、シルバー講座では28.8％とゴールド講座を7.2％上回っており、シルバー講座の受講生のほうが施設生活のイメージがより高いことがうかがえる。

　自分が認知症になった時の不安なことについては、図5-4のように「6．家

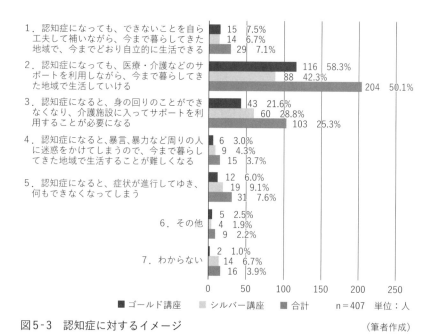

図5-3　認知症に対するイメージ　　　　　　　　　　　　　　（筆者作成）

　　　第4章　全国で展開されているプログラムの実践

族に身体的・精神的負担をかけるのではないか」が78.7%で最も多く、次いで
「2. 買い物や料理、車の運転など、これまでできていたことができなくなって
しまうのではないか」の70.1%、「12. 家族以外の周りの人に迷惑をかけてしま
うのではないか」の58.3%であり、この3項目が回答者の半数以上が選択して
いたものだった。これを講座別にみると、すべての項目でゴールド講座のほう
がシルバー講座より選択した回答者の割合が多かった。さらに、その差が15%
を超えているものが3項目あり、最も差が大きかったのは「2. 買い物や料理、
車の運転など、これまでできていたことができなくなってしまうのではない

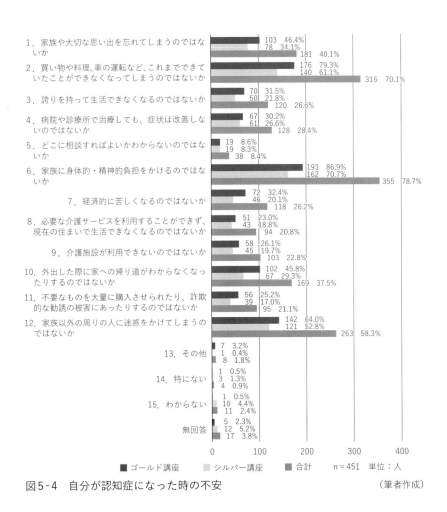

図5-4　自分が認知症になった時の不安　　　　　　　　　（筆者作成）

か」でシルバー講座が61.1％に対しゴールド講座が79.3％と18.2％も多かった。

　家族が認知症になった時の不安なことについては、図5-5のように「5.ストレスや精神的負担が大きいのではないか」が60.8％で最も多く、次いで「12.家族以外の周りの人に迷惑をかけてしまうのではないか」の55.4％、「2.買い物や料理、車の運転など、これまでできていたことができなくなるので、周りの人の負担が大きくなるのではないか」の53.7％であり、この3項目が回答者の半数以上が選択していたものだった。これを講座別に見ると、1つを除いたすべての項目でゴールド講座のほうがシルバー講座よりも選択した割合が多

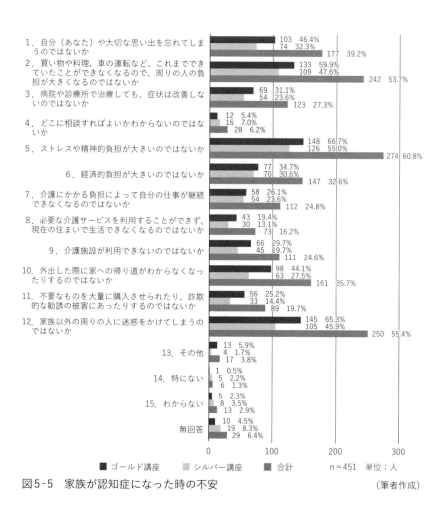

図5-5　家族が認知症になった時の不安　　　　　　　　　　　（筆者作成）

かった。さらに、その差が15%を超えているものは2項目あり、最も差が大きかったのは「12. 家族以外の周りの人に迷惑をかけてしまうのではないか」でシルバー講座が45.9%に対しゴールド講座は65.3%と19.4%も多かった。

　国や自治体が重点を置くべきと考える認知症の施策は、図5-6のように回答者の半数以上が選択している項目が全12項目中6項目あり、認知症に関する施策への積極的な姿勢がうかがえる。このなかで最も多かった項目は、「9. 認知症の人が利用できる介護施設の充実」の64.5%で、次いで「4. 家族の身体的・精神的負担を減らす取り組み」が61.2%、「11. 認知症を治せる薬や治療法の

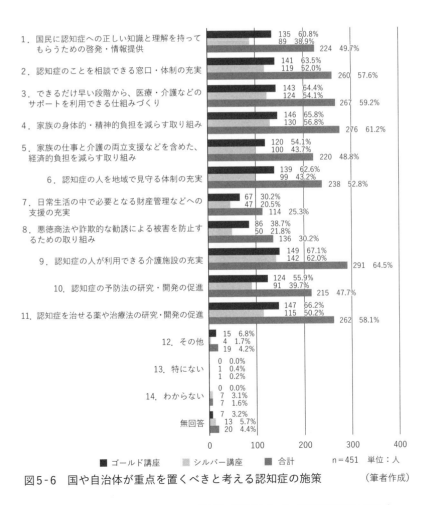

図5-6　国や自治体が重点を置くべきと考える認知症の施策　　（筆者作成）

研究・開発の促進」が58.1％だった。これらのなかで、大きく差をつけて少なかった項目は、「7. 日常生活の中で必要となる財産管理などへの支援の充実」（25.3％）と「8. 悪徳商法や詐欺的な勧誘による被害を防止するための取り組み」（30.2％）の2つだった。これを講座別にみると、全項目でゴールド講座のほうがシルバー講座よりも選択した割合が多かった。さらに、その差が15％を超えているものは5項目あり、最も差が大きかったのは「1. 国民に認知症への正しい知識と理解を持ってもらうための啓発・情報提供」でシルバー講座が38.9％に対しゴールド講座は60.8％と21.9％も多かった。

　図5-7のように講座受講後に参加するようになった認知症の人に対する地域活動は、最も多かったのが「5. 地域の見守り活動」の35.3％で、30％を超えて選択されたのは、他に「1. 傾聴活動」（33.9％）の項目だけだった。これを講座別にみると、「1. 傾聴活動」、「2. 認知症カフェ」及び「3. 移動足湯サポー

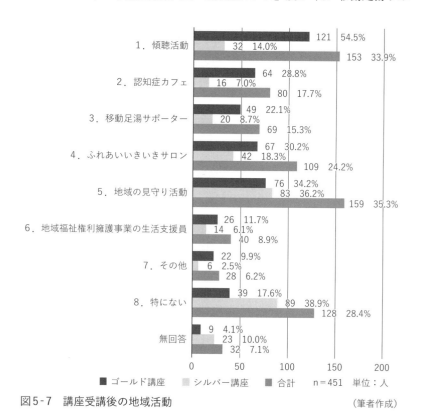

図5-7　講座受講後の地域活動　　　　　　　　　　　　　　（筆者作成）

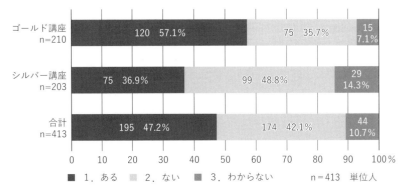

ゴールド講座 n=210	120　57.1%	75　35.7%	15 7.1%
シルバー講座 n=203	75　36.9%	99　48.8%	29 14.3%
合計 n=413	195　47.2%	174　42.1%	44 10.7%

0　10　20　30　40　50　60　70　80　90　100%

■ 1. ある　　■ 2. ない　　■ 3. わからない　　　　n=413　単位人

図5-8　日常生活で認知症の人に気づくようになったこと　　　　（筆者作成）

ター」の3項目がシルバー講座に対してゴールド講座が突出して多く選択している（それぞれ、シルバー講座の3.8倍、4.1倍、2.5倍）。また、これら以外の項目では、「5. 地域の見守り活動」については、ゴールド講座が34.2%なのに対しシルバー講座は36.2%と2.0%上回っていた。

　図5-8のとおり日常生活で認知症の人に気づくようになったことの有無については、「1. ある」と回答したのが47.2%で、「2. ない」と回答した42.1%を上回った。これを講座別に見ると、「1. ある」の回答はゴールド講座が57.1%に対し、シルバー講座は36.9%と20.2%も少なく、反対に「2. ない」の回答はゴールド講座が35.7%に対し、シルバー講座は48.8%と13.1%も多かった。さらに、「1. ある」と回答した回答者が具体的に記述した内容は、回答者の日常生活の外出時や自宅周辺で出会った認知症であろう人の行動（例えば、買い物や病院で困ってそうな様子である、本人の自宅とはまったく反対の方向に一人で歩いているなど）とその人への対応について記載されていた。

　「受講前の認知症の人との接点」と「自分が認知症になった時の不安」のクロス集計の結果を見ると、表5-9のとおり「5. どこに相談すればよいかわからないのではないか」を選択した回答者は、全体では8.4%だったのに対して「1. 家族の中に認知症の人がいる（いた）」と回答した人がこの項目を選択したのは7.2%、「2. 親戚の中に認知症の人がいる（いた）」と回答した人がこの項目を選択したのは8.8%と全体の傾向と同様だったのに対し、「6. 認知症の人と接したことがなかった」と回答した人がこの項目を選択したのは15.2%と

表5-9 「受講前の認知症の人との接点」と「自分が認知症になった時の不安」のクロス集計

n=451　単位:人　（筆者作成）

列見出し（自分が認知症になった時の不安）:
1. 大切な家族のことや思い出を忘れてしまうのではないか
2. 買い物や料理・運転などがうまくできなくなってしまうのではないか
3. 誇りを持って生活できなくなる
4. 症状は改善せず、診療や治療しても生活できないのでは
5. どこに相談すればよいのかわからない・相談できないのではないか
6. 家族に身体的・精神的な負担をかける
7. 経済的に苦しくなるのではないか
8. 必要な介護サービスを現在では利用できなくなる、生活できなくなる
9. 介護施設が利用できないのではないか
10. 外出しなくなり、家に帰る道がわからなくなる
11. 不要なものを大量に購入させられたり、許可なく誘導される詐欺的な勧誘に被害を
12. 家族以外の周りの人に迷惑をかけてしまうのではないか
13. その他
14. 特になし
15. わからない
無回答

受講前の認知症の人との接点	1	2	3	4	5	6	7	8	9	10	11	12	13	14	15	無回答
1. 家族の中に認知症の人がいる（いた）	36 / 37.1%	71 / 73.2%	26 / 26.8%	27 / 27.8%	7 / 7.2%	76 / 78.4%	25 / 25.8%	16 / 16.5%	20 / 20.6%	35 / 36.1%	21 / 21.6%	62 / 63.9%	2 / 2.1%	0 / 0.0%	3 / 3.1%	4 / 4.1%
2. 親戚の中に認知症の人がいる（いた）	13 / 38.2%	22 / 64.7%	8 / 23.5%	11 / 32.4%	3 / 8.8%	26 / 76.5%	7 / 20.6%	9 / 26.5%	9 / 26.5%	16 / 47.1%	6 / 17.6%	20 / 58.8%	1 / 2.9%	0 / 0.0%	1 / 2.9%	1 / 2.9%
3. 近所付き合いのなかで認知症の人と接したことがあった	40 / 49.4%	56 / 69.1%	25 / 30.9%	17 / 21.0%	4 / 4.9%	62 / 76.5%	18 / 22.2%	16 / 19.8%	15 / 18.5%	29 / 35.8%	12 / 14.8%	48 / 59.3%	0 / 0.0%	1 / 1.2%	4 / 4.9%	4 / 4.9%
4. 医療・介護の現場で働いて（いた）ため認知症の人と接したことがあった	19 / 44.2%	32 / 74.4%	11 / 25.6%	12 / 27.9%	1 / 2.3%	37 / 86.0%	12 / 27.9%	11 / 25.6%	8 / 18.6%	19 / 44.2%	13 / 30.2%	25 / 58.1%	0 / 0.0%	0 / 0.0%	0 / 0.0%	0 / 0.0%
5. 医療・介護の現場以外の仕事を通じて、認知症の人と接したことがあった	9 / 50.0%	16 / 88.9%	3 / 16.7%	5 / 27.8%	0 / 0.0%	17 / 94.4%	6 / 33.3%	3 / 16.7%	3 / 16.7%	9 / 50.0%	4 / 22.2%	10 / 55.6%	0 / 0.0%	0 / 0.0%	0 / 0.0%	0 / 0.0%
6. 認知症の人と接したことがなかった	23 / 34.8%	45 / 68.2%	12 / 18.2%	18 / 27.3%	10 / 15.2%	49 / 74.2%	14 / 21.2%	13 / 19.7%	22 / 33.3%	23 / 34.8%	15 / 22.7%	31 / 47.0%	2 / 3.0%	2 / 3.0%	2 / 3.0%	1 / 1.5%
7. その他	4 / 28.6%	9 / 64.3%	4 / 28.6%	3 / 21.4%	2 / 14.3%	11 / 78.6%	2 / 14.3%	3 / 21.4%	2 / 14.3%	3 / 21.4%	3 / 21.4%	11 / 78.6%	1 / 7.1%	0 / 0.0%	0 / 0.0%	0 / 0.0%
8. わからない	4 / 44.4%	3 / 33.3%	0 / 0.0%	2 / 22.2%	3 / 33.3%	3 / 33.3%	3 / 33.3%	2 / 22.2%	1 / 11.1%	2 / 22.2%	1 / 11.1%	4 / 44.4%	2 / 22.2%	0 / 0.0%	0 / 0.0%	1 / 11.1%
無回答	33 / 37.5%	62 / 70.5%	31 / 35.2%	33 / 37.5%	8 / 9.1%	74 / 84.1%	31 / 35.2%	21 / 23.9%	23 / 26.1%	33 / 37.5%	20 / 22.7%	51 / 58.0%	0 / 0.0%	1 / 1.1%	1 / 1.1%	6 / 6.8%
合計	181 / 40.1%	316 / 70.1%	120 / 26.6%	128 / 28.4%	38 / 8.4%	355 / 78.7%	118 / 26.2%	94 / 20.8%	103 / 22.8%	169 / 37.5%	95 / 21.1%	262 / 58.1%	8 / 1.8%	4 / 0.9%	11 / 2.4%	17 / 3.8%

表5−10 「受講前の認知症の人との接点」と「国や自治体が重点を置くべきと考える認知症の施策」のクロス集計　　n=451　単位：人

受講前の認知症の人との接点 ＼ 国や自治体が重点を置くべき施策	1. 認知症に関する正しい知識をもってもらうための国民への情報提供・啓発	2. 認知症のことを相談できる体制の充実	3. 早い段階からサポートを利用できる仕組みづくりなど介護サービスの充実	4. 家族の身体的・精神的負担を減らす取り組み	5. 家族が仕事と介護を両立できるよう経済的負担の軽減など仕事と介護の両立支援	6. 認知症の人を地域で見守る体制の充実	7. 日常生活の中での支援の充実など必要な財産管理	8. 悪徳商法や詐欺的な勧誘による被害を防止するための取り組み	9. 認知症の人が利用できる介護施設の充実	10. 認知症の予防法の研究・開発の促進	11. 認知症を治せる薬や治療法の開発・研究の促進	12. その他	13. 特にない	14. わからない	無回答
1. 家族の中に認知症の人がいる（いた）	45 / 46.4%	55 / 56.7%	53 / 54.6%	56 / 57.7%	42 / 43.3%	44 / 45.4%	21 / 21.6%	23 / 23.7%	51 / 52.6%	40 / 41.2%	51 / 52.6%	2 / 2.1%	0 / 0.0%	3 / 3.1%	5 / 5.2%
2. 親戚の中に認知症の人がいる（いた）	16 / 47.1%	22 / 64.7%	21 / 61.8%	23 / 67.6%	17 / 50.0%	19 / 55.9%	9 / 26.5%	13 / 38.2%	21 / 61.8%	21 / 61.8%	23 / 67.6%	3 / 8.8%	1 / 2.9%	0 / 0.0%	1 / 2.9%
3. 近所付き合いのなかで認知症の人と接したことがあった	39 / 48.1%	44 / 54.3%	47 / 58.0%	50 / 61.7%	34 / 42.0%	48 / 59.3%	15 / 18.5%	21 / 25.9%	60 / 74.1%	38 / 46.9%	51 / 63.0%	5 / 6.2%	0 / 0.0%	1 / 1.2%	4 / 4.9%
4. 医療・介護の現場で働いている（いた）ため認知症の人と接したことがあった	20 / 46.5%	26 / 60.5%	28 / 65.1%	28 / 65.1%	23 / 53.5%	25 / 58.1%	15 / 34.9%	14 / 32.6%	20 / 46.5%	19 / 44.2%	23 / 53.5%	1 / 2.3%	0 / 0.0%	0 / 0.0%	1 / 2.3%
5. 医療・介護の現場以外の仕事を通じて、認知症の人と接したことがあった	8 / 44.4%	12 / 66.7%	15 / 83.3%	11 / 61.1%	10 / 55.6%	12 / 66.7%	4 / 22.2%	6 / 33.3%	13 / 72.2%	12 / 66.7%	13 / 72.2%	1 / 5.6%	0 / 0.0%	0 / 0.0%	2 / 11.1%
6. 認知症の人と接したことがなかった	31 / 47.0%	36 / 54.5%	34 / 51.5%	37 / 56.1%	32 / 48.5%	25 / 37.9%	13 / 19.7%	19 / 28.8%	49 / 74.2%	30 / 45.5%	34 / 51.5%	2 / 3.0%	0 / 0.0%	3 / 4.5%	7 / 10.6%
7. その他	7 / 50.0%	6 / 42.9%	9 / 64.3%	7 / 50.0%	5 / 35.7%	6 / 42.9%	2 / 14.3%	2 / 14.3%	8 / 57.1%	4 / 28.6%	6 / 42.9%	0 / 0.0%	0 / 0.0%	0 / 0.0%	0 / 0.0%
8. わからない	2 / 22.2%	5 / 55.6%	3 / 33.3%	4 / 44.4%	3 / 33.3%	2 / 22.2%	1 / 11.1%	0 / 0.0%	6 / 66.7%	3 / 33.3%	4 / 44.4%	1 / 11.1%	0 / 0.0%	0 / 0.0%	0 / 0.0%
無回答	56 / 63.6%	54 / 61.4%	56 / 63.6%	60 / 68.2%	54 / 61.4%	57 / 64.8%	34 / 38.6%	38 / 43.2%	62 / 70.5%	48 / 54.5%	56 / 63.6%	4 / 4.5%	0 / 0.0%	0 / 0.0%	0 / 0.0%
合計	224 / 49.7%	260 / 57.6%	266 / 59.0%	276 / 61.2%	220 / 48.8%	238 / 52.8%	114 / 25.3%	136 / 30.2%	290 / 64.3%	215 / 47.7%	261 / 57.9%	19 / 4.2%	1 / 0.2%	7 / 1.6%	20 / 4.4%

（筆者作成）

2倍近く多く、相談先の不安が高いことがわかった。また、「9. 介護施設が利用できないのではないか」を選択した回答者は、全体では22.8％だったのに対して「1. 家族の中に認知症の人がいる（いた）」と回答した人がこの項目を選択したのは20.6％、「2. 親戚の中に認知症の人がいる（いた）」と回答した人がこの項目を選択したのは26.5％と全体と比較して5％以内の差異だったのに対し、「6. 認知症の人と接したことがなかった」と回答した人がこの項目を選択したのは33.3％と10.5％多く、介護施設が利用できるかの不安が大きかった。さらに、「12. 家族以外の周りの人に迷惑をかけてしまうのではないか」を選択した回答者は、全体では58.1％だったのに対して「1. 家族の中に認知症の人がいる（いた）」と回答した人がこの項目を選択したのは63.9％、「2. 親戚の中に認知症の人がいる（いた）」と回答した人がこの項目を選択したのは58.8％と全体と比較して同等か高めの傾向があるのに対し、「6. 認知症の人と接したことがなかった」と回答した人がこの項目を選択したのは47.0％と全体に対し11.1％少なく、認知症に接点のある人のほうが周りにかける迷惑を気にしていた。

　「受講前の認知症の人との接点」と「国や自治体が重点を置くべきと考える認知症の施策」のクロス集計の結果を見ると、表5-10のとおり「6. 認知症の人を地域で見守る体制の充実」を選択した回答者は、全体では52.8％だったのに対し、「1. 家族の中に認知症の人がいる（いた）」と回答した人がこの項目を選択したのは45.4％と全体に対し7.4％低く、「2. 親戚の中に認知症の人がいる（いた）」と回答した人がこの項目を選択したのは55.9％と全体に対し3.1％高かったのに対し、「6. 認知症の人と接したことがなかった」と回答した人がこの項目を選択したのは37.9％と14.9％も低かった。また、「9. 認知症の人が利用できる介護施設の充実」を選択した回答者は、全体では64.3％だったのに対し、「1. 家族の中に認知症の人がいる（いた）」と回答した人がこの項目を選択したのは52.6％と全体に対し11.7％低く、「2. 親戚の中に認知症の人がいる（いた）」と回答した人がこの項目を選択したのは61.8％と全体に対し2.5％低かったのに対し、「6. 認知症の人と接したことがなかった」と回答した人がこの項目を選択したのは74.2％と9.9％高く、認知症の人と接する機会のなかった回答者は介護施設の充実をより強く望んでいた。

「受講前の認知症の人との接点」と「講座受講後の地域活動」のクロス集計の結果を見ると、表5-11のとおり「6. 認知症の人と接点がなかった」と回答した人は1から6までの具体的な地域活動の項目において全体に地域活動への参加割合が少なかった。特に、「1. 傾聴活動」「2. 認知症カフェ」及び「3. 移

表5-11　「受講前の認知症の人との接点」と「講座受講後の地域活動」のクロス集計　　n=451　単位：人

受講後に参加している地域活動／受講前の認知症の人との接点	1. 傾聴活動	2. 認知症カフェ	3. 移動足湯サポーター	4. ふれあいつどい・サロン	5. 地域の見守り活動	6. 地域福祉権利擁護事業の生活支援員	7. その他	8. 特になし	無回答
1. 家族の中に認知症の人がいる（いた）	35 / 36.1%	14 / 14.4%	14 / 14.4%	13 / 13.4%	26 / 26.8%	6 / 6.2%	8 / 8.2%	34 / 35.1%	7 / 7.2%
2. 親戚の中に認知症の人がいる（いた）	13 / 38.2%	7 / 20.6%	5 / 14.7%	9 / 26.5%	11 / 32.4%	5 / 14.7%	1 / 2.9%	8 / 23.5%	4 / 11.8%
3. 近所付き合いのなかで認知症の人と接したことがあった	29 / 35.8%	14 / 17.3%	18 / 22.2%	27 / 33.3%	40 / 49.4%	4 / 4.9%	5 / 6.2%	16 / 19.8%	3 / 3.7%
4. 医療・介護の現場で働いている（いた）ため認知症の人と接したことがあった	16 / 37.2%	9 / 20.9%	4 / 9.3%	13 / 30.2%	15 / 34.9%	5 / 11.6%	2 / 4.7%	14 / 32.6%	3 / 7.0%
5. 医療・介護の現場以外の仕事を通じて認知症の人と接したことがあった	6 / 33.3%	6 / 33.3%	5 / 27.8%	5 / 27.8%	6 / 33.3%	1 / 5.6%	0 / 0.0%	6 / 33.3%	1 / 5.6%
6. 認知症の人と接したことがなかった	9 / 13.6%	5 / 7.6%	5 / 7.6%	11 / 16.7%	16 / 24.2%	6 / 9.1%	5 / 7.6%	29 / 43.9%	4 / 6.1%
7. その他	5 / 35.7%	2 / 14.3%	3 / 21.4%	5 / 35.7%	7 / 50.0%	3 / 21.4%	2 / 14.3%	0 / 0.0%	1 / 7.1%
8. わからない	1 / 11.1%	0 / 0.0%	0 / 0.0%	2 / 22.2%	2 / 22.2%	0 / 0.0%	0 / 0.0%	4 / 44.4%	2 / 22.2%
無回答	39 / 44.3%	23 / 26.1%	15 / 17.0%	24 / 27.3%	36 / 40.9%	9 / 10.2%	5 / 5.7%	17 / 19.3%	7 / 8.0%
合計	153 / 33.9%	80 / 17.7%	69 / 15.3%	109 / 24.2%	159 / 35.3%	39 / 8.6%	28 / 6.2%	128 / 28.4%	32 / 7.1%

（筆者作成）

表5-12 「認知症に対するイメージ」と「自分が認知症になった時の不安」のクロス集計　　　　　　　　　　　　　n=451　単位：人

認知症に対するイメージ ＼ 自分が認知症になった時の不安	1. 家族のことも大切な思い出を忘れてしまうのではないか	2. 買い物や料理、車の運転などこれまでしてきたことができなくなるのではないか	3. 誇りを持って生活できなくなるのではないか	4. 病院や診療所での治療で症状は改善しなくても、もしかして	5. どこに相談すればよいかわからなくなるのではないか	6. 家族に身体的・精神的負担をかけるのではないか	7. 経済的に苦しくなるので、生活できなくなるのではないか	8. 必要な介護サービスを利用できず、現在の生活がまいかではないか	9. 介護施設が利用できないのではないか	10. 外出したくても、なかなか家から出かけられず、帰り道がわからなくなるのではないか	11. 誘われるがまま必要なものを大量購入したり、詐欺的な行動にあったりするのではないか被害をうけ	12. 家族以外の人に迷惑をかけてしまうのではないか	13. その他	14. 特にない	15. わからない	無回答
1. 認知症になっても、できないことを自ら工夫して補いながら、今までしてきた地域で、今までどおり自立的に生活できる	15 / 51.7%	18 / 62.1%	8 / 27.6%	9 / 31.0%	2 / 6.9%	20 / 69.0%	8 / 27.6%	5 / 17.2%	1 / 3.4%	12 / 41.4%	8 / 27.6%	13 / 44.8%	1 / 3.4%	2 / 6.9%	0 / 0.0%	0
2. 認知症になっても、医療・介護などのサポートを利用しながら、今までくらしてきた地域で暮らしていける	81 / 39.7%	154 / 75.5%	54 / 26.5%	48 / 23.5%	13 / 6.4%	166 / 81.4%	49 / 24.0%	28 / 13.7%	36 / 17.6%	73 / 35.8%	41 / 20.1%	123 / 60.3%	2 / 1.0%	2 / 1.0%	6 / 2.9%	6
3. 認知症になると、身の回りのことができなくなり、介護施設に入ってサポートを利用することが必要になる	40 / 38.8%	74 / 71.8%	25 / 24.3%	32 / 31.1%	8 / 7.8%	90 / 87.4%	33 / 32.0%	27 / 26.2%	39 / 37.9%	34 / 33.0%	22 / 21.4%	68 / 66.0%	2 / 1.9%	0 / 0.0%	1 / 1.0%	1
4. 認知症になると、暴言・暴力など周りの人に迷惑をかけてしまうので、今までてきた地域で生活することが難しくなる	9 / 60.0%	10 / 66.7%	3 / 20.0%	2 / 13.3%	2 / 13.3%	15 / 100.0%	4 / 26.7%	6 / 40.0%	3 / 20.0%	11 / 73.3%	4 / 26.7%	12 / 80.0%	0 / 0.0%	0 / 0.0%	0 / 0.0%	0
5. 認知症になると、症状が進行してゆき、何もできなくなってしまう	16 / 51.6%	25 / 80.6%	10 / 32.3%	13 / 41.9%	5 / 16.1%	27 / 87.1%	9 / 29.0%	10 / 32.3%	7 / 22.6%	13 / 41.9%	7 / 22.6%	17 / 54.8%	0 / 0.0%	0 / 0.0%	0 / 0.0%	0
6. その他	4 / 22.2%	6 / 66.7%	6 / 22.2%	6 / 33.3%	1 / 11.1%	8 / 66.7%	4 / 22.2%	3 / 33.3%	5 / 22.2%	8 / 33.3%	2 / 22.2%	4 / 44.4%	1 / 11.1%	0 / 0.0%	0 / 0.0%	0
7. わからない	4 / 25.0%	8 / 50.0%	6 / 37.5%	6 / 37.5%	5 / 31.3%	8 / 50.0%	4 / 25.0%	5 / 31.3%	5 / 31.3%	8 / 50.0%	2 / 12.5%	7 / 43.8%	1 / 6.3%	0 / 0.0%	3 / 18.8%	3
合計	167 / 37.0%	295 / 65.4%	108 / 23.9%	113 / 25.1%	36 / 8.0%	332 / 73.6%	109 / 24.2%	84 / 18.6%	93 / 20.6%	154 / 34.1%	86 / 19.1%	244 / 54.1%	7 / 1.6%	4 / 0.9%	10 / 2.2%	

（筆者作成）

動足湯サポーター」については全体の結果に対しそれぞれ半分以下の割合であり、特に少なかった。

「認知症に対するイメージ」と「自分が認知症になった時の不安」のクロス集計の結果を見ると、表5-12のとおり認知症に対しポジティブなイメージのある回答者はネガティブなイメージのある回答者に比べて、現在の住まいで暮らせなくなることや介護施設が利用できなくなることの不安の項目が高くなっている。

第4項　考察

以上の調査結果から考えられるシルバー講座及びゴールド講座の受講者の特徴は、次の5点がある。

1つ目は、シルバー講座及びゴールド講座の受講者は、仕事をしていない70歳以上の高齢女性が多くを占めており、過疎地域の住民の地域福祉活動を担う人材がもつ傾向と同じであることがわかった。また、講座受講前に認知症の人と接点のなかった人は15％程度で、多くの人が既に認知症の人と何らかの接点があった。ただ、シルバー講座受講者に限ると2割近い人が認知症の人と接したことがなく受講しており、認知症サポーター養成講座に続いてより深く認知症について学ぶ重要な機会になっているといえる。

2つ目は、認知症に対するイメージは、全体では地域で今まで通り暮らすことを大切に思う回答者が多いが、講座別にはゴールド講座のほうが地域での生活を重視しているのに対し、シルバー講座は比較的介護施設に入ってサポートを受けるイメージが強いことがわかった。

3つ目は、自分が認知症になった時及び家族が認知症になった時の不安は、総じて認知症についてよく学んだゴールド講座の受講者のほうがより大きいことがわかった。また、これと同時に認知症の施策については、高い関心があった。

4つ目は、日常生活での認知症の人への気づきは、より詳しく認知症について学んだゴールド講座の人のほうが多く、日常的な認識が高まっていたことがわかった。また、自由記述の記載を見ると、通りやスーパーマーケットなどで認知症の人に気づいた時に声をかけたり、場所がわからなかったりすれば案内

したりしており、学びが日常の実践にもつながっていた。また、受講後の地域活動は、ゴールド講座受講後に勧誘することが大きな成果をあげていた。

　5つ目は、家族や親戚等に認知症の人がいるまたはいた人は、認知症の人への施策の充実は地域生活重視の施策を求めている反面、もし自分が認知症になった時の不安では家族以外の人に迷惑をかけることを心配していることがわかった。一方で、認知症に接点のなかった人は、認知症の人の施策の充実は介護施設の充実を重視しており、自分が認知症になった時の不安は相談先や施設利用に関することが多い。認知症の人への接点があった人が、認知症に関する学びを深めることで、認知症の人が住みやすい地域づくりの趣旨が理解されている半面で、自分が認知症になった時の行動が周りに与える影響が気になるようである。

　綾部市社協が行うこのような講座を受講した人の認知症に対する考えは、国民の一般的な考えとどのように差があるのだろうか。本調査は、一部の調査項目で内閣府の調査と同一の項目を設定していた。そこで、内閣府が認知症に関する国民の意識を把握し認知症施策の参考とするために2015年に国民から抽出した3,000人を対象に行った「『認知症』に関する世論調査」の結果と比較して検討してみた。

　認知症に対するイメージは、内閣府の調査では「3. 認知症になると、身の回りのことができなくなり、介護施設に入ってサポートを利用することが必要になる」が35.9％で最も多く、次いで多かったのが「2. 認知症になっても、医療・介護などのサポートを利用しながら、今まで暮らしてきた地域で生活していける」の33.5％だった。本調査の結果と比較すると、「3. 認知症になると、身の回りのことができなくなり、介護施設に入ってサポートを利用することが必要になる」が本調査でも2番目に多かったが、回答のあった割合をみると、本調査が25.3％だったのに対し、内閣府の調査では35.9％と10.6％高かった。この結果から、ゴールド講座やシルバー講座の受講者のほうが介護施設に入ってサポートを受けている認知症のイメージがより少ないことがわかる。

　自分が認知症になった時の不安は、内閣府の調査では「6. 家族に身体的・精神的負担をかけるのではないか」が74.9％で最も多く、次いで「2. 買い物や料理、車の運転など、これまでできていたことができなくなってしまうので

はないか」の56.8％、「12. 家族以外の周りの人に迷惑をかけてしまうのではないか」の56.5％の順に多かった。この結果は、本調査とまったく同じ順位であった。また、この3項目の回答のあった割合を見ると、前記の項目の順に内閣府の結果と本調査の結果が、それぞれ74.9％と78.7％、56.8％と70.1％、56.5％と58.3％であった。1番目と3番目の項目は大きな差はなかったが、2番目の項目である「2. 買い物や料理、車の運転など、これまでできていたことができなくなってしまうのではないか」が内閣府の調査よりも本調査のほうが13.3％多く、ゴールド講座やシルバー講座の受講者のほうが認知症になって今までできたことができなくなる不安が大きかった。

　家族が認知症になった時の不安は、内閣府の調査では「5. ストレスや精神的負担が大きいのではないか」が62.5％で最も多く、次いで「12. 家族以外の周りの人に迷惑をかけてしまうのではないか」の51.4％、「6. 経済的負担が大きいのではないか」49.9％の順に多かった。この結果は、1番目と2番目は本調査と同じ結果だったが、3番目は本調査では「2. 買い物や料理、車の運転など、これまでできていたことができなくなるので、周りの人の負担が大きくなるのではないか」であったので、内閣府の調査とは異なっていた。内閣府の調査で3番目に多かった「6. 経済的負担が大きいのではないか」は本調査では32.6％であり、本調査のほうが17.3％少なく、ゴールド講座やシルバー講座の受講者のほうが家族の経済的負担に関する不安が少なかった。

　国や自治体が重点を置くべきと考える認知症の施策は、内閣府の調査では半数以上の回答者が選択している項目は全11項目中7項目あり、本調査よりも1項目多かった。各項目について回答者が選択した割合は、内閣府の調査と本調査では大きな差はなく、本調査で選択が少なかった「7. 日常生活の中で必要となる財産管理などへの支援の充実」と「8. 悪徳商法や詐欺的な勧誘による被害を防止するための取り組み」の2つは、内閣府の調査でも選択は少なかった。

　以上の結果から、以下の内容が明らかになった。

　綾部市社協の実施するシルバー講座及びゴールド講座の受講者は、仕事をしていない高齢女性が多く、既に一定の地域活動を行っている住民が多かった。そのため、認知症のことが自分自身の身近なことでもあり、認知症の学びが具体的に理解され、実際の地域活動への参加にもつながりやすかった。このよう

に、認知症サポーター養成講座に付加的に継続したプログラムは、認知症の理解の促進のためには有効であることがわかった。そして、講座受講後に実際に参加できる地域活動の場に具体的につなげることが重要であることもわかった。

このような認知症の人を包摂するコミュニティづくりに自分たち自身がどのように展開していくことができるのかについて、先進的な実践である認知症フレンドリーコミュニティの活動やイギリスの認知症フレンドリーの活動などを示して、新たな活動を開発していくことを動機づけることが今後は必要である。

これからは、認知症サポーター養成講座に付加的なプログラムを実施することを拡大していくとともに、講座を受講したサポーターが受講後に住民が地域活動に積極的に参加できる環境を整えていき、さらに受講者が認知症の人が住みやすいコミュニティづくりに自分自身も関わる機会を増やすことが必要である。

この調査研究に残された課題は、認知症サポーター養成講座の受講者に対する付加的なプログラムにおける高齢者以外の世代の受講者への有効性の検証と、認知症の人が住みやすいコミュニティづくりに寄与する付加的プログラムの内容の検討である。

この調査に協力いただいた社会福祉法人綾部市社会福祉協議会、ならびにアンケート調査に協力いただいたシルバー講座・ゴールド講座受講者の皆様に心よりお礼申し上げる。

第2節 認知症カフェの現状と課題
Chapter 4
Section 2

■ 認知症カフェの背景

認知症カフェは、「認知症の人やその家族が地域の人や専門家と相互に情報を共有し、お互いを理解し合う場」であると認知症施策推進総合戦略（新オレ

ンジプラン）において定義されている（厚生労働省，2015）。認知症カフェは、同プランのなかで「認知症の人の介護者の負担軽減」の項目で示されており、介護者のレスパイトサービスとして位置づけられ、2012年の認知症施策推進5か年戦略（オレンジプラン）によるモデル事業として初めて用いられた名称であるが、それまでにも様々な名称で同様の趣旨の先駆的取り組みが行われていた。

　これらのモデルになっていたのがオランダで1997年から取り組まれていたアルツハイマーカフェである。アルツハイマーカフェは、認知症の人と家族介護者、友人、住民、専門職が同じ場所で集まり会話を楽しみ情報提供を受けることで、その地域全体への働きかけ、認知症になっても暮らしやすい地域づくりを趣旨に行われている。この取り組みは、ヨーロッパの他の国にも大きな影響を与え、イングランドやスコットランドでも取り組まれるようになり、日本でもイングランドの先駆的実践を参考にして取り組まれるようになった。ただ、オランダのアルツハイマーカフェが目的としていたような認知症になっても暮らしやすい地域づくりを目的としているのはベルギーくらいで、その他の地域では家族支援の目的や認知症の人と家族の地域の居場所としての機能が重視されているのが現状である[20]。

　認知症カフェのように認知症の人と家族など地域から排除されがちな人たちが豊かに交流することを目指した地域の拠点を「コミュニティカフェ」と呼び、福祉コミュニティの形成拠点となる可能性があるという見方もある。倉持香苗は、コミュニティカフェを「飲食を共にすることを基本に、誰もがいつでも気軽に立ち寄り、自由に過ごすことができる場所である」（倉持，2014：30）と定義している。倉持は、近年の地域の交流が少なく関係性が希薄になった社会のなかで、コミュニティカフェは制度の枠にしばられることなく誰もが気軽に立ち寄れる場所であり、そこではお互いの存在を認め合いながら社会との関係を構築する場所として重要性を増していることを強調している（倉持，2014）。

　さらに倉持は、①当事者が安心して仲間のいる場所に参加できつつ自己実現を図ることができること、②当事者以外にも多様な人が過ごすなかで福祉教育の機能が果たされること、③参加者同士の情報交換が密接にされることで参加者間の関係性が深化すること、などが果たされたうえではコミュニティカフェ

が福祉コミュニティ形成の拠点になりうる可能性があるとしている（倉持, 2014）。

　近年、急速に拡大する認知症カフェの現状と課題を明らかにするため、認知症介護研究・研修仙台センターは2016年度に「認知症カフェの実態に関する調査」を行っている。この調査によると、認知症カフェは全国の2,200か所以上で実施されている[21]。これは、先駆的に実施されていたオランダ（1997年開始）の230か所、アメリカ（2002年開始）の250か所などに比べて圧倒的に多い。日本で認知症カフェが拡大したのは、2012年の認知症施策推進5か年戦略（オレンジプラン）以降であるが、その実施か所数の伸びは著しい（認知症介護研究・研修仙台センター, 2017）。

　この調査によると、認知症カフェの運営主体は、地域包括支援センターが33.9％で最も多く、次いでボランティア団体の22.7％である。認知症カフェの開催場所は、介護・医療関係の施設を活用しているのが53.4％で最も多く、地域のレストランやカフェで実施しているものは6.0％にとどまっている。これらの特徴から、認知症カフェは専門機関が主導して実施している現状がわかる。開催頻度は月1回が76.8％で、開始時間は午後の開催が64.1％、120分程度の開催が53.5％である。認知症カフェの開催時に行われる内容は、カフェタイムが87.6％で最も多いが、介護相談も70.0％、アクティビティも63.1％あり、何も行わないカフェは23.0％であった。

　これらの調査結果から、調査を行った研究委員会が「認知症カフェの共通概念」を整理し示している。これによると、認知症カフェは認知症の人と介護者が住民や専門職と住みやすい地域社会づくりに貢献できる場所であり、多様な人びととの対話と会話を基盤として、地域住民とのゆるやかな調和と協働により成立するものとしている。

　そのための前提条件として、認知症の人が参加しやすい合理的配慮と認知症の一次予防（認知症にならないための取り組み）を主目的としない配慮がされたうえで、アクティビティは対話と会話を促す手段として位置づけ、休憩する場所の確保等をしたうえで、認知症カフェには3つのタイプがあると分類している。それは、①情報提供や学びを主たる目的としたタイプ、②特にプログラムは用意されていない居場所を主たる目的としたタイプ、③家族と本人のピア

サポートを主たる目的としたタイプ、である。この3つのタイプを見ると、住民が認知症の人や家族と直接関わることが期待されるのは②のタイプであると考えられる（認知症介護研究・研修仙台センター, 2017）。

■ 認知症カフェの特徴と実施状況

「家族の会」は、2012年に「認知症カフェのあり方と運営に関する調査研究事業」を行い、その報告書をまとめている。この報告書では、認知症カフェが認知症の人と家族の家庭での日常的な関係性の様式やパターンを変えるものとして機能する一面があると考えられ、認知症の本人と家族、地域の人びと、専門職が出会い直しをする場の役割を果たす可能性があるとしている。このような場として認知症カフェがもっている要素を表5-13の7つにまとめている。

これらの要素が実際に認知症カフェとして機能している場合、調査研究で行われた事例調査ではいくつかの特徴が見られたとして、その特徴を表5-14のように10にまとめている。

そして、こうした認知症カフェが地域住民に対してもたらす効果については、表5-15のように5つがあるとしている。

この報告では、こうした効果は、地域住民にとっては、認知症の人と家族と出会い交わる場が自然でかつ効果的に設定されていることで、出会いは一回性でありながら、地域での暮らしの継続を可能とする人のつながりが生まれてい

表5-13　認知症カフェの7つの要素

> 【要素1】認知症の人が、病気であることを意識せずに過ごせる。
> 【要素2】認知症の人にとって、自分の役割がある。
> 【要素3】認知症の人と家族が社会とつながることができる。
> 【要素4】認知症の人と家族にとって、自分の弱みを知ってもらえていて、かつそれを受け入れてもらえる。
> 【要素5】認知症の人とその家族が一緒に参加でき、それ以外の人が参加・交流できる。
> 【要素6】どんな人も自分のペースに合わせて参加できる。
> 【要素7】「人」がつながることを可能にするしくみがある。

（出典：認知症の人と家族の会「認知症カフェのあり方と運営に関する調査研究事業報告書」2013年より）

表5-14　認知症カフェの10の特徴

【特徴1】認知症の人とその家族が安心して過ごせる場
【特徴2】認知症の人とその家族がいつでも気軽に相談できる場
【特徴3】認知症の人とその家族が自分たちの思いを吐き出せる場
【特徴4】本人と家族の暮らしのリズム、関係性を崩さずに利用できる場
【特徴5】認知症の人と家族の思いや希望が社会に発信される場
【特徴6】一般住民が認知症の人やその家族と出会う場
【特徴7】一般の地域住民が認知症のことや認知症ケアについて知る場
【特徴8】専門職が本人や家族と平面で出会い、本人家族の別の側面を発見する場
【特徴9】運営スタッフにとって、必要とされていること、やりがいを感じる場
【特徴10】地域住民にとって「自分が認知症になった時」に安心して利用できる
　　　　　場を知り、相互扶助の輪を形成できる場

（出典：認知症の人と家族の会「認知症カフェのあり方と運営に関する調査研究事業報告書」2013年より）

表5-15　認知症カフェが地域住民にもたらす5つの効果

【効果1】地域住民にとって認知症を自分の近い将来のこととして身近に考える
　　　　雰囲気が生まれるきっかけとなる。
【効果2】地域住民が認知症の人と出会い、同じものを飲み、食べ、会話するこ
　　　　とで認知症が特別な病気でないことを知る場となっている。
【効果3】認知症の人と地域住民が出会い交流する場になっている。
【効果4】世代や障害を越えた住民同士が生活の一場面として交流し、横のつな
　　　　がりが形成される場になっている。
【効果5】地域住民が誰でも立ち寄れるくつろぎの場となっている。

（出典：認知症の人と家族の会「認知症カフェのあり方と運営に関する調査研究事業報告書」2013年より）

るようであると分析している。

　これらの認知症カフェの7つの要素、10の特徴を見ると、認知症の人と家族が地域のなかで孤立せずに暮らせることや、社会との接点を確保する場として認知症カフェが理解されていることがわかる。そして、これに併せて地域住民にもたらす効果として、認知症に対する学びや気づき（効果1と2）、認知症の人との交流（効果3）とともに地域住民自身にとっての相互交流の場（効果4と5）があるとしていた。

この報告書では、調査結果から認知症ケアにおける認知症カフェの意味として、認知症カフェの活動を支援するボランティアにとっては「認知症サポーター養成講座のような机上の学習だけではなく、認知症カフェで実際に本人や家族に出会い、話をしたり、同じ食べ物を食べることを通じて、認知症を生きることや介護について現実的に理解することができる」（認知症の人と家族の会，2013：39）場であると評価している。

　認知症カフェは、認知症の人と家族にとって、地域で孤立しないよう相談ができて仲間づくりもできる身近な拠点として重要な存在となりつつある。認知症の人と家族が集まることで、同じ立場の人同士が思いを分かち合い、本人ならではの情報交換を行う場として、暮らしの身近な場所で小規模であっても親密な関係が構築できる場として、重要な場であるといえる。また、専門職にとっても、認知症カフェでの会話を通して認知症の人と家族の相談に対応し、必要な情報提供ができる場として大切なものである。

　一方、認知症カフェは住民にとっても認知症サポーター養成講座とは異なり認知症の人と家族に実際に出会い、本人や家族との会話から様々な現実を知る機会となっている。現在は、地域包括支援センターなどの専門機関の専門職が主催するものが多く、認知症カフェの設置を進める自治体も現在の問題意識は住民が認知症を知り、認知症の人と家族と出会う場としての認知症のカフェのことよりも、まずは認知症カフェの設置数を増やすことや参加者数を増やすことに課題意識がある（認知症介護研究・研修仙台センター，2017）。

　平均的には月1回開催の認知症カフェをきっかけに、住民がより日常的に認知症の人と家族との接点をもつ新たな試みとして厚生労働省が進めようとしているのが「認知症カフェ等を活用したボランティアによる居宅訪問」で、「認とも」と呼ぶ活動である。

　認ともは、認知症地域支援・ケア向上事業（地域支援事業）のなかで認知症地域支援推進員が企画・調整する事業のひとつとして行われるもので、認知症カフェ等を通じて顔なじみになったボランティアのうち一定の資質を有する人（想定されるものとして認知症サポーター養成講座の上乗せ講座の受講者など）が、認知症地域支援員の企画・調整のもとで認知症の人の居宅を訪問し、一緒に過ごすというものである。まだわずかな地域で始まったばかりの活動ではあ

るが、認知症カフェをきっかけに住民活動として日常的に認知症の人と家族に関わり、交流をもつ活動として注目すべき活動といえる。

　第3章で述べた町田市が行う認知症カフェであるDカフェの実践は、認知症の本人同士が思いを語り合う場として、また認知症の人が地域の人と関わりをもつ場として市内9か所で行われている。Dカフェは、全国展開を行うチェーン店であるスターバックスコーヒーの社会貢献としての協力により町田市内の店舗で行われており、地域の人が普段利用する店舗で通常営業と並行して行うことで、住民との関わりを促進する効果も期待したものとなっている。

　このように、認知症カフェは認知症の人と家族に積極的に関わろうとする住民活動者に対して、認知症の人と家族に接する機会をつくり、さらに「認とも」の活動のように日常的に関わる機会をもつくる点では、住民が認知症の人と関わることによる気づきや発見を促す機会として今後の拡大が望まれる事業であるといえるだろう。それと同時に、このように積極的に認知症の人と家族に関わろうとする住民をいかに増やすかが今後の課題であるといえる。

　そうした点で、現在行われているものでは、認知症の学びの場として住民のなかですそ野広く実施されている認知症サポーター養成講座の受講者を対象にして、認知症カフェや認ともの活動につなげていくような取り組みがあると、より広く認知症のことを知り、認知症の人と関わり交流する住民が増加すると考えられるであろう。

第3節 市民後見人養成の現状と課題

■ 成年後見制度の概要と利用の傾向

　成年後見制度は、認知症高齢者や知的・精神障害者など判断能力の不十分な人に対して成年後見人等を選任して本人の権利や財産が侵害されることのない

ように、法律行為や財産管理を支援することを目的にした制度である。

　日本で成年後見制度が制定されたのは、明治31年（1898年）に施行された民法において最初に規定されており、当時は禁治産・準禁治産制度という名称だった。禁治産・準禁治産制度は、財産法の一部として規定されており、家制度において当主の判断能力が不十分なために次世代に受け継ぐ財産が散逸しないよう財産管理の代理人を設定することが主な目的であったが、時代が進んで家制度の衰退とともにその役割が減少していった。

　しかし、2000年に施行された介護保険法に代表される社会福祉基礎構造改革によって、福祉サービスの利用方式が行政による措置制度から福祉サービスの利用者と事業者が直接利用契約を締結する方式による福祉サービスへと変更されることで状況が大きく変わった。認知症高齢者や知的・精神障害者が福祉サービスを利用する際、利用者本人の判断能力が不十分な時に代理人による契約の必要が生じることとなり、禁治産・準禁治産制度が再び注目されることとなったのである。

　ただし、明治時代に財産管理を中心に代理する目的で制定された禁治産・準禁治産制度は、100年以上を経て家制度に代表される家族のあり様が変わったことや福祉サービス利用の代理を主目的とするためには、旧来の制度をそのまま活用することは困難だった。そのため、いくつかの改正を行い現在の成年後見制度として2000年に介護保険法と同時期に施行された。

　現行の成年後見制度は、自己決定の尊重と本人の保護の調和を理念としており、本人の判断能力の低下度合いに応じて支援の度合いを変え、最も判断能力の不十分な成年後見の類型から保佐、補助と段階を設けて、判断能力のある人には残存能力を活かして自分の判断で法律行為や財産管理を行えるようにしている。

　また、禁治産・準禁治産制度は財産管理が中心の制度であったのに対し、現行の成年後見制度は財産管理と同等以上に身上監護を重視しており、本人に必要な福祉や介護の制度を適切に使うことなどを通じて判断能力の不十分な人の様々な権利を守り、本人らしい生活を守ることができるようになったのだった。

　2000年に現行の成年後見制度が施行され、当初は少なかった利用者も徐々に増加し、現在は年間で3万人以上の人が新しく利用するようになった。

しかし、高齢者と障害者の福祉サービスに利用契約が必要となり、このうち福祉サービス利用者本人の判断能力が低下していると考えられる認知症高齢者や知的・精神障害者など成年後見制度の利用が必要とされる対象者数は約569万3000人と推計されている（成年後見センター・リーガルサポート，2013）。この対象者数と比較すると、毎年3万人という利用実績は著しく少ないと言わざるを得ない。

さらに、後見人の担い手の問題もある。現在の成年後見制度が始まった当初は、成年後見人等の担い手は約8割が親子や兄弟などの親族が担い、約2割が弁護士・司法書士・社会福祉士などの第三者が担っていた。ところが、時を経るにつれて親族が後見人を担う割合が減少し、反対に第三者が後見人等を担う割合が増加してきた。第三者後見人の担い手は、現在の成年後見制度が始まった当初から弁護士、司法書士及び社会福祉士がそれぞれの職能団体として全国の家庭裁判所に名簿を提出するなど積極的に担ってきていたが、近年の第三者後見人が求められる件数にこれらの職能団体が対応できなくなってきた。

そのため、新たな第三者後見人の担い手養成として先駆的な実践が始まったのが市民による第三者後見人の担い手の養成であった。

■ 市民による成年後見人の担い手養成

市民後見人について岩間伸之は、「市民後見人とは、家庭裁判所から成年後見人等として選任された一般市民のことであり、専門組織による養成と活動支援を受けながら、市民としての特性を活かした後見活動を地域における第三者後見人の立場で展開する権利擁護の担い手のことである」（岩間，2012：8）と定義している。

前述のように第三者後見人が要請される環境のなかで従来の専門職だけでは担えなくなってきた状況をふまえ、ドイツの成年後見制度である世話法（Betreuungsrecht）の運用で活用されているボランティア世話人などの海外の例も参考にしながら新たに養成されるようになったのが、市民後見人だった。専門職による後見人とは異なる市民後見人の要素について大貫正男は、「①司法書士・弁護士・社会福祉士等の専門職でない一般市民である。②市民後見人養成講座を受講している。③実際に家庭裁判所から後見人として選任されている。④個

人受任が原則である（多数の社会福祉協議会、NPO法人等が法人後見を行っている現状から、法人後見の「支援員」として活動している形態もある）。⑤任意後見人は含まない。⑥自治体またはその委託を受けた社会福祉協議会、NPO法人等の実施機関、さらに専門職等のサポートを受けている。⑦本人と同じ地域に住んでいる。⑧社会貢献として本人のための権利擁護活動をする」（大貫正男，2013：10）ことがあるとしている。

　これらの市民後見人の要素からは、一定の研修を受けた市民が担うとはいえ、専門職ではない市民が判断能力の不十分な人の権利擁護を正確に行うためには専門職や社会福祉協議会からのバックアップが不可欠であるということと同時に、同じ地域に住む隣人としての立場で本人の権利擁護を担う立場性と役割が、明らかにされているといえる。

　市民後見人の養成は、後見人の担い手が親族から第三者への要請が大きくなり始めた頃に都市部を中心に従来の専門職の担い手不足が顕著になるなかで、新たな試みとして取り組まれ始めた。2005年には東京都が社会貢献型後見人養成事業を始め、2006年には世田谷区と品川区が独自の養成研修を始めている。また大阪市は、2005年に市が設置した大阪市後見的支援研究会の提言を受けて、2007年に養成研修を始めて、2008年には早くも最初の市民後見人が誕生した。

　一方、国においても2011年に老人福祉法第32条の2に市町村と都道府県に法定後見制度の運用基盤の整備を求める条文が追加され、市町村が適正な成年後見人候補者を育成し活用を図るために研修の実施、適正な成年後見人候補者の家庭裁判所への推薦などを行う努力義務を負うことになった。

　そして、このことの具体化のために市民後見制度の基盤整備を目的としたモデル事業として市民後見推進事業が2011年度から開始され、事業指定を受けた市町村が、①市民後見人養成の研修の実施、②市民後見活動の安定的な実施のための組織体制の構築、③市民後見人の適正な活動を確保する支援、などの事業を実施した。第三者による成年後見人不足に迫られた市町村が先駆的に養成を始めた市民後見人の養成と活動支援の取り組みは、やがて第三者後見人として市民後見人に期待する動向が拡大することにより高齢者福祉分野から法制度の改正を経て、全国的に市民後見人養成が進められることとなっていった。

さらに、市民後見人を含めた成年後見制度の利用促進を図るための市町村での体制整備を目的とした法律「成年後見制度の利用の促進に関する法律」が2016年に施行された。

　この法律は、2000年に施行された成年後見制度の理念をあらためて尊重し、成年後見制度の利用を促進するための体制整備を公的システムとして整備しようとするものだった。このなかで、成年後見制度の需要に対応するため同法第11条8号に「地域において成年後見人等となる人の人材の確保」が規定され、ニーズに対応できる後見人の人材が足りていないことを重要視するようになった。特に第三者後見人の充実を図るうえでは、従来の専門職以外に市民による後見人候補者の増強を図るために市民後見人養成を進める必要性が強調されている。

　実際の市民後見人の養成状況は、厚生労働省の調査によると全国の22.6％の市町村が養成を行っており、約16,000人が養成されている（厚生労働省,2020）。市民後見人の養成講座を受講し終わってもその後に市民後見人として養成機関に登録するか否かが受講者に確認されることとなる。

　講座の受講時には具体的な活動の条件を受講者に問うことまで行っている養成機関は少なく、受講完了時の登録の可否を問う段階で活動可能な曜日や受講を終えてあらためて受任できるかなどを確認することとなる。その結果、講座を受講して養成された人のうち43.7％にあたる6,999人が市民後見人として養成機関等に登録している（厚生労働省,2020）。さらに、養成機関は登録のあった市民後見人候補者を所轄の家庭裁判所に提出するのだが、提出を受けた家庭裁判所は成年後見等の申立案件のうち市民後見の受任が妥当と考えるものがあれば養成機関に対して受任者の推薦や選定を依頼することになる。

　このように市民後見人として登録された人がすぐに成年後見人として活動するかというとそういうわけではなく、実際に成年後見人等を受任しているのは1,430人（受任件数は1,453件でほとんどが1人1件）で、養成者数の8.9％にとどまっている（厚生労働省,2020）。なお、市民後見人として登録していてまだ受任していない人を対象として、養成機関が受任する法人後見の受任案件や日常生活自立支援事業の生活支援員など権利擁護の活動に携わる機会を設けている養成機関も多くある（厚生労働省,2020）。

■ 認知症の人の支援者としての市民後見人の可能性

　以上に述べてきたとおり、市民後見人は成年後見制度の後見人不足の課題から養成が進められてきた。増え続ける成年後見制度の利用ニーズと親族後見人から専門職後見人に重点が移行するなかで、第三者後見人の候補者が足りない状況から、ドイツの世話法によるボランティア世話人をヒントに、日本でも第三者の立場の市民が後見人になる試みが始められた。

　これまで日本では、民法に位置づけられている成年後見制度の後見人の担い手は親族が担うことが重視されてきた。しかし、近年の親族関係は徐々に密接な関係性が薄れ、身上監護や財産管理などの重要な任務を担うことを避ける傾向が顕著になり、親族の後見人候補者を得ることが難しくなってきているので、市民が後見人を担うことはこれからの成年後見制度存続のうえで非常に重要な要素となっている。

　ただ、前述のとおり成年後見人は判断能力の不十分な人の身上監護と財産管理という重要な行為の代行や代理を行う者であり、そのことを専門職としての基盤がなく行う市民後見人には、高度な対人援助の技術を要する件や高額な財産の管理を求められる件を避け、比較的対人援助において支援のしやすい事件や財産額が多くない事件を担うことが適当とされている（成年後見センターリーガルサポート，2013）。

　市民後見人養成を先駆的に行ってきた大阪市成年後見支援センターは、市民後見人に期待される活動として、①本人の意思の代弁、②基本的ニーズの充足と本人らしい生活の質の向上、③良好な社会関係の構築、④適切なサービスの活用、⑤適切な財産管理と本人にとって有意義な財産活用、⑥地域社会における権利擁護の推進と成年後見制度の普及、をあげている（岩間，2012）。市民活動で行う成年後見人としての活動の特徴は、前記の6点を本人の身近なところで日常的な関わりを経ているからこそ行えることとして期待されているのである。一人暮らし高齢者世帯が増加しているなかで、別居する親族からの支援が得にくい高齢者が認知症となり、成年後見制度による支援が必要になる人が今後ますます増大することが予想される。そういった人たちへの成年後見人の担い手として、市民後見人のニーズはますます拡大していくことであろう。

このような役割を担う市民後見人は、受任している認知症の人を超えてその地域の認知症の人が自分らしく暮らせるまちづくり活動に貢献することはできるのだろうか。まず、市民後見人として受任している認知症の人については、前記の期待される活動の②にあげられていた「本人らしい生活の質の向上」のために、市民後見人は被後見人が望む生活を把握し、その実現を目指して後見人としての役割を果たそうとすることは十分に期待できる。

　また、前記の期待される活動の⑥にあげられていた「地域社会における権利擁護の推進と成年後見制度の普及」については、直接的には自分の受任する被後見人の暮らす地域を認知症の人にやさしい環境に整備されるような働きかけを行うことが期待されるだろう。例えば、自分が受任している認知症の人が自治会で必要な当番をこなすことやごみ捨てのルールを守ることなどにおいて認知症の本人と近隣の人との間で後見人が橋渡しや調整を行うことで、本人の状況への理解を促すことなどである。

　市民後見人の養成を2007年から全国に先駆けて行っている大阪市で、実際に活動している市民後見人を対象としたアンケートが2010年に行われており、その結果から以下のような回答が見られる。

　「本人宅への訪問時には、近隣の住民にあいさつすることで安心していただける。入院時、退院時には、必ずあいさつと報告を欠かさないようにした。苦情が耳に入った時にはすぐに対応し、被後見人が近隣住民に迷惑をかけていることに対しては謝り、ここに住みたい本人の気持ちを伝えたりもした。時間は要したが、本人宅訪問時に、隣の人から本人の様子について話しかけてくださるようになり、長く住んでいるから、これも仕方ないよといった声が出てきた。後見人がついていることで、何かあったら後見人に言ったらよいので安心だと思われた様子があった。住民の協力が少し得られたのではないかと思う」（伊関，2012：152-153）。ここで見られるように市民後見人は、被後見人の住み慣れた地域に住み続けたい思いを実現するために、周りの住民の理解と協力を得るための取り組みを行っている。

　これに加えて、受任する認知症の人の住む地域において認知症の人が暮らしやすい地域づくりを行うことは、成年後見制度で本来求められていることを超えた役割ではあるものの、地域社会のなかで権利擁護を推進する市民後見人の

社会的役割として必要である。認知症に対する専門職によるケアは、ユマニチュードやパーソン・センタード・ケアなどが広く紹介されるようになり、近年は認知症の本人の尊厳を守り、個別性を尊重し、自分らしい生活のあり方を認知症の本人に寄り添い考えることを推奨するようになってきている。しかし、認知症に関する地域の人びととのとらえ方は、まだそのようなことが重視されているとはいえない状況である。

　市民後見人は、養成講座において認知症の特徴や認知症の人を支援する際の理念や原則を学び、判断能力の低下した認知症の人が自分らしく生きるために必要な支援を実践しており、そのような経験や考えを住民の間で普及するための役割を担うことができるであろう。それは、例えば住民を対象とした認知症の人の支援に関する学習の機会や、住民が地域の課題を協議する場において、専門職ではなく同じ住民の立場である市民後見人が、認知症の人が自分らしく暮らせるために住民ができることを発信することは有意義であるといえよう。

　ただ、このような取り組みだけでは、認知症についての啓発的な内容の限界を超えることはできず、啓発から実践への展開につなげなければ認知症の人が自分らしく暮らせるまちづくりにまでは発展しないといえるだろう。

第4節 本章のまとめ

Chapter 4
Section 4

　本章では、全国的に進められてきた認知症の人に対する住民活動を推進するプログラムである認知症サポーター養成講座、認知症カフェ、市民後見人養成について、そのプログラムの概要と特徴について見てきた。

　2015年に発表された新オレンジプランで、認知症の理解を深めるためのプログラムとして認知症サポーター養成講座の充実を図ることが求められて実際に多くの受講が果たされているように、この章で検討してきたプログラムは一定の制度的な基盤があることで市町村などの地方自治体や地域包括支援セン

ターなどの専門機関などによる取り組みが拡大していることが明らかになった。こうしたプログラムの実施主体の数的充実に併せて質的な充実についても考える必要がある。事業を実施することだけが優先されることなく、プログラムによる認知症の人や家族または住民への効果についても積極的に検討することが求められる。

　本章で検討した3つのプログラムが認知症とともに生きるまちづくりの推進に与える効果は、以下のことが考えられる。

　認知症サポーター養成講座は、認知症に対する基本的な知識を講座形式で学ぶものであり、認知症の特徴や基本的な対応方法などを参加者が理解することで認知症の人への関わりがしやすくなると考えられる。実際に受講者は、自治会やボランティア団体だけではなく、金融機関、商店、学校など社会生活に関わる広い分野で見られ、講座を学ぶことで認知症の人が社会生活のうえで配慮されることのすそ野が広がることが考えられる。

　それは、認知症フレンドリー社会において考えられていた住民の理解の基盤強化に資することができるといえるだろう。これに加えて、調査で取り上げた綾部市社協のように、規格化された認知症サポーター養成講座への付加的なプログラムを自主的に実施する実践を拡大することが大切である。こうした実践を行う地域は他にもあり、今後は認知症の人との接点がある体験的な内容が付加されたプログラムが積極的に取り組まれることで、より具合的な認知症への理解が広がることが期待される。

　認知症カフェは、身近な地域で住民と認知症の人の個別的な関係性を構築するためには有効なプログラムであるといえる。その開催頻度は多くの地域で月1回と多くはないが、認知症カフェでの出会いをもとに住民と認知症の人の人間関係が形成され、認知症カフェの開催日以外にも関わりがもてるような工夫として「認とも」の活動なども工夫され始めている。これから認知症カフェに地域に暮らす認知症の人と家族が継続して参加し、住民と日常的な関わりが増えることが期待される。

　市民後見人は、まだ一部の地域での養成が始まったばかりであり、実際に受任する人も少ない現状である。認知症の人の法律行為や財産管理などの重要な行為を代行・代理する権利擁護の役割を市民後見人が担うことで、市民が直接

的に認知症の人の重要な支援者となるものであるが、これにとどまらず、地域のなかで認知症の人が尊厳を守られ自分らしく生きることができるよう地域の人びとに対して権利擁護の考え方を広報し、認知症の本人が社会生活のなかで様々な参加の機会が奪われないための地域づくりを行うことが期待される。

　以上のとおり、これらのプログラムはいずれもまだプログラムの始動期として様々な工夫の余地が残されており、そのような工夫が実際に取り組まれ始めている。

　その工夫のねらいには、住民が認知症の知識を得るだけではなく、認知症の人や家族と出会い関わることにより認知症の理解を体験的に深め、その後に日常的な支援者となることが見込まれている。こうした実践の積み重ねにより、認知症に関する住民活動のすそ野を広げ、活動者層を厚いものにしていくことができるといえるだろう。

　ただし、このような認知症に関わる住民活動を担う人の人数が増えればいいのではなく、市民後見人のように認知症の人の尊厳を守り、人権を守る住民活動を行う一員として活動ができる質的な成長が求められている。そのためには、実際に住民活動に参加し、当事者組織と協働して運動していくことが重要になる。そして、このような住民活動が拡大することで、認知症の人の暮らしの環境が良くなり、周辺症状の安定にも寄与することができると考えられる。

　いずれにしても、地域で行われる認知症の当事者運動と協働する住民活動の主体となる住民を育むために、これらのプログラムが新たな展開を図っていくことが期待される。

「対話」を通じた福祉教育による
認知症の理解

　小・中・高等学校では、生徒に対する認知症の理解を進める取り組みとして福祉教育を行っている。福祉教育は、高齢者や障害者による体験談の聴講、映像教材を用いた学び、高齢者の疑似体験や車いす体験などを行い、生徒の社会福祉への理解を進めるものである。

　現在行われている福祉教育のプログラムでは、高齢者や障害者と直接対話する機会がある内容とは限らない。しかし、福祉教育の機会に生徒が認知症の人と対話することは、体験談の聴講や映像の視聴に比べて、間接的に知っていた認知症の知識やイメージが変わり、新しい気づきや関心が生まれることが期待される。

　暉峻は、対話とは「基本的に一対一の対等な人間関係のなかで、相互性がある（一方的に上の人が下の人に向かって話すのではなく、双方から話を往復させる）個人的な話し合い」（暉峻，2017：88）であるとしている。私たちは、挨拶のような会話を入り口にして、対話を通じて相手のことを知り、そのことを自分のなかで理解していく。また、反対に相手も対話を通じて自分のことを理解してくれる。対話は、お互いを理解しようとしている姿勢のもとでなされるものである。

　福祉教育のねらいは、プログラムを通じて体験したことの意味を生徒自身が考え、それまでの自分の思考やものさしでは測れない体験を自分なりに理解することである。福祉教育により生徒が認知症の人と対話することで、認知症の人の様々な暮らしや思いについての気づきを得て、これまでの自らの価値観の揺らぎを経て新たな価値観を創造するものである。

　この新たな価値観の創造のためには、生徒がプログラムの前後に行う学習で自らの気づきを深化させる内省的な学びを教師などの指導者とともに行うことが重要である。この内省的な学びは、教師などとの「対話」においてなされ、ここでも「対話」が重要になる。

第5章

「認知症とともに生きるまち」の
考察

～その構成要素の析出と推進力の把握について～

本書の目的は、認知症とともに生きるまちとはどのようなまちであるのかを明らかにし、そのようなまちづくりを推進する力はどのようなものであるかを調査研究するものであった。本章では、第1章から第4章までの先行研究や先駆的な実践などこれまで述べてきたことから、認知症とともに生きるまちの構成要素を析出し、それを推進する力を認知症の当事者運動と住民活動の組織化により進める仮説を検証していきたい。

第1節 認知症とともに生きるまちとは
Chapter 5
Section 1

　認知症とともに生きるまちの全体像を明らかにするためには、最初に当事者である認知症の本人と家族がそれぞれ地域で暮らすうえでまちに望むことを第1章で述べた先行研究から明らかにし、認知症と生きるまちのモデルのひとつである認知症フレンドリーコミュニティの考えを概観する。そのうえで、そのまちを実現するために必要な構成要素を検討する。

■ 当事者がまちに望むこと

　認知症の本人が望むまちの姿は、第1章で述べたように認知症の本人であるクリスティーン・ブライデン、佐藤雅彦、丹野智文らの著書から見ることができた。

　例えば、クリスティーン・ブライデンは、認知症への取り組みに自分たちが積極的に関わることから除外されていることや、認知症の人の尊厳を維持するためにケアパートナーが重要になることなどを述べていた（クリスティーン, 2012）。

　日本の佐藤雅彦は、認知症の人を自分たちと違う人間と思わないでほしいことや、自分たちも社会の役に立ちたいという望みをあげていた（佐藤, 2014）。

　丹野智文は、自分のなかにもあった認知症への偏見をなくすことや認知症の

人と社会の人びとがともに生きる環境づくりが大切としていた（丹野，2017）。こうした認知症の人のもっている希望を集めてつくられたものが、2018年に認知症本人ワーキングチームから発表された「認知症とともに生きる希望宣言」だった。

このように、認知症の本人が望む自分たちが暮らしやすいまちとして述べられたことは以下の4つの要素であった。

(1) 認知症の人の参加の機会が保障されたまち
(2) 認知症の人ができることは自分自身で行う考えが普及しているまち
(3) 認知症の人の伴走者が支援のキーパーソンとなっているまち
(4) 認知症への偏見のないまち

ここでは、現在の社会生活において認知症の人が直面している課題への改善が求められている。認知症の人は誰もが何もわからなく、何もできないという偏見により、労働や娯楽など普通に人びとが享有する環境から締め出されているため、様々な社会生活における参加の機会が保障され、できる限り自分のことは自分自身で経験し自己決定することを求めている。そして、このような考え方を理解し、認知症の人の身近なところで伴走者のように寄り添う支援を行う人が求められている。

一方、認知症の人の家族が望んでいるまちの姿は、第1章で述べたようにこれまで「家族の会」が国や社会に対して発信してきた要望書とアピールのなかで、地域やまちづくりに関する内容について示されていたものから、以下の5つの要素が抽出できた。

(1) 介護と日常生活が両立できる介護者支援が充実しているまち
(2) 緊急時にも安心して暮らせる環境が整備されたまち
(3) 介護者が気軽につどえる場が豊かにあるまち
(4) 子どもに対して認知症と介護者支援の教育が充実したまち
(5) 外出時に介護者が困らないための工夫がされたまち

本人と同様に、家族もまた認知症の偏見から解放され、介護と両立しながら労働や余暇活動などの日常生活を送ることができるような社会環境の整備を求めている。また同時に、緊急時に活用できるSOSネットワークや日常の外出時に介護者が介護しやすい配慮があるなど、認知症の人が安全で安心して暮らせる仕組みづくりも求めている。そして、同じ介護者が気持ちや経験を分かち合い、お互いを支え合える場も望まれていた。

　これらの認知症の人と家族が述べていたまちに望む要素を見ると、認知症の人と家族が社会の一員として認められたい希望が強く見られる。こうした希望は、認知症の人や家族に限らず、他にも障害者や差別を受けている人たちなどにも共通している点があると考えられる。
　しかし、認知症の人が600万人以上となった日本のなかで、認知症であることにより社会参加が十分にできない環境におかれることがもたらす影響は大きく、一方的な支援の対象者としてだけではなく社会への貢献もできる存在としてありたいという望みをかなえられるよう、社会の側が環境整備するまちづくりを推進することは、必要なことといえるだろう。

■ 認知症フレンドリーコミュニティが示すまちの姿

　では、このような認知症の人が望むまちとは、どのようなまちをイメージすることができるのであろうか。認知症の人を包摂するモデルのひとつが、第1章で述べたイギリスのアルツハイマー病協会が自治体とともに進めている認知症フレンドリーコミュニティである。イギリスのアルツハイマー病協会は、認知症フレンドリーコミュニティについて、認知症の人が高い意欲をもち、自信を感じ、意味があると思える活動に貢献、参加できるとわかっている、そうした環境であると定義している（徳田，2018）。
　図6-1のように、認知症フレンドリーコミュニティを構築するものとして、①認知症の人と介護者の意見を中心に地域を形成すること、②早期診断を確実にするために個別化し統合されたケアを行うこと、③自立生活ができる地域の基盤を形成すること、④交通手段を整備すること、⑤偏見の払拭へ挑戦し意識を向上すること、⑥認知症の人をエンパワーして貢献を認めること、⑦お店が

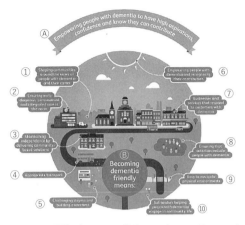

の図中凡例:

Ⓐ認知症の人が希望と自信をもって社会に貢献できることを知ってもらう
Ⓑ認知症にやさしい社会とは

①認知症の人と介護者の意見を中心に地域を形成すること
②早期診断を確実にするために個別化し統合されたケアを行うこと
③自立生活ができる地域の基盤を形成すること
④交通手段を整備すること
⑤偏見の払拭へ挑戦し意識を向上すること
⑥認知症の人をエンパワーして貢献を認めること
⑦お店が認知症の人をお客様として対応すること
⑧社会活動に認知症の人が参加できること
⑨物理的環境をわかりやすくすること
⑩認知症の人を支える友人が地域にいること

図6-1　認知症フレンドリーコミュニティのイメージ
（出典：Alzheimer's Society「Building dementia-friendly communities：A priority for everyone」　訳：筆者）

認知症の人をお客様として対応すること、⑧社会活動に認知症の人が参加できること、⑨物理的環境をわかりやすくすること、⑩認知症の人を支える友人が地域にいること、がある。イギリスのアルツハイマー病協会のヒューズ会長（2017年当時）は、認知症フレンドリーコミュニティを構築するものとして、①認知症の人が求めるサポートを実態調査で明らかにすること、②一般の人びとの認知症の考えを意識調査で把握すること、③認知症の人びとが社会に貢献している意識をもつこと、④早期に診断するよう市民に啓発すること、⑤認知症の人にとっての交通手段の利便性を高めること、などがあり、イギリスでは現在自治体など220以上の地域でプログラムを実施している、と述べている（朝日新聞，2017年）。

　徳田雄人は、このような認知症フレンドリーコミュニティと比較して、私たちの社会では医療・福祉施設で認知症の人が隔離した生活を余儀なくされていることや、同じ地域で暮らしていても認知症の人が要介護者という見方をされ同じ地域の家族以外の人とは日常的にはまったく接点がなく暮らしていることを指摘している。そうなっている理由について、今の私たちの社会のなかで認知症の人がそうでない人と別々に暮らすように制度と私たちの意識がつくられ

ているからであると指摘している（徳田，2018）。

　そこで徳田は、日本でも認知症フレンドリーコミュニティの構築を進めようと認知症フレンドリージャパン・イニシアチブ（DFJI）を発足した。DFJIとは、認知症を取り巻く課題を、医療や介護の枠組みのなかだけで考えるのではなく、社会のデザインの問題ととらえ、私たちの暮らし方を規定している企業・自治体・NPOなど様々なセクターから人が集まり、知恵を出し、実験をしながら、よりよい未来をつくっていくことを目的にしたネットワークである。

　DFJIは、認知症にやさしいまちの指標の作成方法と使い方を検討する「認知症にやさしいまちの指標プロジェクト」、認知症になっても安全に外出ができる社会を目指してバス・鉄道会社等と連携して認知症の人の外出の実態調査やアイデア集を冊子にする「DFJI交通プロジェクト」など、様々なプロジェクトを医療・介護・福祉の関係者だけでなく多様な分野の人たちと協働して進めており、こうした成果を発信するために認知症フレンドリージャパン・サミットを開催している。

　こうした認知症フレンドリーコミュニティの考え方を発信することにより、町田市で認知症の人の通所介護事業のなかで自動車清掃の労働が始められ、そのことが第3章で述べた大牟田市においても取り組まれるようになっている。また、認知症の人がレストランやカフェの店員として働くなかで、時々注文と違う商品が提供されることを客が受け入れて利用する「注文をまちがえる料理店」の試みも全国で広がっている。

　徳田の提起したように、認知症の人が医療・介護などのサービス提供の対象者としてだけでなく地域での一人の生活の主体者として生活ができるように、自分に合った労働ができて、交通、商店などのまちの機能を不自由なく使えるような配慮のある環境がまちに求められていることであるといえよう。

　こうしたまちのハード面の他にも、地域の一員としての住民との関わりも大切な点である。地域において認知症の人や家族が排除されないまちとは、第1章で述べた関連領域のまちづくりとして見てきた自殺率の少ない自治体の研究のなかで見ることができる。

　自殺率が少ない自治体の研究で明らかになった自殺を予防する因子として重要だったのは、「いろんな人がいてもよい、いろんな人がいたほうがよい」、「人

物本位主義をつらぬく」「どうせ自分なんて、と考えない」「『病』は市に出せ」「ゆるやかにつながる」の5点だった（岡，2013）。この内容は、地域のなかでの人間関係が相互に多様性を認めつつ、必要以上に他者への関与を深めず、個人の失敗に寛容であり、弱音が出しやすい環境づくりが図られていることが重要であることを示している。

　岡は、フィールド調査をした徳島県海部町の特徴を概観しながら次のような要素をとらえている。海部町では、人と違った行動が単純に排除されることなく多種多様な価値観が混在することが許容されている。仮に人間関係のなかで排除に傾く言動が出ても、その見方を変えて異なる価値を認めようとする発言をするスイッチャーの役割を果たす人が出てきて多様な価値を認める見方を維持しているのである（岡，2013）。また、まちに他の地域から人が移住してきた時にも、地元の人は関心があってもゆるい結びつきを維持していて監視するような見方はしない（岡，2013）。

　さらに、海部町は、公民館、スーパーマーケット、寺などの他にも共同物干し場にいたるまで様々な社交の場がある。これらがサロンの役割を果たしていて、こうした場所で人びとの交流が行われるための条件として住民が気軽に人と会える場所が近隣にあることがある（岡，2013）。このようにまちには、様々な人がまじり合って少しずつ関わり合って暮らしており、その人びとがお互いを尊重し合いつつも程よい距離感を保ち、気兼ねなく自分の弱さを示し共有できる関係性が構築できることにより、当事者の孤立を予防しやすくなる。

　このように、本節の冒頭で見てきた認知症の本人と家族が望んでいるまちの姿は、認知症フレンドリーコミュニティに見られるように、認知症の人が社会の様々な場面で認知症でない人と同じように参加ができて、人びとと関わりながら暮らせるまちだといえるだろう。認知症の人が一人の人としての可能性を否定されることなく働く場にも娯楽を楽しむ場にも出ていける機会の保証を求めているといえる。

認知症の人とともに生きるまちに必要な構成要素

　前節では、認知症の人とともに生きるまちの全体像を明らかにするため、認知症の人と家族が望むまちの要素を明らかにし、望むまちのモデルとして認知症フレンドリーコミュニティについて見てきた。

　次に、このような認知症の人とともに生きるまちを形成するうえで必要な構成要素がどのようなものであるか、第1章から第4章まで検討してきたことをもとに当事者、住民活動、社会資源に関わる要素として、(1) 認知症の人と家族が活発に社会参加し尊厳をもった生活ができていること、(2) 住民の認知症への理解が進んでいて認知症の人や家族とまちづくりの様々な協働を行う住民活動が整っていること、(3) 認知症の人と家族が安心して暮らせる社会資源が整っていること、についてまとめてみる。

■ 構成要素1：当事者に関わること

「認知症の人と家族が活発に社会参加し尊厳をもった生活ができていること」

　認知症になると何もわからなくなり何もできなくなるという見方は、当事者自身も含めて国民がもつ偏見としてなお存在している。こうした偏見を解消することと同時に、実際に認知症の人と家族が尊厳をもった社会生活を送るまちづくりを進めるためには、当事者が直面する課題の実態を当事者自身が発信できる環境をつくることが重要である。先に示した自殺を予防する因子のなかで、弱音が出しやすい環境づくりが図られていることが重要であるとしていたように、認知症の人と家族が自らの感じていることや思いを発信できる環境が必要なのである。その環境のもとで、当事者から発信された生活実態に基づくまちづくりを進めることができる。

　そのためには、認知症の施策の検討やまちづくりにおいて当事者参加を図ることは不可欠である。国連の障害者権利条約の検討の際にスローガンとなった「私たちのことを決める際に、私たち抜きで決めないでほしい」という考え方

は、ここでも同様に考える必要があるだろう。大牟田市や町田市で行われている本人参加の会議はこの点で重要なものである。認知症の人と家族がまちで暮らすうえで、どのような点に困難を感じ改善を望み、どのような点に暮らしの希望をもっているのか、当事者が発信した内容に基づいて考えることが重要である。

　一方、介護者の家族の社会参加も重要である。序章で述べた愛知県大府市の鉄道事故裁判で明らかになったように、地域で暮らす認知症の人の安全と安心を確保するための責務が家族に課せられているとの考えが支配的である社会では、家族は労働や娯楽などの自分自身の生活を犠牲にして責務を担う選択肢しか得られないこととなる。この裁判以降にいくつかの自治体で事故救済制度などを設けるところも出てきているが、このような自治体の限られた制度から国による補償制度まで発展することが求められる。これと併せて、認知症の人の家族が基本的人権を尊重されて十分な社会参加の機会を得られるような社会資源が整備されたまちづくりが求められる。

　そして、こうした実践が進み認知症の当事者のニーズに応じた施策が構築されることと並行して、認知症の本人や家族が積極的に社会生活に参加する活動を促進することも必要である。まだ日本ではイギリスの認知症フレンドリーコミュニティのような地域があるわけではないが、少しずつ実践が積み重ねられてきている。今後は、認知症の人が生活の様々な場面で参加しやすいまちづくりが広がることで、認知症の人が自分らしく暮らせるまちが増えることが期待される。

　さらに、第1章で認知症の本人の丹野智文が必要と述べていた、家族や専門職とも異なる対等な第三の立場で認知症の本人に寄り添い日常的な支援を行うパートナーのような支援者は、認知症の人が様々な場面で社会参加を進めていくうえで重要な役割となる。また、「ワーキングチーム」や「家族の会」をはじめとした多様なテーマ別の家族の会や町田市のDカフェのように、同じ当事者として思いを分かち合い、お互いを支え合う当事者組織や当事者がつどう場も身近な地域のなかでつくっていくことが必要である。

■ 構成要素2：住民活動に関すること

「住民の認知症への理解が進んでいて認知症の人や家族とまちづくりの様々な協働を行う住民活動が整っていること」

　認知症は、その原因となる疾病、薬剤、対応方法などが急速に進展しており、認知症施策も体系化が進められている。しかし、必ずしも認知症の特徴の理解が国民に広がっているわけではない。

　第1章で示したように認知症の当事者である丹野智文は、自分も認知症であるとわかった時にすぐに家族や友人に打ち明けられなかったのは、自分のなかにも認知症に対する偏見があったからだと述べている。また、第3章で述べた大牟田市のほっとあんしんネットワーク模擬訓練においても、模擬訓練を積極的に行い認知症の人が安心して暮らせるまちづくりを進めてきた住民活動のリーダーが、自分が認知症になった時に自宅に引きこもるようになったことから、認知症の人のことを支援活動の対象としてとらえることだけでなく我が事ととらえることの難しさがうかがえる。認知症の当事者をはじめ、多くの国民にはまだ認知症になると何もできなくなり、何もわからなくなるなどの偏見が根強くあると考えられ、このような偏見をなくす取り組みを引き続き行うことが必要である。

　こうした認知症についての知識や考え方を広く国民に普及を図る目的で行われている認知症サポーター養成講座は、第4章で述べたとおり参加者数が国民の1割を超えている。また、「家族の会」は、国への要望のなかで小・中学校において子どもの頃から認知症の理解を図ることを求めている。こうした認知症の理解を進める様々な機会は、認知症に対する疾病や症状、国の施策などの知識を蓄積することに役立つのだが、これらの知識の学びだけだと先の大牟田市のような認知症の人を支援の対象としてだけとらえる一面性を超えられない。

　認知症の理解を深めるためには、実際に認知症の人と接することで、認知症の人が感じていることや考えていることを知り、現在の自分の理解との差異を埋める体験が必要である。第1章の障害者の福祉のまちづくりにおいて藤本文朗は、まちづくりの運動を通して障害者と住民がともに学び合う民主的な連携

による「心」のまちづくりが重要であるとしていたが、認知症の人と住民においても同様のことがいえるだろう。

認知症の理解を進める目的で行われている認知症サポーター養成講座は、第4章で述べた綾部市社協の実践のように付加的なプログラムで地域福祉活動につながるようプログラムを強化するとともに、さらに認知症の人と直接関わることにつながるプログラムへの充実を図ることで、参加者の認知症についての理解が深化すると考えられる。

また、第1章の真田是が指摘する地域の福祉力における社会福祉の出口と入り口で示したとおり、当事者の生活実態に応じて既存の制度に付加的な機能を加える住民活動を先駆的に企画し実施することや、新しい制度や事業の試みを独自に実践し、その実践をやがて制度化に向けて当事者組織とともに運動することが重要である。

それは、認知症の人と家族の地域での暮らしを直接支えることでもあり、同時に支援が必要な内容の実践を通じて必要性を検証しながら、社会に発信してフォーマルな制度を充実させ、認知症フレンドリーコミュニティの基盤づくりを行うことでもある。また、そのことは当事者と住民が協働して運動することにより、住民が当事者の生活実態を学ぶことでもあり、認知症の理解の深まりにつながるといえる。

■ 構成要素3：社会資源に関わること

「認知症の人と家族が安心して暮らせる社会資源が整っていること」

認知症の人と家族が安心して暮らせるためのまちに備えることが求められる支援策として、介護保険制度に代表される法制度に基づく医療・介護・福祉のサービスは不可欠である。これに加えて、労働、住宅、所得補償、日常的な生活支援などは、生活基盤を支える支援として必要である。このような認知症の当事者の生活全般を視野に入れた施策の必要性は、既に「認知症施策推進総合計画」（新オレンジプラン）で明らかになっていることである。

このような支援策は、全国各地の認知症の人と家族が安心して暮らせる環境をつくるために法制度として整備されることが重要である。こうした法制度の

整備には、これまでは第2章で見てきたように「家族の会」の要望活動が重要な役割を果たしてきた。「家族の会」のような当事者組織は、前項の構成要素2で述べたとおり、お互いに分かち合い支え合う役割とともに、当事者の生活実態の調査をふまえた考えをまとめて社会に発信することや、自分たちが暮らすうえで必要な制度や仕組みを社会に求めていく要望の運動を行う役割も重要である。今後も当事者組織による法制度の充実に向けた要望活動が必要である。

さらには、釧路地区徘徊老人SOSネットワークにおける認知症の人の行方不明を予防する活動のように地域の様々な活動主体によるネットワークを図ることや、町田市での外出時のトイレ利用のためのDトイレの普及など、地域で認知症の人と家族が暮らす際の様々な配慮や細々とした支援についても、認知症の人と家族の暮らしの実態から出されるニーズをもとに住民活動と協働しながら活動を開発していくことが重要である。

第1章で津止正敏が述べたように、障害者のまちづくり運動に住民が協働することで住民が障害者の生活実態を理解し、学びを深めることができるのであり、当事者と住民が一緒になって認知症の人や家族が暮らしやすいまちを点検し改善をしていくことで、前述の構成要素1で示した住民が認知症の理解を深化させることにもつながるのである。

以上のとおり、図6-2に示すような内容が認知症の人と家族が望んでいるまちに必要な構成要素である。これらの要素が整っていくことにより、認知症の本人を取り巻く環境が改善されて周辺症状の悪化が防止でき、本人が地域で安

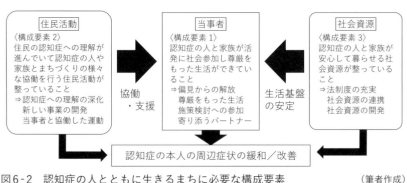

図6-2　認知症の人とともに生きるまちに必要な構成要素　　　　（筆者作成）

心して暮らすことができると考えられる。

　次に、前節で述べた認知症の人と家族が望んでいるまちに必要な構成要素を含んだまちづくりを推進するために必要な力にはどのようなことがあるのかについて、「当事者組織の運動が発揮した力」と「当事者運動と協働しながら組織化を図る住民活動の力」の視点から考えてみる。

　これらの力に着目したのは、当事者組織が自らの直面する生活課題を顕在化して社会に発信する運動によりこれまでの法制度を生み出すための力を発揮してきたが、それが当事者自身の自分らしく暮らせるまちづくりに向けた活動でも重要と考えたことによる。また、住民活動の組織化は、認知症の人が住民と関わる活動のなかから、認知症の人や家族が様々な人と関わりがもてるまちづくりのために、当事者組織と住民組織が協働した地域福祉活動を進めるうえで住民活動のもつ力が重要であると考えたからである。

第3節 Chapter 5 Section 3	当事者組織の運動が 発揮した力

　社会運動の今日的な意義について長谷川公一・町村敬志は、「社会運動の果たす『先駆け』的な役割、すなわち、個人の痛みや社会的な矛盾をいち早く察知し、公的に呈示し、その変革に向けていち早く回路を開いていく『先駆け』としての役割」（長谷川・町村，2004：16）をあげている。当事者組織による社会運動も認知症の課題に直接向き合う当事者であるからこそ、個人の痛みや社会的な矛盾を敏感に感じ、これらの課題が潜在化しないよう当事者運動として感じていることを社会に発信する意義があるといえるだろう。

　認知症の当事者組織は、第2章で見てきたように当初は「家族の会」が唯一の全国組織として当事者を組織化し、本人や家族の思いを代弁して要望や社会へのアピールを担ってきた結果、介護保険制度施行以降にその成果が認知症施策推進総合戦略（新オレンジプラン）や認知症対策大綱などの認知症施策の体

系化にまで結びついた。また、「家族の会」の他に全国組織として「ワーキンググループ」やテーマ別の会が誕生し、これらの組織の連携により現在は豊かな当事者組織の運動が展開されるようになった。

　このような当事者組織の運動が認知症とともに生きるまちづくりに発揮した力には、(1)当事者の孤立を防ぎ仲間との出会いと協働を創る力、(2)法制度の創設と改善を促進する働きかけを行う力、(3)ネットワークを構築し生活支援の活動を開発する力、がある。

(1) 当事者の孤立を防ぎ仲間との出会いと協働を創る力

　日本において認知症の当事者運動は、「家族の会」が行ってきた運動が重要な役割を果たしてきた。

　「家族の会」は、発足当初から孤立して悩んでいる家族が誰にも言えなかった悩みを同じように介護をする人に話し、気持ちを分かち合い、口コミの情報を得る互助活動を進める運動を行ってきた。第2章で述べた事例のように、認知症の相談を受けていた医師の三宅貴夫が、医師の自分よりも役に立つ話として家族の話を同じ家族に聞かせたいとの思いから家族のつどいを行うことを考えたように、同じ課題を抱える人同士だからこそ分かち合えるものを大切に「家族の会」は活動をしてきた。

　東京都練馬区の「ブーケの会」(練馬認知症の人と家族の会)の世話人(当時)の小泉晴子は、この会で相談を受けることに力を入れる理由に「一人で悩んでいる介護者が多いからです。悩みを聞くことで介護者のストレスを軽減できるのです」「介護者はストレスをため込んではいけない。介護する人に気持ちのゆとりがなければ良い介護はできません。良い介護ができなければ、介護される側にもそれが伝わってしまう。だからこそ、家族の会は必要なのです」(サンデー毎日，2014)と言っている。

　そうした仲間を支え合う活動は、日常の介護をしながらの生活であり、つどいの場に来ることのできない介護者にも電話相談を行うことや会報を発行し介護者の体験や情報を伝えて支えようとしてきた。近年も第1章で述べたリーフレット「認知症と向きあうあなたへ」を「家族の会」が発行したように、会員以外の家族介護者にも多くのメッセージを送ることで、認知症に直面し悩む家

族を間接的にサポートする運動を展開してきた。こうした、全国にいる家族介護者が孤立することなく日々の介護に向き合えるような仲間づくりの組織化運動を進める力が重要であるといえるだろう。

また、1980年に発足した「家族の会」が長く認知症の当事者組織としての役割を果たしてきたが、2000年代になりテーマ別で全国的な組織活動を行う介護者組織が広がった。

2008年にレビー小体型認知症の本人や家族、医療関係者の交流や情報交換を目的にした「レビー小体型認知症サポートネットワーク」が発足し（発足時の名称は「レビー小体型認知症家族を支える会」）、2009年に介護する側もされる側も誰もが安心して暮らせる社会を目指して男性介護者の会や活動の交流及び情報交換を促進することを目的に「男性介護者と支援者の全国ネットワーク」が発足した。また、若年性認知症に関わる専門職、自治体、特定非営利活動法人などのネットワーク組織である特定非営利活動法人若年性認知症サポートセンターが開催した全国のつどいをきっかけに「全国若年認知症家族会・支援者連絡協議会」が2010年に発足した。

これらの組織は、それぞれのテーマに関わる当事者に関する情報交換、つどいなどの事業の実施を行うとともに、隣接する当事者組織とも連携しながら認知症の人や家族の組織化を進めている。

これらの当事者組織にとっては、2004年に続いて2017年に国際アルツハイマー病協会の国際会議を日本で開催したことの意義は大きかった。この4つの団体は、2017年に行われた国際会議において共同でプログラムを実施したことを機に、認知症関係当事者・支援者連絡会議として共同声明「『認知症にやさしい社会』を実現するための希望のメッセージ」を発信している。また、2020年度の新型コロナウイルス感染拡大のなか、外出できなくて孤立しがちな認知症の人の家族のためにビデオメッセージを定期的に発信するなど、積極的な運動を行っている。

一方、2017年には「日本認知症本人ワーキンググループ」が設立され、認知症本人ワーキンググループを初めて創設したスコットランドをモデルにして、地域や全国でのミーティングの開催と社会へのアピールや国への要望を行っている。この他、世界の認知症の本人との交流を図ることや日本での全国

規模の認知症の当事者組織との連携を図るなど、認知症の本人の立場による発信を続けている。

　このように、認知症の本人や家族の当事者組織の運動は、ひとつには同じ立場の者同士が分かち合う機会づくりにより当事者の孤立を防ぐ役割を果たしてきた。それは、大牟田市や町田市の本人がつどいにおいて、同じ立場の当事者ゆえに分かり合える思いを共有し、地域で孤立感を感じずに暮らせる環境づくりのうえで重要なことである。もうひとつは、当事者の問題意識を集結し、社会へアピールする運動を行う力がまちづくりにおいて重要な役割を果たしていた。

(2) 法制度の創設と改善を促進する働きかけを行う力

　第2章で見てきたように、1980年代にはまだ潜在的だった認知症の課題を「家族の会」が国への要望と社会的な発信により顕在化し続けてきたことは、日本の認知症の施策形成に大きな影響を与えてきた。

　「家族の会」が要望を始めた1980年代は認知症に関する施策がまだ十分ではなかったが、2000年以降になると介護保険制度が開始されたことで、より介護サービスが充実するようになった。ただ、介護保険制度のサービス内容が認知症の人のニーズに必ずしも合っていたわけではなかったので、「家族の会」が独自に会員を対象にしたニーズ調査を頻繁に行い、その調査から明らかになった生活実態に基づいて考えられた要望によって認知症の人と家族のもつニーズと制度のズレについて指摘し、制度改善を要求する運動が行われてきた。

　こうした「家族の会」の会員に対する調査に基づき、認知症の人と家族の生活実態に即した要望となっていたことは、認知症施策の推進と認知症のことを社会に啓発するうえで重要だった。

　ただ、これらの要望が必ずしも国の対応を生んだことばかりではなかった。第1章で述べたとおり若年性認知症の課題は、「家族の会」では1980年代後半に既に65歳未満の認知症の人が65歳以上の人を対象とした高齢者福祉施策が利用できないことなどで困っている状況を把握していた。「家族の会」では、1991年に若年期認知症の実態調査を行い、経済的な課題や子どもとの関係の

問題など今日知られている若年性認知症の課題に通じる生活実態の内容を早々に把握し、国への対応の要望を出していた。

　しかし、実際に若年性認知症のことが取り上げられるのは、2006年になって厚生労働省が実態調査を行うまで15年を経なければならなかった。このように、当事者だからこそ早期に課題に気づいていた例もあった。

　2017年には「ワーキンググループ」が発足して認知症の本人の当事者組織も加わって、当事者組織が緩やかな連携を図り認知症の人の生活実態に基づいた要求を重ねてきた。その結果、2019年の認知症施策推進大綱の策定や認知症基本法の検討にまで到達している。

　このように、認知症とともに生きるまちで暮らす基盤となる法制度の進展に当事者運動の力が大きな影響力をもって働いてきた結果、認知症に関わる法制度づくりが進み社会資源が充実することになってきたのだった。

(3) ネットワークを構築し生活支援の活動を開発する力

　第3章で見てきた先駆的な地域の事例でのネットワーク構築や生活支援の活動によるまちづくりは、当事者だからこそ見出せた潜在的なニーズに焦点を当てて生活支援の仕組みをつくりだしていくうえで当事者運動が大きな力を発揮してきた。

　釧路地区の徘徊老人SOSネットワークは、家族の会釧路地区支部が活動の組織化の主導的な役割を果たし、ネットワークの必要性を行政や専門職に粘り強く要望し実現している。家族の会釧路地区支部がこのネットワークを考案しその必要性を考えた出発点は、家族の会の会員の家族（認知症の本人のこと）が行方不明の末に亡くなった事件がきっかけだった。その事例を振り返った時、行方不明になった認知症の人が亡くなるまでに幾人もの地域の住民や商店の人に出会っていることがわかり、その出会いに行方不明者の発見の可能性を見出したのがネットワークづくりの発想のきっかけだった。

　この徘徊老人SOSネットワークが、「家族の会」の総会をはじめとして様々な新聞や機関誌で紹介されて全国に活動が広がったのは、こうした課題が一部の地域だけに存在する特別な事例というわけではなかったからである。実際に、最初に釧路保健所においてこのネットワークを検討した時に、特別養護老

人ホームや老人保健施設でも認知症の高齢者が外出して行方不明になる事例に困っている現状が出されたことから、このような課題が社会のなかに多く存在していることがわかったのだった。

　行方不明の認知症の人の課題に直面したある地域の問題意識が、認知症の人の命を救う新たな事業となって定着するまでに発展したのである。このネットワークは、いまや全国の市町村で取り組まれるようになっているが、その出発点となった実践は当事者組織の運動の力によりつくられたものであった。

　また、第4章で述べた町田市の認知症フレンドシップクラブ町田支部が主催して行っている様々な認知症の人による活動は、スターバックスコーヒーでの認知症カフェである「Dカフェ」、認知症の人や家族が気軽に使えるトイレを示した「Dトイレ」、認知症の人が得意なことを活かして労働の機会をつくる「D活」など、従来の制度にはない活動が多い。

　第4章で紹介した認知症介護研究・研修仙台センターが行った認知症カフェの実態調査を見ても、認知症カフェの実施場所は53.4%と半数以上が介護・医療関係の施設を利用しており、地域のレストランやカフェなどで実施しているのは6.0%にとどまっている。しかし、町田市の本人会議では、本人たちが自分たちも認知症ではない人たちのようにまちのカフェで友人たちとゆっくりしたいという希望が出されたことから、まちのおしゃれなカフェであるスターバックスに協力を依頼したのが始まりであった。現在は、町田市内の9か所のスターバックスで月1回認知症カフェが開かれている。

　Dトイレは、介護者の人が日常の散歩の時に市中に介助することができるトイレが少なくて、散歩を控えなければならないことを打ち明けたことがきっかけだった。このことを把握した認知症フレンドシップクラブ町田支部が、市内のデイサービス事業などの介護事業を行う事業所に、地域の介護が必要な人にトイレを貸してほしいことと、それが可能な事業所の建物に「Dトイレ」のカードを掲示してほしいことを求め、たくさんの事業所がそれに応じたのだった。

　D活は、本人会議で自分たちももっと働きたいという思いが語られ、その実現のために町田市内の竹林整備事業を行い、伐採した竹からつくったおもちゃやタケノコを販売することを行っている。竹林の伐採作業は、認知症の人とともに地域の人からも協力を得て行っており、作業を通じた交流が生まれている。

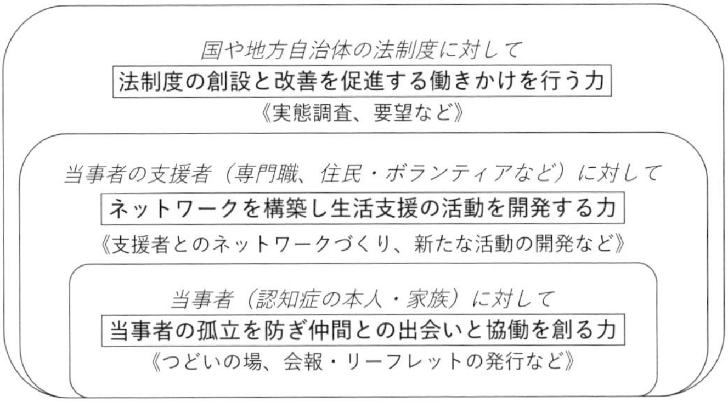

国や地方自治体の法制度に対して
法制度の創設と改善を促進する働きかけを行う力
《実態調査、要望など》

当事者の支援者（専門職、住民・ボランティアなど）に対して
ネットワークを構築し生活支援の活動を開発する力
《支援者とのネットワークづくり、新たな活動の開発など》

当事者（認知症の本人・家族）に対して
当事者の孤立を防ぎ仲間との出会いと協働を創る力
《つどいの場、会報・リーフレットの発行など》

図6-3　当事者組織の運動が発揮した力　　　　　　　（筆者作成）

　これらの活動を始めるきっかけは、認知症フレンドシップクラブ町田支部が行っていた本人会議で出された認知症の人が日常生活で感じたことである。会議のなかで出された小さな希望を実現するために、前記のような活動を始めたのだった。

　このように、当事者のつどいのなかで気づいた困りごとや壁に感じている課題に気がつく人がおり、その人が課題を解決するための方策を検討し、その実現に向けて当事者運動が行われることで、認知症の法制度の発展に力を発揮し、また当事者が発信した思いが地域で行われている認知症の人とともに生きるまちづくりに向けた実践にも力を発揮してきたのである。

　以上のように、図6-3で示したとおり、認知症とともに生きるまちづくりのために当事者運動は、孤立しがちな認知症の本人や家族を組織化し、同じまちにいる当事者のつながりを形成していることと、法制度の創設と改善に向けた実態調査と要望の運動を行っていることと、当事者がまちで暮らすために必要な社会資源を住民や専門職の協働のもとでネットワークづくりや新しい活動を開発することに力を発揮することがわかった。

第4節 | 当事者運動と協働しながら組織化を図る住民活動の力

　続いて当事者運動と協働しながら組織化を図る住民活動が発揮する力について検討する。

　地域の住民組織には、自治会や隣保組などの居住するエリアに基づいた地縁型住民組織とボランティア団体や特定非営利活動法人などの活動テーマに基づいたテーマ型住民組織がある。認知症の人と家族に関わるうえでは、地縁型組織は認知症の理解のすそ野を広げ地域の隅々まで活動を浸透させるために有効であり、テーマ型組織は当事者との密接な協働活動を展開するために有効であり、それぞれの住民組織の特性に応じた活動によって可能なことがある。

　認知症とともに生きるまちづくりを推進するために住民活動が発揮する力は、障害者や子どもの課題など地域にある他の生活課題に対する住民の地域福祉活動の推進力と同様のものである。地域の生活課題に対して住民の地域福祉活動により対応しようとする力のことを、真田是は「地域の福祉力」と規定している（真田, 1992）。

　第1章で述べたように真田は、地域の福祉力の基準となる内容を地域の福祉力の指標として6つ示した。認知症が多くの国民に関わる課題となるなかで、認知症とともに生きるまちづくりを推進するための地域の福祉力を高めるうえで、以下の6つの地域の福祉力の指標を援用して住民活動の力が発揮できる点を見ていきたい。

　地域の福祉力の基準となる考えについて、真田の示した「地域の福祉力の6つの指標」を分類すると以下の内容となる。

表6-4　地域の福祉力の6つの指標

（1）住民の組織的な活動を行う力
①住民の組織的な活動であること
⇒地域福祉活動を住民がばらばらに行うのではなく、組織的な活動として行う 　　こと
②個人や地域集団・団体によるイニシアティブがあること
⇒熱心なよいリーダーがいるような、個人や集団のリーダーシップがあること
③住民が地域の福祉力を掌握していること
⇒住民の諸力が疎外されずに住民自身により地域の福祉力が理解し把握されて 　　いること
（2）住民の自発的な活動を行う力
④民主主義のもとで住民の自主的判断による自発的な参加であること
⇒一定水準の民主主義に基づく住民の地域福祉活動に住民が自発的に参加して 　　いること
（3）住民の総合的な地域ケアを行う力
⑤住民運動が社会福祉の課題に関わっていること
⇒住民運動が社会福祉の課題に無関心ではなく取り組まれていること
⑥多様な社会資源を含めた総合的な力となっていること
⇒公的社会福祉も含めて社会資源の質と量が備わり調整と組織化が図られてい 　　ること

（①～⑥の真田是「地域福祉の原動力」1992、171-174で示された内容をもとに筆者が（1）～（3）に類型化した）

　上記6つの地域の福祉力の指標をもとに、筆者が類型化した（1）から（3）の力について先駆的な実践や全国で展開されているプログラムなどから、以下に検証していく。

（1）住民の組織的な活動を行う力

　住民の一人ひとりが認知症に関心をもちボランティアなどの住民活動を行った際、それがより広く地域の課題に対応でき他の組織とも連携して運動としての実行力を備えて地域の福祉力としてまちづくりの力を発揮するためには、組織的な活動として展開することが求められる。

〈住民を組織化し主体的に認知症を考える機会をつくる〉

　認知症サポーター養成講座は、延べ受講者が1,300万人を超えて国民の10人に1人以上となり、認知症の知識と理解を国民の間に広げるきっかけとしての一定の役割は果たされている。この講座は、自治会などの住民組織以外でも小・中・高等学校や商店などの場で開催されており、広く国民の認知症の理解を図り偏見を是正する機会として広がっている。

　この講座の主な開催主体は自治会などの住民組織であり、住民が認知症のことを考える大切な機会となっている。住民が認知症を知る機会づくりを住民の身近な地縁型住民組織で行うことは、認知症の理解のすそ野を広げるうえで重要である。

　さらに、第4章で述べた綾部市社協の実践に見られるように、認知症サポーター養成講座の受講者がより具体的で体験的なシルバー講座とゴールド講座を継続して受けることで、受講者の住民が認知症の課題を社会的な課題として理解を深め、認知症の課題に関わる地域福祉活動への参加の動機づけにもなる。綾部市社協の実践では、この3つの講座を受講した住民にいくつもの地域活動のプログラムを提供して活動につながるようにしていた。また、受講した住民を対象に定期的な通信を発行し送付しており、受講者の組織化を図っていた。

　このように、認知症について学んだ住民を住民主体の組織である社会福祉協議会が組織化し、認知症の人と家族を支援する住民活動者として組織化することが、地域の福祉力を蓄える源泉となっているのである。

〈大牟田市の模擬訓練〉

　大牟田市のほっとあんしんネットワーク模擬訓練は、2010年以降市内全域で年1回同日に行われており、小学校区単位で地域の地縁型住民組織と地区社会福祉協議会、民生委員、専門職、行政らで訓練の実行委員会を設置し行われている。訓練後には全市で訓練の総括を行う会を実施し、その年の成果と課題を参加者が共有する機会も設けられている。

　第3章で述べたとおり、この模擬訓練により、実際に認知症の高齢者が行方不明になった時の捜索の力が年を追うごとに増しており、近年は家族が行方不明の届出を警察署に出し、捜索のネットワークの参加団体へ情報が発信されて

協力して捜索が始まる以前に、住民により発見される事例が増えている。

　つまり、住民がいち早く行方不明の認知症の人を発見して保護につなげているのである。住民がこのような行方不明の認知症の人を発見する力を高めたのは、全市的に住民組織を中心とした実行委員会が模擬訓練を継続してきた成果であり、住民組織として全市的に取り組まれてきたことで高められた力である。

　さらに、今後の可能性として次のことも考えられる。

〈市民後見人が地域の学びにつなげる〉

　全国的にまだ少ない市民後見人ではあるが、今後増加していった際に本来の後見人の役割とともに、次のような実践が期待される。それは、市民後見人の養成講座で学んだ認知症の特徴や認知症の人を支援する際の理念や原則と、認知症の人が自分らしく生きるために必要な支援の実践に基づく考えを、住民の間で普及する役割を担うことである。

　認知症の人を支援する際の理念である、ノーマライゼーションの理念、自己決定の尊重、残存能力の活用の考えは、認知症の当事者の望む支援に近いものである。こうした支援の考えを詳しく学んだ市民後見人には、担当する被後見人の支援以外にも地域に権利擁護の理念を普及する役割も期待されている。

　住民が認知症の人を支援する際の理念を学ぶ機会を住民組織のなかでつくることで、市民後見人が住民間での認知症の偏見を回避し、認知症の人と関わるうえでリーダーシップを発揮し、認知症の人への関わりのヒントを啓発することができるだろう。

(2)　住民の自発的な活動を行う力

　近年の社会福祉施策のなかで住民活動がインフォーマルな資源のひとつと見られ、住民がこれを理解するか否かとは別に地域包括ケアのなかで互助の役割を位置づけられることが多くなった。しかし、地域福祉活動を推進する住民活動において自主性と自発性は、住民が地域の課題を当事者運動から学び、その解決のために当事者と協働して事業や運動を行ううえで前提となることである。

〈捜索ネットワークに住民が参加〉

　住民が地域の福祉課題を知るための研修や啓発事業は、多くの住民組織で行われているがなかなか効果が直接見えるものはあるとはいえない現状である。しかし、第3章で見てきた釧路地区徘徊老人SOSネットワークは、興味深い住民参加の活動を生み出していた。

　このネットワークは、認知症の人が行方不明になった際の捜索が家族の会の仲間だけで行うことの限界から構想されたネットワークだった。この限界を打破するために、当事者組織、保健所、警察の限られた関係者の機関・組織による協議でとどまらずに、その後タクシーやトラックの協会からFM局にまでネットワークが広がったことで広範な情報網を組織することができ、多様な住民参加によるネットワークが行方不明者の発見に大きく貢献した。

　行方不明の認知症の人が命を落とさないように捜索に協力するという重要で明確なネットワークの目的と、それに参加する組織や団体が目撃した情報を一元化するため警察に連絡するという自らの役割が明確なことで比較的関わりやすかったことが、この広範な関係者の組織化を円滑に進められた特徴であったといえる。

　ネットワークの重要な目的が住民の自発性を促し、行方不明の人らしき人を発見したら通報するという実際の役割の簡便さにより自発的に参加しやすくしたことが、このネットワークが成功した点であったと考えられる。こうしたネットワークが、潜在化しがちな住民の力を引き出していたと考えられる。

〈啓発活動に住民が自由に参加〉

　第3章で取り上げた先駆的実践のなかで行われていた住民への啓発活動は、従来の講演会やパンフレット配布など多くの人を対象にしながら認知症の人に直接接することのない啓発事業に比べて、関わる人数に限りはあるものの認知症の人と直接関わる内容の活動であった。

　第3章で述べた認知症フレンドシップクラブが行う「RUN伴」というプロジェクトは、認知症になっても安心して暮らせる地域づくりの輪を広げる啓発を目的にして、認知症の人とそうでない人が一緒に走りタスキをつなぐ活動を2011年から毎年続けている。また、同じ第3章の大牟田市と町田市の実践でも

述べていた認知症の人が自動車清掃やメール便の配達の仕事を行うことは、仕事を通じて地域の人が認知症の人と関わり合うことで認知症を具体的に理解していくことが考えられる。また、認知症の人がレストランやカフェの店員として働き、時々注文と違う商品が提供されるがそれを客が受け入れて利用する「注文をまちがえる料理店」は、現在はまだ期間限定で行われる啓発的なイベントではあるが、店員を担う認知症の人の労働の機会を得た充実感とともに、来店した客である住民が認知症の人を知る機会としてユニークな実践といえるだろう（小国，2017）。

　こうした様々な啓発事業は、住民の参加は自発的に参加した人に限られるが、認知症の人と住民が直接関わり合うことで認知症の人の生活実態や生活課題を知る機会となり、その後に当事者運動と協働した住民活動を行う基盤をつくるといえるだろう。

(3) 住民の総合的な地域ケアを行う力

　認知症の当事者が実際に地域で生きていくためには、公的な法制度も含めて様々な社会資源が必要である。その社会資源を当事者の生活実態に合った形で活用し、いくつもの資源の活用を調整するような総合的な地域ケアを推進する力が地域に必要になる。そして、当事者のニーズに合った社会資源がない時には、その資源を新しく開発する力もこれに加えることが必要である。

〈日常的な接点づくりで個別ケアへ〉

　第4章で見てきた認知症カフェは、当事者と住民の双方に意義ある活動であることは既に述べた。認知症の人と家族にとっては、身近な場所で仲間と安心して会え、分かち合えて情報交換できる場所としての意義がある。また、住民にとっては当事者との関わりから認知症の人と家族の生活実態を理解するとともに、継続して参加することで当事者との人間関係を形成することができる意義がある。

　平均月1回程度の開催頻度の認知症カフェでの出会いがきっかけとなり、厚生労働省が進めようとしている「認とも」の活動のように、認知症カフェで出会った住民が認知症カフェの開催日以外にも訪問などをして関わりを深める活

動を付加的に行うことで、認知症の本人が望むまちの要素のひとつだった「伴走者である支援のキーパーソン」が住民活動のなかから生まれることも期待できる。

　このような「伴走者である支援のキーパーソン」は、成年後見人を認知症の人の身近なところに住む住民が担うことと同様に、認知症の人の尊厳を守り自分らしい生活のあり方に寄り添える支援者が身近にいることに意義があるといえよう。

　認知症の人と家族に日常的に関わり支えるキーパーソンが地域にたくさん存在して当事者と関わり、専門職とともに認知症の人の生活課題の解決のために当事者に寄り添う代弁者として活動する事例が増えることは、認知症とともに生きるための地域の力となると考えられる。

〈新しい取り組みの開発〉

　第3章で見てきた先駆的な実践では、認知症の本人の希望を受け止め、その実現に向けて住民活動が新しい事業を開発していた。

　町田市の実践では、市民活動団体が認知症の本人会議で出された希望の実現に尽力してきた。まちのカフェで仲間と話せる場所がほしいという本人たちの希望に対し、スターバックスコーヒーを開催場所とした「Dカフェ」を始めた。また、自分のやれることをして働きたいという希望に対し、竹林の保全管理と活用を行う「D活」を始めるなど、新しい事業を立ち上げてきた。

　大牟田市の実践においても、本人ミーティングで出された生活実態から認知症の初期の人への情報提供のために市の図書館の認知症の資料を見やすくするプロジェクトを進めた。

　また、町田市と同様に大牟田市でも認知症の人の就労の希望を実現するために洗車作業や宅配業者の配達作業などの認知症の人ができる業務を開発するなど新しい事業を立ち上げてきた。

　こうした先駆的な地域によって開発された新しい事業は、事例発表や関係書誌への掲載など様々な情報発信の機会を経て全国に広がり普及が図られていく。このように本人の希望をもとに必要な事業を新たに立ち上げることで、認知症の人が暮らしやすいまちづくりに寄与するとともに、その事業に参加する

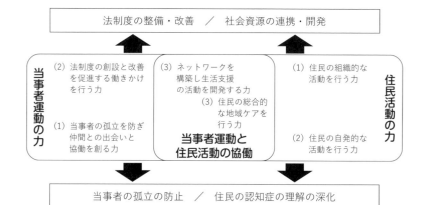

図6-5　当事者運動の力と住民活動の力　　　　　　　　　　（筆者作成）

住民と認知症の人との協働が進展する。こうした新しい取り組みの開発におい
て、住民と当事者、そして専門職も交えてまちづくりを推進する力が発揮され
ているといえる。

　図6-5に示すように、当事者運動と協働しながら組織化を図る住民活動は、
住民が主体となった住民組織のもつ組織力が他の主体との連携や住民の力を育
む活動を推進し、住民の自発的な活動がネットワーク活動や啓発活動を進め、
地域で当事者が暮らすための社会資源の調整と開発を進めることに大きな力を
発揮していた。

第5節　本章のまとめ

Chapter 5
Section 5

　これまで本書の目的である認知症とともに生きるまちとはどのようなまちで
あるのかと、そのようなまちづくりを推進する力はどのようなものであるかに
ついて、第1章から第4章までの先行研究や先駆的な実践などから検討してき
た。どのようなまちなのかは、認知症とともに生きるまちの構成要素を3つ見

出しており、そのまちづくりを推進する力は認知症の当事者運動と住民活動の組織化による地域福祉活動により進めることを仮説において検証してきた。

■ 認知症とともに生きるまちとはどのようなまちか

　最初に認知症とともに生きるまちに求められる内容を当事者の望むまちへの思いから検討したところ、認知症への偏見がなく、認知症の人があらゆる場面で社会への参加が保障されていて、支援が必要な時には支援の制度や手立てのあるまちであることがわかった。

　こうした当事者の思いは、障害者の福祉のまちづくりの先行研究からも在宅の障害者が社会参加を求めて運動してきた思いと同様の点であり、人としての尊厳を尊重された暮らしを求める当然の思いであるといえるだろう。現在、このような環境が十分ではないことが、当事者運動がまちづくりへの力を発揮している理由のひとつと考えられる。

　このような認知症の当事者が望むまちの姿のモデルと考えられるのが、イギリスで進められている認知症フレンドリーコミュニティである。イギリスは、2009年に「認知症国家戦略」（A National Dementia Strategy）を発表し認知症の課題に国家的に取り組んでいる国であり、当事者運動でもアルツハイマー病協会を中心に様々なセクターが参加して、地域のあらゆる場面で認知症の人が暮らしやすいまちづくりの実践を進めているのが認知症フレンドリーコミュニティづくりである。このコミュニティは、認知症の人が本人の症状やできることに配慮を受けながら、豊富に社会参加ができる環境が整備されたまちであり、日本でもこのコミュニティをひとつのモデルとしての市民活動によるまちづくりの実践が進められている。

　このようなまちを形成するうえで必要となる構成要素として、これまでの検討をもとに当事者、住民活動、社会資源に関わる要素から、(1) 認知症の人と家族が活発に社会参加し尊厳をもった生活ができていること、(2) 住民の認知症への理解が進んでいて認知症の人や家族とまちづくりの様々な協働を行う住民活動が整っていること、(3) 認知症の人と家族が安心して暮らせる社会資源が整っていること、の3点をあげた。

　認知症の人や家族にとって、認知症に対する偏見がなく生活課題に対応する

社会資源が充実していることは前提条件としても、それだけでは足りない。自分たちが社会からの支援の対象者としてのみ存在するのではなく、社会の様々な活動に参加できて他者とも交流ができ、さらに自分たちも社会に貢献できるニーズを満たせるまち、という要素が必要である。こうした要素を具体的に把握するためには、認知症の施策や活動を検討する際に、認知症の当事者が参加することは不可欠であろう。

また、住民活動では、まずは当事者が求めている偏見の払拭が重要であり、認知症サポーター養成講座のような認知症を知る機会が広くあることが重要である。そして、この理解が知識だけにとどまらず、実際に当事者との接点がある機会を広げることで、住民が認知症の人と家族の生活実態を具体的に知ることとなり、障害者の福祉のまちづくりで指摘されていた「心」のまちづくりを進めることができる。こうした住民の認知症への理解のもとで、当事者と住民が協働してまちづくりを進める運動や実践を進めることが必要である。

最後に社会資源では、当事者の望むまちの実現のために認知症の当事者が安心して暮らせる医療や介護などの施策とともに、当事者が十分に社会参加できる環境を整備する施策の充実も求められる。このような施策の他の社会資源として、当事者がまちで社会生活を送るうえで必要な細々とした配慮や工夫が行われるように、当事者と住民が協働して新しい事業を進めることも重要である。

このような3つの構成要素により、認知症とともに生きるまちの実現に近づくことができると考えられる。

■ まちづくりを推進する力はどのような力なのか

次に、上記のまちを実現するためのまちづくりを推進する力にはどのようなものがあるのか検討した。本書では、この力について、認知症の人と家族が生活実態から求めるニーズを発信しその対応策を要望する当事者運動がもつ力と、認知症の人や家族とともに地域で暮らす住民により当事者が自分らしく暮らせるまちづくりの活動を当事者組織と協働して組織化し進めていく住民活動がもつ力の、2つの力に着目して検討した。

当事者運動がもつ力は、まずは個々の認知症の人や家族が相互につながり組織化されることで思いの分かち合いと支え合いが生まれ、当事者の孤立を解消

する力がある。生活課題を抱えて暮らす認知症の人や家族が孤立して悩むことのないように、同じ立場の当事者がつながり支え合うことが、まちで暮らし続けるうえでの大切な精神的支援になっているのである。こうした認知症に関わる当事者組織は、2000年以降には本人の会と「家族の会」、全国組織と身近な地域の組織、他に世界的な組織やテーマ別の組織など多様に存在するようになり、それぞれの組織の活動を行いつつ相互に連携を図って運動する力も発揮されるようになってきた。

　次は、要望や社会へのアピールにより認知症に関する法制度をつくり発展させる働きかけを行う力である。第2章で見てきたとおり、「家族の会」をはじめとした当事者が自らの生活実態に基づいて法制度の整備と改善を求める要望と社会へのアピールを続けてきたことが、認知症に関する施策の社会的必要性の浸透と必要な施策の具体化において有効な力を発揮したと考えられる。この点で、「家族の会」が介護する家族への実態調査を根拠とした要望を行ってきたことは、特に重要な運動だったと考えられる。

　もうひとつは、当事者が住民や専門職と協働して生活支援の活動を開発する力である。第3章で見てきた釧路地区の徘徊老人SOSネットワークづくりや大牟田市や町田市の新たな活動の開発は、いずれも当事者のニーズの表明から活動が始まっていた。これらの当事者のニーズは、いずれも社会で暮らす人として当たり前のニーズであり、この当たり前のことを実現する実践がまちづくりの力となっていた。当事者が求めるまちを実現するためには、当事者が自らの望むことを住民と共有し、その実現に向けて協働して活動していく力が重要であることがわかった。

　以上のように、当事者運動による当事者自身の組織化活動、要望運動の組織化活動、住民と協働した支援活動の開発が、まちづくりの推進に力を発揮していたことがわかった。

　住民活動が当事者運動と協働して組織化を図る力は、地域の福祉力の指標を援用して検討した。1つ目は、住民の組織的な活動を行う力である。まちづくりを進めるうえで住民活動が力を発揮するために、綾部市社協の事例では、当事者を支援する活動を行う住民を養成し活動グループとして組織化を図っていた。また大牟田市の事例では、小学校区の模擬訓練実行組織を組織化すること

で、広く地域全体での活動が可能になるとともに、専門職などの他の主体と組織的な連携が図れる活動として力を発揮していた。

　2つ目は、住民の自発的な活動を行う力である。釧路地区や大牟田市のネットワークの実践では、行方不明の認知症の人の命を守ることに協力するという使命と、見かけたら連絡するというわかりやすい役割により、多くの住民の自発的な力を引き出せていた。また、町田市の実践で行われていた「RUN伴」プロジェクトや大牟田市でも行われていた認知症の人が洗車や配送の仕事をする取り組みは、住民や商店の人が自発性をもって本人の望みに寄り添い協働することで、社会に認知症への理解を進める啓発活動としての発信力が発揮されたものといえるだろう。

　3つ目は、住民の総合的な地域ケアを行う力である。第3章の先駆的な実践で見てきたように、これまで住民活動は当事者運動と協働して様々な新しい事業を開発してきた。これらの活動の源泉は当事者の生活実態から出された切実なニーズであり、そのニーズに対応するために当事者運動と協働して住民活動が新たな事業を開発する力を発揮してきた。この力は、これから全国で展開されるプログラムのなかで認知症の人や家族を地域で支える住民活動が広がり、本人の望む伴走者としての住民活動が拡大していく効果を生むと考えられる。

■ 先駆的な実践のもつ特徴

　本書で検討した先駆的な実践は、継続的に取り組まれてきたこと、状況に応じて実践を発展させていたこと、継続的な発展のためのネットワークが形成されていたことに先駆性があった。

　その特徴をあげると、1つ目は、住民や当事者が地域の課題に対して必要な取り組みを見出して実践を始めたことが、先駆的な実践ではその取り組みの輪を広げ、様々な人を巻き込むことで人材や資源が拡大していったことに特徴がある。他の地域では、課題への取り組みが自発的ではなく行政施策に応じるためだけで、一部の住民や当事者の実践が継続せずに終わってしまうことが多い。

　2つ目は、当事者運動や住民活動が民主的な組織のなかで自主性が育まれ、当事者の課題や施策の動向などの状況に応じて活動を変えていく柔軟なネットワーク形成が図られていることである。

3つ目は、行政などフォーマルな組織と当事者組織や住民活動などインフォーマルな活動主体の関係が適切につくられていることで、役割分担と連携が円滑に進められていることがある。

　4つ目は、認知症の人とともに生きるまちを創造することの価値が地域で共有され定着した考えとなっていることである。

　本書で取り上げた先駆的な実践には、このような特徴があり、その点で他の地域とは異なる豊かな実践が展開できたと考えられる。

■ 2つの力が生み出した認知症とともに生きるまちの構成要素

　最後に、当事者運動の力と住民活動の力は、認知症とともに生きるまちの構成要素をどのように生み出していたと考えられるのか。

　1つ目の構成要素である「認知症の人と家族が活発に社会参加し尊厳をもった生活ができていること」については、「家族の会」や「ワーキンググループ」などの当事者組織が行ってきた、地域で当事者が孤立しないための運動や当事者の生活実態に基づいた法制度の要望運動などの当事者運動により、当事者が仲間の支えを得て社会参加できる環境づくりが進んでいるといえる。また、認知症カフェなど地域で当事者同士や住民との交流を図り人間関係を形成する機会がつくられ、当事者運動と協働して労働など社会参加の機会をつくる新しい実践を行うなど、住民活動が当事者の社会参加を促進する役割を果たしていた。

　2つ目の構成要素の「住民の認知症への理解が進んでいて認知症の人や家族とまちづくりの様々な協働を行う住民活動が整っていること」については、認知症を理解する講座の受講者を組織化することやほっとあんしんネットワークの模擬訓練を全市で組織的に行うことで、認知症の理解や支援体制づくりを住民組織が進めていたことと、本人会議などと協働して住民組織が新たなニーズに対応する実践を開発していたように、住民活動により住民の認知症への理解の促進や当事者と協働した活動を推進する力を発揮していた。

　最後に3つ目の構成要素の「認知症の人と家族が安心して暮らせる社会資源が整っていること」については、当事者組織の認知症に関する法制度の創設と改善の要望や社会へのアピールによって法的基盤をもった社会資源の整備が進展し、また釧路地区の徘徊老人SOSネットワークが当事者組織の運動で構築

されたものに幅広い市民が参加し、大牟田市のほっとあんしんネットワークの模擬訓練に多くの住民が参加するなど当事者運動と住民活動が地域の当事者の安心した暮らしを実現するための力を発揮していた。

　このように、認知症とともに生きるまちの構成要素は、まちづくりを促進する力になりうると本書において仮説をおいたとおり、当事者運動の力と、当事者と協働して組織化する住民活動の力が促進する力となりうる肯定的な結果が示された。これらの2つの力は、先駆的な実践や全国で展開されているプログラムを見ても、当事者の暮らしを支える地域ケアを開発する活動などにおいて相互に影響し合い力が発揮されていたといえる。さらに、この2つの力とは別に、大牟田市や町田市の実践からは、市行政が当事者運動や住民活動を促進する基盤となる事業を設置し、これらの活動をバックアップしていたことも2つの力が発揮できた要因でもあったことがわかった。

■ 住民活動による地域福祉推進の今日的展開

　本書で取り上げた先駆的な実践からわかることは、住民は認知症の当事者の課題解決のために自主性と主体性をもち専門職や行政と連携を図り、組織的な活動を進め新たな事業の開発と実施を展開し、認知症とともに生きるまちづくりにおいて重要な役割を果たしていることである。本書で取り上げた先駆的な地域の実践は、第1章で述べた多様なアプローチがある地域福祉の概念のうち、住民の主体的な活動を重視したアプローチの実践として、認知症とともに生きるまちづくりを住民活動が主導することの重要性として見出すことができた。

　牧里毎治は、1990年代以降になり地域福祉に求められるものが「地方分権や住民参加があらためて問い直される時代を反映して、住民自治の模索や住民参加・住民の主体形成に焦点がシフトされてきている」（牧里，2006：37）ことを指摘している。今日の地域福祉の理論と実践においては、住民自治や住民参加がより注目されるようになってきているが、その際には住民がどのような立場で何を目的に参加するのかが問われているといえるだろう。

　右田紀久恵は、自治型地域福祉において住民自治に迫る住民の積極的な参加が重要としていた。自治型地域福祉では、地方自治体による社会福祉政策が対象とする内容と、福祉課題に直面する住民の生活実態から見た対象とするべき

内容との差異に対して、住民活動がどう機能するのかが課題となる（右田，1993）。本書において、住民が住民自治への積極的な参画を通して地方自治体の社会福祉政策に影響を与えていることについては、大牟田市や町田市の実践からその重要性を明らかにすることができた。

　また、住民の主体的な地域福祉への関わりに注目する際に、地域の福祉課題の「公的な対応の必要性」を明確にしないまま住民の主体的な地域福祉への関わりを強調することは、行政が財源不足などを理由に政策的な対応を縮小し、それを住民の互助活動に代替させる方針を導き出すことにつながらざるを得ないといえるだろう。

　2000年の介護保険制度施行以降、地域での複合的なニーズに応じたサービスに対応するマネジメントシステムを中心とした地域包括ケアを推進する研究が、活発に行われている。地域の福祉課題の解決に向けて、多様な福祉資源の組織化と、住民の主体形成と参加の促進は重要である。しかし、地域包括ケア体制において住民活動は、質的及び量的にフォーマルなサービスの手が届かない課題に対し、インフォーマルなサービスの担い手としてこれを補完して課題解決を図る側面を強調して描かれることがある。

　住民は、認知症の当事者の課題に対応し生活を支える活動を担いつつ、その活動を通じて認知症に関する問題意識を育み、当事者組織の運動と協働して政策的な対応を求めていく両義的な役割を担うことが地域福祉を推進するうえで重要である。

　本書は、今日の国民的課題である認知症をテーマとして、住民が認知症の当事者とともに課題に直面する主体として、また課題に対応する活動を開発し法制度へと発展させる主体として、住民主体の活動により地域福祉を推進する地域組織化の今日的な展開のモデルとして、意義があるものである。

終　章
本書が明らかにしたこと

本書は、認知症とともに生きるまちづくりとその推進力を明らかにするため、まず認知症とともに生きるまちの実体を構成する諸要素を析出し、まちづくりの活動が目指す方向性を明らかにして、認知症の当事者組織と認知症に関わる住民の組織活動の2つの活動主体が発揮する諸機能が、認知症とともに生きるまちづくりの推進力として位置づくことを事例分析により検証する研究だった。以下では、これまでの研究により明らかにしたことと今後に残された課題について述べる。

第1節 本書で明らかにしたこと

Epilogue
Section 1

■ 認知症とともに生きるまちとは

　認知症の本人と家族がまちに望むことは、本人や家族が豊かな社会参加ができること、本人のもつ力を活かす考えが普及していること、認知症に対する住民の偏見がないこと、のように認知症の本人や家族がひとりの人として社会に認められることであった。

　医療や介護サービスの受け手としてだけでなく、労働や娯楽を享受し、社会の人びとが参加することから締め出されない環境を求めていることがわかった。大牟田市のデイサービス事業でダイレクトメールの配達の仕事をする利用者が「この年になっても人のために役に立つことは嬉しい！」と感じていることや、町田市のDカフェをおしゃれなスターバックスコーヒーで行っていることなど、認知症ではない人と同じ社会参加の機会を得たいという思いがあるのである。介護者自身も自分の暮らしや自己実現の支援策が未成熟ななかで、介護者の単独での外出や働きながら介護することなど社会参加の望みも重要なことである。

　他方では、本人や家族が日常生活において支援が必要なことについて、法制

度の基盤のある安定した支援策の構築や自らに寄り添うパートナーとしての支援者が望まれていることが明らかになった。家族が望むことのなかで、既存の医療や介護のサービスの内容の充実と、外出時に困らない支援や介護者に対する支援策があった。町田市のDトイレは、介護者も一緒に入れるトイレをまちで確保することで、安心して散歩に出かけられることにつながっている。

　こうした認知症の本人や家族の望むまちの要素を見ると、認知症の人と家族が社会のなかで生きるための基本的人権が守られた生活を確立できるまちを望むという願いにほかならないといえる。すなわち、認知症という誰にでも起こりうることに私たちが直面した時、私たちが人権を尊重されて一人の人として扱われるとともに、暮らしに必要な支援策があるまちが求められているということであった。

　このような望みは、本書で先駆的な実践として紹介してきた地域において既に試みられている内容もある。全国でこのような実践を進めるうえでのモデルとして考えられるのが、イギリスの認知症フレンドリーコミュニティであった。このコミュニティで「認知症にやさしい社会」づくりとして進められているあらゆる面での社会参加の促進や社会資源の充実による環境整備は、これからの私たちの推進すべきまちのイメージとして参考になるといえるだろう。

■ 認知症とともに生きるまちを実現するために必要な構成要素

　次に、このようなまちを実現するために必要なことを3つの構成要素として析出した。

　1つ目は、認知症の人と家族が活発に社会参加し尊厳をもった生活ができることである。認知症の人や家族が社会から排除されることなく、様々な社会参加の機会をもてるような環境がなければならない。序章で述べた認知症の人の鉄道事故裁判の際に明らかになったように、介護する家族の負担を軽減し社会参加できる環境づくりが必要である。また、自治体の認知症施策づくりに認知症の本人が参加している割合は、第1章で述べた調査結果でも明らかなとおり10％にも満たない状況で大変少ない。認知症の人が感じている課題を施策検討の場で直接反映させることは、認知症とともに生きるまちづくりにおいて大切なことであり、今後の充実が期待されるところである。

2つ目は、住民の認知症への理解が進んでいて認知症の人や家族とまちづくりの様々な協働を行う住民活動が整っていることである。認知症の本人の丹野智文（丹野，2017）や認知症の人の支援者である永田久美子（佐藤，2014）が述べていたように、認知症の本人にも当初は認知症に対する偏見があり、そのことで社会との関わりを躊躇する傾向が見られるということだった。認知症ではない人も認知症の人もすべての住民が、認知症の正しい知識と関わり方を知ることが必要である。そして、さらに当事者とともにまちづくりの活動に協働して関わることが、偏見の除去とともに認知症の人の支えにつながる。第3章で述べた大牟田市で中学生が道に迷った認知症の人を助けた事例のように、認知症に関する学びがあれば、日常のなかで遭遇する認知症の人のSOSの場面でも適切な対応ができるのである。

　3つ目は、認知症の人と家族が安心して暮らせる社会資源が整っていることである。第2章で述べたとおり、「家族の会」が長年にわたり認知症の法制度の充実を要望してきた介護保険制度をはじめとした医療や介護のサービスの創設や改善を行うことと、釧路地区や大牟田市の実践にあった徘徊老人SOSネットワークのようなネットワークが形成されることは、認知症の人と家族が地域で暮らすために必要な支援の基盤が形成されることになる。また、イギリスの認知症フレンドリーコミュニティのように公共交通機関や商店なども認知症に配慮ができるまちとなることで、認知症の人が安心して外出できるまちになる。

　このような3つの構成要素がまちに必要であるということがわかった。こうした要素を充実させていくことで、本人の社会参加が促進され、住民や周りの人の関わりが変化し、社会資源が整備され、その結果として認知症の人の周辺症状の緩和や改善に役立つこととなるのである。

■ 認知症の当事者運動の力

　このような構成要素を備えたまちを実現するための力について本書では、当事者運動の力と、当事者組織と協働して組織化される住民活動の力から見出される、との仮説を設定して検討した。

　まず、認知症の当事者運動が発揮した力からは、3つの力が見出された。

　1つ目は、当事者の孤立を防ぎ仲間との出会いと協働をつくる力である。認

知症の人が全国で増加するなかで、「ワーキンググループ」や「家族の会」などの当事者組織が、つどいや会報の発行などにより本人や家族が孤立しないような活動を行っている。当事者組織内で相談し、悩みを分かち合うことでお互いを支え合う活動が当事者に大きな力を与えているのである。大牟田市や町田市で行われている本人による会議は、当事者の分かち合いだけでなく、当事者としての思いややりたいことを話し合っている。その思いが実現したのが大牟田市の認知症にやさしい図書館＆博物館プロジェクトであり、町田市のスターバックスカフェによる認知症カフェだった。さらに、若年性認知症や男性介護者などテーマごとの介護者の全国組織が設立され、これらの団体が2017年から認知症関係当事者・支援者連絡会議を設立し協働しており、共同声明や社会的な発信を行うなど、重層的な当事者活動が展開されている。

　2つ目は、法制度の創設と改善を促進する働きかけを行う力である。「家族の会」が1980年に発足して以来、継続的に認知症当事者の生活実態の調査活動とこの結果に基づき国に対して要望を行ってきたことで、認知症施策の進展に大きな影響を及ぼした。2017年からは「ワーキンググループ」が誕生し、「家族の会」と同様に本人の会も国への要望を積み重ねた結果、新オレンジプランを経て2019年に認知症施策推進大綱の策定や認知症基本法の検討にまで施策化が展開している。

　3つ目は、ネットワークを構築し生活支援の活動を開発する力である。釧路地区の徘徊老人SOSネットワークの開発においては、第3章で見たように行政や警察署は当初、認知症の人が行方不明になることを予防する取り組みに消極的であった。しかし、実際に関係者で協議し始めると、特別養護老人ホームや老人保健施設などの入所施設においても外出して行方不明になる高齢者の事例が少なくないことがわかり、潜在的なニーズが顕在化した。その後、この実践が全国に広まると、全国で行方不明になる認知症の人の課題が潜在的に存在していることが明らかになったのだった。町田市では、先にも述べたとおり本人会議を行い、認知症の本人の希望を語り合い、これらを様々な工夫により実現してきた。DカフェもDトイレも本人会議から生まれたアイデアだった。このように、当事者だからこそ感じていることをもとに、当事者運動が新たにネットワークや事業を開発する力を発揮し、認知症の人の暮らしの環境の改善を

図っているのである。

このように、当事者運動の力は、当事者同士が分かち合う場をつくり、法制度の要望を続けることで施策形成へ影響を与え、新しいネットワークや事業を開発するなどの力を発揮し、まちづくりを推進する力として働いていることが肯定的な結果として検証できた。

■ 当事者運動と協働して組織化される住民活動の力

続いて、当事者運動と協働しながら組織化を図る住民活動の力は、真田是が地域の福祉力の指標（真田，1992）としてあげた6点をもとにした3つの力から見出すことができた。

1つ目は、住民の組織的な活動を行う力である。認知症サポーター養成講座は、国民の約1割が受講したことになる延べ受講者数になっているが、これらは地域の住民組織で行われることが多く、認知症への理解の促進が住民組織を通じて広がっている点がある。また、第4章で述べたように綾部市社協の実践では、認知症サポーター養成講座から継続してより認知症の理解を深化させる講座を開催し、その受講者を組織化して地域活動につなげることで、住民が認知症の人に関わる地域の福祉力を高める実践が図られていた。

さらに、大牟田市のほっとあんしんネットワーク模擬訓練では、年1回の市内の校区ごとの一斉訓練が定着し、実際に行方不明になった人の発見が徐々に早くなり、住民による組織的なネットワークにより認知症の人の命を守る力が住民に定着していた。第3章で述べた事例のように、中学生も道がわからなくなっている認知症の人に気づきそっと支える力を発揮するほどに、大牟田市の住民の力は高まっているといえるだろう。

2つ目は、住民の自発的な活動を行う力である。釧路地区の徘徊老人SOSネットワークは、行方不明の認知症の人を見つけるために、地域の住民や商店の人、タクシーやトラックのドライバー、FM局などあらゆる地域の人の力を借りて行われるものである。このように、一人ひとりの住民の発揮する力は小さなものであるが広範な住民の自発的な活動参加により成り立っているネットワークは、広く潜在的な住民の力を引き出しているといえるだろう。

また、町田市の実践を進めている市民活動団体の母体団体である認知症フレ

ンドシップクラブによる「RUN伴」プロジェクトにおいては、住民が認知症の人と走る機会をもつことや、大牟田市や町田市で行われていたデイサービス利用者が自動車清掃やメール便の配達の仕事を行うなかで住民と関わることにより、住民への認知症の啓発を進め、認知症の人に関わる自発的な活動のきっかけをつくることにつながっていると考えられる。

　3つ目は、住民の総合的な地域ケアを行う力である。当事者運動の力で見てきた生活支援の活動を開発する力を、住民活動のほうでも受け止めて協働するのがこの力である。大牟田市や町田市の本人会議で出された希望を事業として実施する際に、当事者組織と一緒に住民活動も新たな事業の開発を行う。このような新たな取り組みは、当事者運動の側では当事者組織などを通じて他地域にも広がっていくが、住民活動側は市内の他の住民組織などに広がり、より広範な地域の力となり拡大していくこととなる。大牟田市のほっとあんしんネットワーク模擬訓練において、最初は駛馬地区で始まった模擬訓練が市内に広げられたのがその例といえる。

　また認知症カフェは、認知症の本人や家族が住民と出会い関わる場として広がっている事業であるが、当事者と住民ともに継続して関わることで人間関係が形成されると、認知症カフェの開催時以外にも住民が居宅を訪問するなどにより関わりを深める「認とも」事業が、モデル事業として始められている。この事業は、まだ試行的な実施ではあるが、認知症の本人が望む「伴走者としてのキーパーソン」を住民が担う可能性を広げる実践として、将来に力を発揮することが期待されるものである。

　以上のように、当事者運動と協働しながら組織化を図る住民活動の力は、住民の組織的な活動による力とそれを支える住民一人ひとりの自発的な活動を行う力、さらには当事者運動との協働による住民の総合的な地域ケアを行う力によって先駆的な実践が推進されていることがわかり、認知症とともに生きるまちづくりの推進力として力が発揮されていることが肯定的な結果として検証できた。

　このように、認知症とともに生きるまちづくりを推進する力として、当事者運動の力と当事者組織と協働して組織化される住民活動の力が発揮されている

ことがわかったが、この2つの力は先駆的な実践や全国で展開されているプログラムを見ても、当事者の暮らしを支える地域ケアを開発する活動などにおいて相互に影響し合い、力が発揮されていた。

　また、この他にも国や自治体のもつ推進力もあることがわかった。大牟田市の地域認知症ケアコミュニティ推進事業や町田市の認知症施策推進協議会で検討しつくられた認知症に関する事業は、市内の福祉事業者や市民活動団体が認知症とともに生きるまちづくりを進めている基盤となる公的な事業として、これらの活動を促進する役割を果たしていたことが明らかになった。当事者運動とそれに協働した住民活動の2つの力は、国や自治体の施策の基盤があり安定して活動が展開でき、またこうした先駆的な活動が新たな制度化への先鞭をつける役割を果たし、先駆的実践が普遍的制度へと昇華する推進力として働く可能性があることがわかった。

第2節 残された課題

　最後に本書では明らかにできなかった限界と残された課題について、次の3点をあげておく。

　第1点は、イギリスの認知症フレンドリーコミュニティと日本の実践との比較研究である。本書でも見てきた認知症とともに生きるまちのモデルのひとつである認知症フレンドリーコミュニティを推進するイギリスにおいて、実践を推進するために当事者組織、住民組織、行政組織などどのような力が働いているのか、日本の実践と比較研究することでより詳細に検証ができると考えられる。これに併せてスコットランドの認知症の人のためのまちづくりの実践は、認知症当事者の丹野智文が伴走者としてのパートナーの制度の存在を知った国でもあり、その現状と課題を把握し日本との比較研究を行う必要があると考えている。

第2点は、認知症の当事者運動が多様になるなか、認知症の人や家族の暮らす身近な地域における当事者運動の展開方策についての研究である。本書で当事者運動の力が、認知症とともに生きるまちづくりを推進する力をも発揮することがわかったので、その力が認知症の人の暮らしの基盤をつくる自治体施策に与える影響や生活圏のエリアでの住民活動と当事者運動との協働がどのように展開されているのかの現状と課題を研究する必要があると考えている。

　第3点は、認知症とともに生きるまちづくりを推進するための行政と専門職との協働についての研究である。本書で当事者運動の力と当事者運動と協働し組織化を図る住民活動の力がまちづくりを推進することがわかったが、行政によるまちづくりの基盤を整備する役割や、専門職が当事者の生活を専門的に支援する役割についても、付加的に明らかになった。これらの役割が、どのように当事者運動や住民活動に関与すればまちづくりが効果的になるのか、研究を深めることが必要と考えている。

注

1 国際連合の障害者権利条約は、正式な名称が「障害者の権利に関する条約」で、2006 年 12 月に採択され、2008 年に発行し、日本は 2014 年に批准をしている。

2 「障害を理由とする差別の解消の推進に関する法律」は、2013 年に成立し 2016 年に施行された。障害者基本法第 4 条「差別の禁止」の規定を具体化するものとして位置づけられている。

3 「認知症に関する世論調査」は、内閣府が 2015 年 9 月に認知症に関する国民の意識を把握し、今後の施策の参考とするために行われた。調査項目は、①認知症の人と接する機会の有無、②認知症に対するイメージ、③認知症になった場合の暮らし、④認知症に対する不安（本人自身）、⑤認知症に対する不安（家族）、⑥国や自治体に求める認知症施策、だった。

4 「認知症に関する一般市民の認識調査」は、「家族の会」が一般市民（学生、会社員、自営業、パート、専門職など）を対象に、「家族の会」が関わるイベントや研修会などに参加した人に回答を求めたものである。調査は、2019 年 9 月から 2020 年 1 月までに行われた。調査項目は、基本属性と①認知症の人との関わり（接した経験、介護状況、イメージ）、②介護家族のイメージ、③その他に介護保険の利用、認知症カフェ、家族会、認知症サポーター養成講座の受講について、④自由記載、だった。

5 2006 年 10 月に京都で開催された本人会議では、全国から集まった 7 人の認知症の人たちによって、「仲間と出会い、話したい。助け合って進みたい」「わたしはわたしとして生きて行きたい」「あたり前に暮らせるサービスを」などのアピールを出した。その後、全国の各支部でも本人会議や交流会が行われていた。（認知症の人と家族の会，2010）

6 コンタクトパーソンは、スウェーデンの社会サービス法に位置づけられた主に知的障害者に対する個別援助のひとつである。知的障害者が他の人と同様のライフスタイルをもつための手助けをするものである。援助の内容は、身支度をすることやその買い物をする手助け、医療を受ける手助け、手紙の返事の書き方を手助けするなど、社会生活を価値あるものにするための援助である（河東田，1992）。日本では、知的障害者に対する同様の支援活動として千葉県の特定非営利活動法人 PAC ガーディアンズが行っている「コミュニティーフレンド」がある。

7 尾関周二は、共生理念の構成要素のうち共生理念の必要条件は、①同化や排除ではなく、お互いの違いを違いとして承認して生きていく、②対立・抗争は認めるが、暴力による解決は否定する、③実質的な平等性とコミュニケーション的関係を追求する、④差異のなかでの自己実現と相互確証をはかる、ことであるとしている（尾関，2009：11-13）。尾関は、同化による共生はマイノリティを抑圧し、同質化を迫る傾向があると批判している。

8 特定非営利活動法人認知症フレンドシップクラブの事業は、同法人のホームページ（https://dfc.or.jp/　2021 年 2 月 24 日参照）を参照した。

9 認知症フレンドリージャパン・イニシアチブは、認知症を取り巻く課題を、医療や介護の枠組みのなかだけで考えるのではなく、社会のデザインの問題ととらえ、私たちの暮らし方を規定している企業・自治体・NPO など様々なセクターから人が集まり、知恵を出し、実験をしながら、よりよい未来をつくっていくことを目的にしたネットワークである。認知症フレンドリージャパン・イニシアチブでは、認知症の課題を起点として、様々な人びとがプロジェクトをつくり、情報やリソースを交換し、実験を繰り返しながら、私たちの未来をつくりあげている。このネットワークのもとで行われているプログ

ラムは、認知症にやさしいまちの指標の作成方法と使い方を検討するため 2015 年から始められている「認知症にやさしいまちの指標プロジェクト」、認知症になっても安全に外出ができる社会を目指してバス・鉄道会社等と連携して認知症の方の外出の実態調査やアイデア集を冊子にするなどを 2016 年から始めている「DFJI 交通プロジェクト」などがある。また、認知症フレンドリーの活動の実践発表と課題共有を目的に 2014 年に第 1 回認知症フレンドリージャパン・サミットを開催し、それ以降毎年このサミットを開催している。

10 「認とも」は、厚生労働省とともに認知症介護研究・研修仙台センターが拡大する認知症カフェをより実践的な住民活動として地域で展開するために進めている活動である。2017 年には「認知症カフェの活用と認とも　はじめの一歩　事例集　点を線に」を作成し、「認とも」活動のモデルとなる地域の 7 つの事例を紹介する冊子を発行している。

11 1977 年に京都新聞社が始めた「高齢者なんでも相談」という相談事業は、京都駅前のデパートで高齢者の法律、健康、年金、暮らし、生きがいなどをテーマにして、専門家や実務経験者が月に 2〜3 回、日曜日の午後に一般の人の相談に応じるものであった。このなかで「老人ぼけ相談」を担当していたのが医師の早川一光であった（三宅，2011）。

12 2009 年に厚生労働省の研究班が行った調査では、18 歳から 64 歳までの認知症の人は全国に 37,800 人いると推計されていたが、三宅の印象は「この数値は実態より少ない」と感じていた（三宅，2011）。

13 国際アルツハイマー病協会（Alzheimer's Disease International：ADI）は、1984 年にアメリカのアルツハイマー病協会（Alzheimer's Association）により呼びかけられ発足した団体で、1985 年にベルギーで最初に開催して以来、毎年、国際会議を行っている。

14 1990 年のメキシコで開催された国際会議に初めて「家族の会」として三宅が出席し、活動報告も行っている。そこで、三宅は、認知症という困難な課題に取り組んでいるにもかかわらず前向きで明るい雰囲気だったことが印象的だったと後に振り返っている（三宅，2011）。

15 この調査は、"若年性認知症"としているが、「家族の会」が 1991 年に調査をしたときには"若年期認知症"としていた。また、現在ある全国組織は「全国若年認知症家族会・支援者連絡協議会」と"若年認知症"という名称になっている。いずれも同様の対象者を意味すると考えられる。

16 「家族の会」の三宅貴夫は、全国研究集会のなかで印象に残った報告のひとつに、岩淵雅子による釧路地区の実践をあげている。「これがもとでその後、警察庁の指導による警察署単位の『徘徊高齢者早期発展システム』が普及しました」とその成果を評価していた（三宅，2011）。

17 認知症サポーターキャラバン（オンライン）、http://www.caravanmate.com/（2021 年2 月 21 日参照）

18 国際シンポジウム「認知症になっても安心して暮らせる街〜認知症フレンドリーコミュニティー〜をめざして」における英国アルツハイマー協会ヒューズ会長の基調講演による（朝日新聞，2017）。

19 全国キャラバン・メイト連絡会は、2015 年にも自治体事務局を対象に認知症サポーターの活動実態調査を行い、「見守り」「オレンジカフェの開催または参加」「認知症サポーター養成講座の開催協力」「傾聴」の順で実施する自治体が多かったことがわかったとしていた。

20 各国の認知症カフェはヨーロッパを中心に拡大しているが、本文中でもふれたとおり認知症の人や孤立を防ぐ目的のところが多い（認知症介護研究・研修仙台センター，

2017)。

21 2016年に行われた調査では2,200か所となっていたが、第1章でふれたように2020年には全国47都道府県の1,412市町村において7,000か所以上で行われていることがわかっている（厚生労働省老健局，2020）。

引用・参考文献

朝日新聞「英国アルツハイマー協会　ヒューズ会長の基調講演」国際シンポジウム『認知症になっても安心して暮らせる街～認知症フレンドリーコミュニティー～をめざして』、2017年10月23日掲載

有明新報「声掛け、熱中症予防　炎天下に高齢女性保護」2012年8月24日掲載

有明新報「認知症や障害のある人も働く取り組み広がる」2019年6月22日掲載

有吉佐和子『恍惚の人』、新潮文庫、1972年

石井謙一郎「認知症で町おこしをする自治体」『文藝春秋』2017年8月号、2017年

井口高志「認知症をめぐる排除と包摂　老い衰えといかに生きるか？」藤村正之編『福祉・医療における排除の多層性』、明石書店、2010年

石倉康次編著『形成期の痴呆老人ケア　福祉社会学と精神医療・看護・介護現場との対話』北大路書房、1999年

石倉康次『まなざしとしての社会福祉』北大路書房、2021年

伊関玉恵「市民後見人の活動実態」岩間伸之ほか編『市民後見人の理念と実際　市民と専門職と行政のコラボレーション』中央法規出版、2012年

岩淵雅子「呆けた人の命を守ってください　～『徘徊老人SOSネットワーク』づくりへの取り組みから～」『生きいきジャーナル』Vol.7／No.2、1997年

岩淵雅子「SOSネットワークと地域の支え」『月刊福祉』2004年8月号、2004年

岩淵雅子「釧路地域SOSネットワークの取り組み」永田久美子ほか編『認知症の人のSOSネットワーク実例集～安心・安全に暮らせるまちを目指して～』中央法規出版、2011年

岩間伸之「『市民後見人』の理念と基本的性格」岩間伸之ほか編『市民後見人の理念と実際　市民と専門職と行政のコラボレーション』中央法規出版、2012年

岩間伸之「市民後見人の位置づけと活動特性」『実践成年後見』No.42、2012年

右田紀久恵「分権化時代と地域福祉―地域福祉の規定要件をめぐって―」右田紀久恵編著『自治型地域福祉の展開』法律文化社、1993年

梅本政隆「まちで、みんなで認知症をつつむ～大牟田市における認知症の人を支える地域包括システム構築の取組み～」『実践　成年後見』No.59、2015年

大熊由紀子『物語　介護保険　いのちの尊厳のための70のドラマ　上巻』岩波書店、2010年

大橋謙策「コミュニティソーシャルワークの歴史的・思想的背景と新たな展開」宮城孝ほか編著『コミュニティソーシャルワークの新たな展開　理論と先進事例』中央法規出版、2019年

大貫正男「市民参加の成年後見制度―市民後見人の現状と課題―」『実践成年後見』No.32、2010年

大貫正男「市民後見人のすすめ」成年後見センター・リーガルサポート編『市民後見人養成講座1　成年後見制度の位置づけと権利擁護』民事法研究会、2013年、1-11頁

大牟田市『平成24年度大牟田市地域認知症ケアコミュニティ推進事業報告書』、2013年

大牟田市『第16回ほっとあんしんネットワーク模擬訓練視察者配布資料』、2019年

岡村重夫『地域福祉論』光生館、1974年

岡檀『生き心地の良い町　この自殺率の低さには理由（わけ）がある』講談社、2013年

小国士朗『注文をまちがえる料理店』あさ出版、2017年

奥田道大『都市コミュニティの理論』東京大学出版、1983年

奥田佑子「認知症高齢者を地域で支えるケアコミュニティづくり　福岡県大牟田市」小規模
　　多機能ホーム研究会編『小規模多機能型居宅介護を成功させる方法』全国コミュニティラ
　　イフサポートセンター、2007年

尾関周二「差別・抑圧のない共同性へ向けて　共生型共同社会の構築と連関して」藤谷秀ほ
　　か編『共生と共同、連帯の未来　21世紀に託された思想』青木書店、2009年、2-35頁

小澤勲『痴呆を生きるということ』岩波新書、2003年

小澤勲『認知症とは何か』岩波新書、2005年

小澤勲「痴呆から認知症へ」『老年精神医学雑誌』2005年1月号、2005年、6-7頁

小野歩・小野文子「地域における認知症サポーター養成推進のための基礎調査と養成講座受
　　講の効果」『平成21年度大同生命厚生事業団　地域保健福祉研究助成　平成21年度助成報
　　告書』、2010年

河東田博『スウェーデンの知的しょうがい者とノーマライゼーション　当事者参加・参画の
　　論理』現代書館、1992年

「京都式認知症ケアを考えるつどい」実行委員会編『認知症を生きる人たちから見た地域包括
　　ケア　京都式認知症ケアを考えるつどいと2012京都文書』クリエイツかもがわ、2012年

京都市社会福祉協議会・京都市民生児童委員連盟編『京のまちづくりと障害者』法律文化社、
　　1986年

釧路地区障害老人を支える会『釧路地区障害老人を支える会　10周年記念誌』、1995年

釧路地区障害老人を支える会（たんぽぽの会）『家族介護の実態について～介護保険の導入を
　　前に家族の立場から～』、1999年

釧路地区障害老人を支える会『創立30周年記念誌　老いに愛をつむいで』、2014年

倉持香苗『コミュニティカフェと地域社会　支え合う関係を構築するソーシャルワーク実
　　践』明石書店、2014年

クリスティーン・ブライデン著　馬籠久美子・桧垣陽子訳『私は私になっていく　認知症と
　　ダンスを　改訂新版』クリエイツかもがわ、2012年

河野禎之『認知症にやさしいまちづくりに関する評価指標（モデル地域版）の開発と有用性
　　の検証』科学研究費助成事業研究成果報告書　課題番号16K17255、2018年

国際大学『認知症の人にやさしいまちづくりの推進に関する調査研究事業報告書』、2015年

公衆衛生審議会意見具申『老人精神保健対策に関する意見』、1982年

厚生省『厚生白書1972年版』、1972年

厚生省『痴呆性老人対策推進本部報告書』、1987年

厚生省『痴呆性老人対策に関する検討会報告書』、1994年

厚生労働省高齢者介護研究会報告書『2015年の高齢者介護～高齢者の尊厳を支えるケアの確
　　立に向けて～』、2003年

厚生労働省『「痴呆」に替わる用語に関する検討会報告書』、2004年

厚生労働省『認知症の医療と生活の質を高める緊急プロジェクト報告書』、2008年

厚生労働省『若年性認知症の実態と対応の基盤整備に関する研究報告書』、2009年

厚生労働省認知症施策検討プロジェクトチーム『今後の認知症施策の方向性について』、
　　2012年

厚生労働省『認知症施策推進5か年計画（オレンジプラン）』、2012年

厚生労働省『行方不明になった認知症の人等に関する調査』、2014年

厚生労働省『認知症施策推進総合戦略（新オレンジプラン）～認知症高齢者等にやさしい地域づくりに向けて～』、2015年

厚生労働省社会・援護局長通知平成29年12月12日付社援発1212第2号『地域共生社会の実現に向けた地域福祉の推進について』、2017年

厚生労働省『認知症施策推進大綱』、2019年

厚生労働省『自殺対策白書　令和元年版』、2019年

厚生労働省社会・援護局地域福祉課成年後見制度利用促進室『成年後見制度利用促進施策に係る取組状況調査結果（概要版）』成年後見制度利用促進専門家会議資料、2020年

厚生労働省老健局認知症施策・地域介護推進課『地域包括ケアシステムと認知症施策』令和2年度認知症初期集中支援チーム員研修テキスト、2020年

厚生労働省『成年後見制度利用促進法に係る取組状況調査結果』、2020年

斎藤正彦「痴呆症の病名変更について思うこと」『老年精神医学雑誌』2004年11月号、2004年、1218-1219頁

斎藤正彦「認知症における非薬物療法研究の課題と展望」『老年精神医学雑誌』2006年7月号、2006年、711-717頁

真田是「地域福祉の当面の課題」『地域福祉の諸問題』地域福祉研究紀要第1集、日本生命済生会社会事業局、1973年

真田是『地域福祉の原動力　住民主体論争の30年』かもがわ出版、1992年

沢田清方「小地域福祉活動がめざすもの」沢田清方編『小地域福祉活動』ミネルヴァ書房、1991年

佐藤雅彦『認知症になった私が伝えたいこと』大月書店、2014年

サンデー毎日「『家族の会』が持つ救う力」2014年9月7日号

新村拓『痴呆老人の歴史　揺れる老いのかたち』法政大学出版、2002年

自死遺児編集委員会・あしなが育英会編『自殺って言えなかった』サンマーク出版、2002年

成年後見センター・リーガルサポート編『市民後見人養成講座1　成年後見制度の位置づけと権利擁護』民事法研究会、2013年

全国キャラバン・メイト連絡会『認知症サポーターの地域での活動を推進するための調査研究事業報告書』平成30年度老人保健事業推進費等補助金老人保健健康推進等事業分、2019年

全国コミュニティライフサポートセンター『校区の時代がやってきた！　住民が築く17の小地域福祉活動』筒井書房、2007年

全国社会福祉協議会『居宅ねたきり老人実態調査』、1968年

総務省『平成27年国勢調査』、2015年

高井隆一『認知症鉄道事故裁判　閉じ込めなければ、罪ですか？』ブックマン社、2018年

高橋儀平『福祉のまちづくり　その思想と展開』彰国社、2019年

髙見国生『ぼけ老人と家族―女の負担　男の出番―』ふたば書房、1994年

高峰秀子『いっぴきの虫』文春文庫、2011年

竹内弘道「認知症カフェの挑戦―目黒区のDカフェネットワーク」『認知症の最新医療』Vol.7 No.1、2017年、16-19頁

男性介護者と支援者の全国ネットワーク『オトコの介護を生きるあなたへ　男性介護者100万人へのメッセージ』クリエイツかもがわ、2010年

丹野智文『丹野智文　笑顔で生きる　認知症とともに』文藝春秋、2017年

地域社会研究所「認知症Dカフェのまち―東京都町田市」『コミュニティ』159号、第一生命

財団、2017年、58-60頁

中央社会福祉審議会答申『当面の在宅老人福祉施策のあり方について』、1981年

津止正敏「痴呆性老人の支援対策と宅老所」『月刊福祉』1991年8月号、1991年

津止正敏「社会福祉協議会と地域保健福祉計画」河合克義編『住民主体の地域保健福祉計画』あけび書房、1993年、94-113頁

津止正敏「福祉のまちづくりと障害者・ボランティア」藤本文朗退官記念論集『座して障害者と語る』文理閣、2000年、270-285頁

津止正敏『男が介護する　家族のケアの実態と支援の取り組み』中公新書、2021年

DPI日本会議編『合理的配慮、差別的取扱いとは何か　障害者差別解消法・雇用促進法の使い方』解放出版社、2016年

手島洋「高齢者観の形成要因と変容の展望」『立命館産業社会論集』第51巻第2号、2015年、113-125頁

手島洋「認知症サポーター養成講座による認知症高齢者の理解への効果と課題について」『介護福祉研究』第24号第1巻、岡山県介護福祉研究会、2016年、48-52頁

手島洋「認知症の人を包摂する地域づくりをめぐる施策と当事者組織の役割」『立命館産業社会論集』第55巻第1号、2019年、71-86頁

暉峻淑子『対話する社会へ』岩波書店、2017年

東京都社協福祉実践事例ポータルサイト「認知症の人が住み慣れた地域で自分らしく暮らしていくために（町田市）～当事者の声と地域のつながりから誕生したスターバックスコーヒーでのDカフェ～」2019年6月号

ドーン・ブルッカー著　水野裕監修、村田康子ほか訳『VIPSですすめる　パーソン・センタード・ケア』クリエイツかもがわ、2010年

徳田雄人『認知症フレンドリー社会』岩波新書、2018年

内閣府『認知症に関する世論調査の概要』、2015年

内閣府『高齢社会白書　平成27年版』、2015年

内閣府『高齢社会白書　平成29年版』、2017年

中島民恵子『大牟田市の挑戦！「認知症の人がその人らしく暮らせるまち」をめざして～「人が真ん中のまち」へ、10年の軌跡～』全国コミュニティライフサポートセンター　2008年

中原啓詞「神戸市認知症の人にやさしいまちづくり条例」『自治体法務研究』No.60　2020春号、2020年

西尾幸一郎「認知症サポーター養成講座と認知症擬似体験を活用した設計教育プログラムの実践と効果」『日本福祉のまちづくり学会』第15巻第3号、2013年

日本認知症学会編『認知症テキストブック』中外医学社、2008年

日本認知症ワーキンググループ『日本認知症ワーキンググループ設立趣意書』、2014年

日本認知症本人ワーキンググループ『認知症とともに生きる希望宣言』、2018年

日本認知症本人ワーキンググループ『認知症施策推進大綱の今後の展開への期待と展望』、2019年

日本認知症本人ワーキンググループ『認知症の人の意見に基づく認知症施策の改善に向けた方法論等に関する調査研究事業報告書』、平成30年度老人保健事業推進費等補助金　老人保健健康増進等事業分、2019年

日本認知症本人ワーキンググループ『認知症の本人の意見と能力を活かした生活継続のための認知症施策の総合的な展開に関する調査研究事業報告書』、令和元年度老人保健事業推進費等補助金　老人保健健康増進等事業、2020年

日本認知症本人ワーキンググループ『認知症基本法案への意見』、2020年

認知症関係当事者・支援者連絡会議『「新型コロナウイルスに関する認知症の人と家族の暮らしへの影響」緊急WEBアンケート』、2020年

認知症介護研究・研修仙台センター『認知症カフェの活用と認とも　はじめの一歩　事例集　点を線に』、2017年

認知症介護研究・研修仙台センター『認知症カフェの実態に関する調査研究事業報告書』、2017年

認知症介護研究・研修仙台センター『認知症の当事者と家族を一体的に支援する支援プログラムのあり方に関する調査研究報告書』、2020年

認知症サポーターキャラバン（http://www.caravanmate.com/）（2021年2月21日参照）

認知症の人と家族の会『提言・私たちが期待する介護保険～認知症があっても安心して暮らせる社会に向けて～』、2007年

認知症の人と家族の会『提言・私たちが期待する介護保険　2009年版』、2009年

認知症の人と家族の会『ぼけても安心して暮らせる社会をⅢ　認知症新時代を招きよせた30年　認知症の人と家族の会30年誌』、2010年

認知症の人と家族の会『認知症カフェのあり方と運営に関する調査研究事業報告書』、2013年

認知症の人と家族の会『認知症の人と家族の思いと介護状況および市民の認知症に関する意識の実態調査報告書』、2020年

認知症フレンドシップクラブ町田事務局（https://dfc.or.jp/bureau/machida　2021年2月20日閲覧）

認知症フレンドリージャパン・イニシアチブ（www.dementia-friendly-japan.jp/about/）（2021年2月21日参照）

長谷川公一・町村敬志「社会運動と社会運動論の現在」曽良中清司ほか編『社会運動という公共空間―理論と方法のフロンティア』成文堂、2004年、1-24頁

早川和男『居住福祉』岩波新書、1997年

原田正樹『地域福祉の基盤づくり―推進主体の形成―』中央法規出版、2014年

日比野正己『福祉のまちづくり』水曜社、1978年

久常良・津止正敏「地域社会の福祉機能と市民主体活動」福井県立大学看護短期大学部論集　第7号、1998年、175-185頁

廣谷芳彦・川口莉菜ほか「認知症サポーター養成講座実施後の認知症患者に対する薬学生の意識調査」『社会薬学』38号、日本社会薬学会、2019年

藤本文朗「障害者のくらしをゆたかにするまちづくり―まちづくり運動の成果と課題―」大久保哲夫・藤本文朗編『障害者に住みよいまちを』全障研出版部、1980年、11-30頁

藤田和子『認知症になってもだいじょうぶ！　そんな社会を創っていこうよ』徳間書店、2017年

藤原里佐『重度障害児家族の生活　ケアする母親とジェンダー』明石書店、2006年

古川歌子「認知症ケアパスに基づく町田市の認知症施策の取り組み過程と効果について」『日本認知症ケア学会誌』第15巻第2号、2016年、408-425頁

本田美和子、イヴ・ジネスト、ロゼット・マレスコッティ『ユマニチュード入門』医学書院、2014年

毎日新聞『認知症家族の会ハンドブックが異例の増刷　作る視点を変え脚光』2021年2月13日掲載

牧里毎治「地域福祉の概念(1)―構造的概念」阿部志郎ほか編『地域福祉教室　その理論・実践・運営を考える』、有斐閣、1984年、59-63頁

牧里毎治「地域福祉の概念」日本地域福祉学会編『新版　地域福祉事典』、中央法規出版、2006年、36-37頁

松本俊彦『「助けて」が言えない　SOSを出さない人に支援者は何ができるか』日本評論社、2019年

三菱総合研究所『認知症高齢者等を支えるやさしい地域づくりに向けた成年後見制度の利用に係る相談体制とネットワーク構築に関する調査研究報告書』、令和元年度老人保健事業推進費等補助金　老人保健健康増進等事業、2020年

三宅貴夫「認知症と30年　①～⑨」『介護保険情報』2011年4月号～12月号、2011年

三宅貴夫「認知症の人と介護家族の支援─『認知症の人と家族の会』の設立への私的経験」『現代思想』2015vol.43-6、2015年、204-211頁

渡辺一史『なぜ人と人は支え合うのか　「障害」から考える』ちくまプリマー新書、2018年

Alzheimer's Disease International『World Alzheimer Report 2012』、2012

Alzheimer's Disease International『World Alzheimer Report 2015』、2015

Alzheimer's Society :Building dementia-friendly communities:A priority for everyone. 2013 (https://dementiapartnerships.com/resource/building-dementia-friendly-communities/) (2021年2月26日閲覧)

World Health Organization , Fact sheets. 2021（https://www.who.int/news-room/fact-sheets/detail/dementia)（2021年2月20日閲覧）

あとがき

　本書は、2021年9月に立命館大学大学院社会学研究科に提出した博士論文「認知症とともに生きるまちづくりとその推進力に関する研究―認知症の当事者運動と住民活動の組織化の視点から―」を加筆・修正したものである。

　本書のなかでは、認知症の人と家族が地域で自分らしく暮らせるための様々なまちづくりの実践について紹介してきた。これらの実践は、いずれも住民が認知症の人や家族が直面している生活実態を目の当たりにし、そこで見られた生活課題がどうすれば改善できるのか試行錯誤し、その活動の仲間を増やし組織化を図っていったものだった。このような先駆的な実践は、この後に全国に広がることが望まれる。

　ただ、こうした実践の広がりが、形式的な模倣として広がることには注意が必要である。住民活動の先駆的な実践をモデルにして広く展開されること自体は歓迎されることだが、その実践の内容が一般化／標準化されることで、先駆的な実践のなかで認知症の人や家族が大事にしていることが失われない実践とすることが大切である。

　では、認知症の人や家族が大事にしていることとは、どんなことなのか。

　2009年に発足した「男性介護者と支援者の全国ネットワーク」は、全国の介護する男性によるコミュニティとして男性介護者のつどいや情報発信などの活動を行っている。このネットワークが発行する男性介護者から寄せられた介護体験を編纂した「男性介護者100万人へのメッセージ」は、第6集を数えており、多くの男性介護者の体験や経験の共有が図られている。

　この体験記を読んで送られてきた感想のなかに、香川県の男性介護者からの次のようなものがあった。

　「介護の学習の旅行や集会には出席できにくい状態である。また話し合う友人もほとんど他界。講演会での医学的な一般的講演も参考になるが、ピンときにくい。体験記を読み、それぞれの貴重な介護体験が心をうち、行く手を明るくしてくれました。辞書のように手近において、くりかえし読もうと思ってい

ます」(津止，2021：24-25)

　このネットワークの事務局長の津止正敏は、この男性の感想から「私たちのこの社会には、介護者に本当に役に立つような、そして介護者が繰り返し手に取ろうと思うようなテキストやガイドブックはまだできていないのではないかと思う」(津止，2021：25) と介護者の体験や思いの発信／受信の交換がもたらす唯一無二の価値を説明している。

　もうひとつ、紹介しておきたい。

　2019年に「認知症の人とともに築く総活躍のまち条例」を制定した和歌山県御坊市が、条例づくりに向けて2017年に作成した動画がある。この動画に一人の認知症の男性の高齢者が登場する。その高齢者は、認知症になってから寝てばかりの生活を送っていた。認知症コーディネーターや訪問介護職員が臥床や外出を呼びかけても応じなかった。

　ある日、昔のなじみの男性の友人が訪ねてきて話しかけると、これまで認知症コーディネーターが見たこともない笑顔で楽しそうに応対していた。その友人から昔の仲間と新年会をやるから来ないかと誘われ、その場で承諾した。昔の仲間とは、この男性が近所の人と定期的に集まり、レクリエーションをしたり食事をしたりしていた会の仲間のことだった。この会を主催していた人が亡くなってから、この会自体が行われなくなっていたのだった。久しぶりにそのメンバーで行われた新年会に男性は参加し、数年ぶりに会う人一人ひとりに話しかけ、みんなの顔を懐かしそうにじっと眺めていた。その新年会には、今は高齢者施設に入所し、この地域にあった家も取り壊されている女性も参加していた。楽しかった新年会も終了の時間となり、再会を約束するあいさつをしている時のことだった。高齢者施設から久しぶりに地域に来て参加していたその女性が、男性に「元気でいててね」と声をかけた。これに応対した男性はこう言った。

　「『元気でいててね』って言うことはええことや」

　この男性の言葉は、長く暮らしてきたまちで維持してきた人間関係のもとで出る何げない思いやりの言葉には、相手に生きる希望を抱かせる力があることを思い出させてくれる。認知症になり外に出る気になれなくなっていた男性に

新年会に行こうという気にさせたのは、なじみの友人だった。「元気でいてて
ね」という何げない別れの言葉に、相手の自分への気遣いを嬉しく受け止めた
のは、そこに大切な人間関係があったからであろう。認知症の人や家族が地域
で暮らすということは、そこに他者との人間関係を形成し維持しながら、その
ことを大切に感じて暮らし続けることである。

　認知症の人と家族が住民とともにまちづくりを推進するにあたり、認知症の
人と家族の暮らしを法制度で保障し、充実させることが重要である。しかし、
それと同等以上に重要なのは、上記の事例で示したように、ともに生きる仲間
がいて、仲間から支えられ、自分も支えることがある、そんな関係づくりが当
事者運動と住民活動によって育まれることでまちづくりが推進されることであ
る。認知症の人も家族も自分らしく生きられるまちが、豊かな人間関係による
社会になることを切に願うばかりである。

　本書は、筆者の博士論文をもとに刊行している。本書が刊行できたのは、博
士論文の執筆にあたり多くの方々からの多大なる支援をいただいた賜である。
博士論文を指導していただいた津止正敏先生は、修士論文から続けてご指導を
いただいている。社会福祉協議会の福祉実践の先輩でもあった津止先生から
は、当事者運動や住民活動がもつ価値や社会にもたらす影響について、先生の
幅広い知識をもとに親切に、時に叱咤激励も交えながら手厚くご指導をいただ
くことができた。深く感謝の意を表したいと思う。

　また、博士論文の副査を担当いただいた立命館大学の石倉康次先生、黒田学
先生、そして県立広島大学の金子努先生からは、高齢者福祉、当事者運動など
多角的な視点からのご指導によって多くの示唆をいただき、私自身のたくさん
の気づきと学びの深化につなげることができた。くじけそうになる私を支えて
いただき、感謝の念にたえない。

　そして、論文執筆にあたり多くの実践から学ばせていただいた。釧路地区認
知症の人と家族の会の岩淵雅子氏、大牟田市の白川病院のソーシャルワーカー
の方々、町田市の特定非営利活動法人「ひまわりの会」の松本礼子氏、綾部市
社会福祉協議会事務局長の山下宣和氏にはヒアリング調査やアンケート調査に
おいて特段のお世話になった。認知症の人と家族の会事務局長の鎌田松代氏か

らは、「家族の会」の要望書などの貴重な資料を拝見させていただくことができた。本書は、数多くの当事者や実践者の皆様に快く調査にご協力いただけたおかげでできたといっても過言ではない。あらためて、感謝したいと思う。それから、津止先生のもとでともに学ぶ研究仲間の皆さんの支えと励ましをいただいたことにも、大いに感謝したいと思う。

　さらに、本書の刊行にあたり、様々なアドバイスをくださったクリエイツかもがわの岡田温実氏には、一方ならぬ尽力をいただいたことにも感謝申し上げる。

　最後に、研究の仕事への転身を受け入れ理解をしてくれた妻をはじめ、いつも温かくやさしく見守ってくれている家族へも感謝の気持ちを表したいと思う。

　2022年6月

手 島 　洋

■ 著者プロフィール

手島 洋（てしま ひろし）

京都市出身。立命館大学大学院社会学研究科博士課程後期課程修了、博士（社会学）。
社会福祉法人兵庫県社会福祉協議会に入職後、権利擁護センター所長、地域福祉部長などを経て、現在、県立広島大学保健福祉学部講師。
主な論文に、「高齢者観の形成要因と変容の展望」（『立命館産業社会論集』第51巻第2号、立命館大学産業社会学会、2015年）、「認知症サポーター養成講座による認知症高齢者の理解への効果と課題について」（『介護福祉研究』第24巻第1号、2017年）、「認知症の人を包摂する地域づくりをめぐる施策と当事者組織の役割」（『立命館産業社会論集』第55巻第1号、立命館大学産業社会学会、2019年）、「認知症サポーター養成講座と住民活動に関する今後の展開に向けて―認知症の人を包摂するコミュニティ形成のために―」（『人間と科学　県立広島大学保健福祉学部誌』第20巻第1号、県立広島大学、2020年）などがある。

認知症が拓くコミュニティ
当事者運動と住民活動の視点から

2022年10月30日　初版発行

著　者　©手島 洋

発行者　田島英二 info@creates-k.co.jp

発行所　**株式会社 クリエイツかもがわ**
　　　　〒601-8382 京都市南区吉祥院石原上川原町21
　　　　電話 075(661)5741　FAX 075(693)6605
　　　　https://www.creates-k.co.jp
　　　　郵便振替 00990-7-150584

装　丁　菅田　亮
印刷所　モリモト印刷株式会社
ISBN978-4-86342-337-4 C0036　Printed in Japan